Peter Kliemann

Impulse und Methoden

Anregungen für die Praxis des Religionsunterrichts

Calwer Verlag Stuttgart

Verlag und Autor danken für die freundlich erteilten Abdruckgenehmigungen. Leider war es nicht möglich, alle Inhaber/innen von Urheberrechten zu ermitteln. Betroffene Personen sind gebeten, sich mit dem Verlag in Verbindung zu setzen.

Die Deutsche Bibliothek – CIP-Einheitsaufnahme

Kliemann, Peter:
Impulse und Methoden: Anregungen für die Praxis
des Religionsunterrichts / Peter Kliemann. –
Stuttgart: Calwer Verl., 1997

ISBN 3–7668–3465–7

2. Aufl. 2003

Umschlaggestaltung: Karin Sauerbier, Stuttgart
Satz: Karin Klopfer, Calwer Verlag
Druck und Verarbeitung: Gutmann + Co., Heilbronn

Inhalt

Vorwort

Dieses Buch ist keine Abhandlung der wissenschaftlichen Religionspädagogik, die zum Beispiel klären möchte, wie eine »Elementarisierung des Elementarisierungsproblems«[1] aussehen könnte. Es will auch keine in sich geschlossene, in irgendeiner Weise vollständige Fachdidaktik des Religionsunterrichts bieten. Es ist aber auch etwas anderes als eine eher zufällige Zusammenstellung von Unterrichtsideen.

Der Ort dieses Buches liegt in dem interessanten und spannenden Arbeitsfeld der Referendarausbildung, in einer religionspädagogischen Region zwischen Theorie und Praxis, in der tagein, tagaus versucht wird, ganz unterschiedliche Denk- und Erfahrungsbereiche zusammenzubringen: die Begeisterung und die Unsicherheit von Berufsanfängerinnen und Berufsanfängern[2] mit der bewährten, aber manchmal auch etwas resignierten Routine erfahrener Kolleginnen und Kollegen; spezifische Fragestellungen der Religionspädagogik mit der Methodik und Didaktik der anderen Schulfächer; den oft engen Horizont der eigenen Schulart mit Anregungen und Ideen aus ganz anderen Bereichen der Pädagogik; die konkreten Probleme der Schulpraxis mit den manchmal recht abstrakten, zumindest auf den ersten Blick nur noch auf sich selbst bezogenen Argumenten der Universität.

Die folgenden Kapitel sind im Zusammenhang mit der gymnasialen Religionslehrerausbildung am Studienseminar Tübingen entstanden. Manche Abschnitte sind in abgewandelter Form schon in Fachzeitschriften erschienen und haben bei Kolleginnen und Kollegen in der Praxis überwiegend positive Resonanz gefunden. Ich habe nun das, was schon vorlag, überarbeitet, aktualisiert und durch bisher noch nicht veröffentlichte Aufsätze, durch Karikaturen, Materialien und manches andere ergänzt. Entstanden ist ein *Buch mit Werkstattcharakter*, das anregen will: zum Ausprobieren, zum Gedankenaustausch, zum Ergänzen, zum Weiterdenken und Weiterlesen.

Besonders wichtig waren mir Anregungen für den Unterricht an der gymnasialen Oberstufe. Religionsunterricht bedeutet hier, nicht zuletzt auf dem Hintergrund zahlreicher Abiturprüfungen, oft, daß es in erster Linie um den Stoff, um die Sache »an sich«, geht und dann erst in zweiter Linie um die aktuellen Bedürfnisse und Erfahrungen der Schülerinnen und Schüler. Es wird viel analysiert und nachgedacht, viel gelernt und geprüft – die Schulung der Wahrnehmung, eigenes Erleben und Handeln spielen, wenn überhaupt, eine untergeordnete Rolle. Bedenkt man, daß für den Religionsunterricht der Unter- und Mittelstufe seit langem eine große Vielfalt von erlebnis- und handlungsorientierten Methoden zur Verfügung steht, so verwundert es, mit welcher Selbstverständlichkeit viele Kolleginnen und Kollegen diese kommunikativen und schülerorientierten Unterrichtsformen bei der Vorbereitung und Gestaltung von Oberstufenunterricht hinter sich lassen. Der Umgang mit Bildern und Symbolen, Rollenspiele, musikalische Elemente, Gruppenarbeit, offene Gesprächsrunden, meditative Unterrichtsphasen, kreative Gestaltungsversuche, ein verantwortlicher und medienkritischer Einsatz von Kurzfilmen und Videobändern – lenkt all das in der Oberstufe des Gymnasiums nur vom Eigentlichen ab, ist all dies allenfalls noch für Erholungs- und Belohnungsstunden zulässig? Wenn dem so wäre, müßten wir uns ernsthaft fragen lassen, ob nicht auch unser Unter- und Mittelstufenunterricht oft nur zufällig und assoziativ angelegt ist und damit in mancherlei Hinsicht dem didaktischen Standard der anderen Schulfächer nicht entspricht ...

Ein Hauptschulkollege, der inzwischen als Schuldekan auch den Religionsunterricht an der Oberstufe des Gymnasiums kennenlernt, fragte mich kürzlich einigermaßen entsetzt: »Texte, Texte, nichts als Texte ... Lehrervortrag, fragend-entwickelndes Verfahren, die Tafel voller unverstandener Begriffe – ist das wirklich typisch, sieht so euer Unterricht aus?« Ich verstehe diese Kritik nur allzu gut, wagte im Hinblick auf neuere didaktische Entwicklungen als Antwort jedoch ein vorsichtiges »Nicht ganz!«, das es nun in diesem Buch näher zu erläutern gilt.

Schülerorientierung schließt gerade auch im gymnasialen Bereich keineswegs aus, daß Religionsunterricht hohe intellektuelle Ansprüche stellen darf und muß. Gerade am Gymnasium spricht sicherlich gar nichts gegen sorgfältige Textarbeit und die Vermittlung von nachprüfbarem Sachwissen; nur kann das unbedingt notwendige Bemühen um einen aufbauenden, zielgerichteten Unterricht eben kein Freibrief für einen lehrer- und textorientierten Methodenmonismus sein.

Ich bin der festen Überzeugung, daß ein inhaltlich sehr anspruchsvoller Oberstufenunterricht kommunikativ und schülerfreundlich gestaltet werden kann, und Erfahrungen aus der außerschulischen Jugendarbeit und Erwachsenenbildung, zunehmend aber auch die Didaktik anderer Schulfächer, geben uns in dieser Hinsicht wichtige Impulse. So will ich mit diesem Buch auch keine besonders originellen, womöglich schulreformerisch ambitionierten Ansätze von Unterricht vorstellen, sondern meine Kolleginnen und Kollegen an einige relativ naheliegende, vielleicht auch nur in Vergessenheit geratene, methodische Möglichkeiten erinnern, die auch im Rahmen eines ganz »normalen« Schulalltags ohne allzu großen planerischen Aufwand realisierbar sind.

Ziel der folgenden Seiten ist ein *teilnehmerzentrierter, erfahrungsoffener, kommunikativer Religionsunterricht*, in dem sich möglichst viele Schülerinnen und Schüler, aber auch die Lehrerinnen und Lehrer wohlfühlen können. Es wäre dabei sicher nicht richtig, Religionsunterricht als humanitäre Oase in einem unmenschlichen Schulsystem darstellen zu wollen. Schule insgesamt muß menschlich sein und ist es, nach meinem Eindruck, in den letzten Jahrzehnten auch zunehmend geworden. Doch für einen Religionsunterricht, der Kindern und Jugendlichen die Einsicht nahebringen möchte, daß Gott für sie Mensch geworden ist, gilt dieser Anspruch natürlich in besonderem Maße. Ich unterrichte in einem Bundesland mit Zentralabitur und habe von diesem Zielpunkt aus vor einigen Jahren ein inzwischen schon in der 11. Auflage erschienenes Bändchen geschrieben, in dem es vor allem auch um Inhalte ging. Es hieß: *Glauben ist menschlich: Argumente für die Torheit vom gekreuzigten Gott (Stuttgart 1989; 11., völlig überarbeitete und erweiterte Aufl. 2002).* Das jetzt vorliegende Buch will nach dem inhaltlichen nun einen methodischen Akzent setzen und wünscht sich, daß möglichst viele Schülerinnen und Schüler das Ergebnis unserer didaktischen und methodischen Anstrengungen so erleben, daß sie von unserem Religionsunterricht sagen können: »Reli ist menschlich!«

Vorbemerkung zur 2. Auflage

Seit dem Erscheinen der 1. Auflage dieses Buches hat das Thema »Methoden« zunehmend an Aktualität gewonnen. An Methodenbüchern ist kein Mangel mehr. Ich habe im Anschluß an den Anmerkungsteil zehn Neuerscheinungen zusammengestellt, die mir für Religionslehrerinnen und Religionslehrer besonders hilfreich erscheinen. Die folgenden Kapitel des vorliegenden Buches bieten im Kontext der anderen Methodenbücher in zweierlei Hinsicht Besonderes:

- Ich habe mich bemüht, die methodischen Beispiele dieses Buches mit *Inhalten* des Faches Religion zu verbinden, und ich habe sie in aller Regel im Zusammenhang konkreter Unterrichtseinheiten erprobt. Methoden dürfen nach meiner festen Überzeugung nicht um ihrer selbst willen eingesetzt werden. Ein bloßer »Methodenmix« oder ein sich schnell drehendes »Methodenkarusell« machen noch keinen guten Religionsunterricht. Ein undurchdachtes Zuviel an Methodenvielfalt führt schnell zu Abnutzungserscheinungen und kurzlebigem, letztlich alle Beteiligten frustrierenden Aktionismus.
- Im letzten Kapitel dieses Buches habe ich die Bedeutung von *Lernzielen* für die Unterrichtsplanung betont. Vermutlich würde es sich lohnen, noch deutlicher herauszuarbeiten, daß Lernzieldidaktik bei der täglichen Unterrichtsvorbereitung nicht unbedingt mit der Suche nach Lernzielen beginnt. Nicht selten stehen am Anfang eher intuitive und zufällige Prozesse, etwa die Faszination eines Textes oder eines Mediums; und es gilt, sich die impliziten Ziele dieses Textes oder dieses Mediums bewußt zu machen, um dann kritisch zu prüfen, ob es tatsächlich diejenigen Ziele sind, die man mit der jeweiligen Unterrichtsstunde oder Unterrichtssequenz in einem bestimmten Unterrichtskontext verfolgt. – Ansonsten scheint die Diskussion um die Ziele des Unterrichts wieder heftig in Gang zu kommen, auch wenn man sich neuerdings gerne einer anderen Terminologie bedient: Häufig ist auf pädagogischen Kongressen und in Pressemitteilungen nun von *Bildungszielen* und *Bildungsstandards* die Rede. Gemeint ist oft nichts anderes als das, was in den 70-er Jahren mit einer anderen Begrifflichkeit schon einmal zur Debatte stand …

Tübingen, August 2002 *Peter Kliemann*

Was macht man eigentlich heutzutage in Religion?

Im Lehrerzimmer. Hohlstunde. Kaffeepause. Ich bin seit einigen Monaten an der neuen Schule. Ein Kollege, der die Fächer Englisch und Deutsch unterrichtet und mit dem ich bisher persönlich noch kaum etwas zu tun hatte, setzt sich zu mir, erkundigt sich, ob er störe, und fragt, als ich Gesprächsbereitschaft signalisiere, recht unvermittelt: »Sie sind doch Fachleiter für Religion. Was macht man eigentlich heutzutage in Religion?«

Zunächst dachte ich, mein Gegenüber habe ein konkretes Problem, irgendein Vorfall, der im Zusammenhang mit meinen Unterricht steht, habe ihn irritiert oder gar geärgert. Doch nach einigen Minuten des Gesprächs wurde mir klar, daß seine Frage ohne Hintergedanken ist. Mein Kollege hat zwar selbst als Schüler den evangelischen Religionsunterricht besucht, kann sich an beeindruckende und kuriose Lehrergestalten, an biblische Geschichten, an auswendiggelernte Sprüche und Liedverse erinnern, aber wie Religionsunterricht heute aussieht, kann er sich beim besten Willen wirklich nicht vorstellen.

Einige Wochen später werde ich gefragt, ob ich nicht Lust hätte, ein paar Seiten für den Jahresbericht meiner neuen Schule zu schreiben. Ein neuer Kollege, ein Fachleiter für Evangelische Religion, das sei doch für Eltern und Kollegen, für Ehemalige und Freunde meiner neuen Schule hochinteressant ...

Ich sagte zu, und es entstand ein kleiner Aufsatz. Da ich vermute, daß die geschilderte Situation, daß wir nämlich Eltern, Kollegen und Schülern gegenüber erst einmal erläutern und oft sogar rechtfertigen müssen, was wir im Religionsunterricht überhaupt treiben, sei dieser Aufsatz – ehe ich mich den versprochenen methodischen Anregungen zuwende – als eine für manchen vielleicht hilfreiche Argumentationshilfe hier abgedruckt:[1]

Der Ausnahmefall als die Regel

Gebeten, ein paar Seiten zum Thema »Religionsunterricht heute« zu schreiben, muß ich die Ansprüche gleich herunterschrauben: Was ich an dieser Stelle bieten kann, sind allenfalls einige Eindrücke und Überlegungen. Diese Eindrücke und Überlegungen beziehen sich auf den Religionsunterricht an Gymnasien in Baden-Württemberg, genaugenommen, auf den evangelischen Religionsunterricht an vielleicht zwei Dutzend württembergischer Gymnasien – so, wie er mir in der Rolle des Lehrers und des beobachtenden und beratenden Fachleiters begegnet ist ...

Selbst unter diesen Einschränkungen läßt sich jedoch kaum von *dem* Religionsunterricht schlechthin sprechen. Was vielmehr auffällt, ist eine große Vielfalt von recht unterschiedlichen Situationen. Diese Unterschiedlichkeit ist zunächst bestimmt durch das Einzugsgebiet einer Schule, aber auch durch die »Vorgeschichte« und das sich daraus ergebende Ansehen des Faches an dem jeweiligen Gymnasium. Jedoch auch innerhalb einer Schule sind die Unterschiede zwischen den einzelnen Klassen oft sehr groß. Vor oder neben uns sitzen Schülerinnen und Schüler aus sehr kirchlichen Elternhäusern ebenso wie solche, die gar nicht getauft sind oder die sich wohl selbst nicht als Christen bezeichnen würden, Methodisten ebenso wie Mitglieder der Landeskirchlichen Gemeinschaft, Schüler mit beeindruckenden Vorkenntnissen ebenso wie solche, die über das Christentum so gut wie gar nichts wissen. Die einen wollen mehr Verkündigung, die anderen mehr Bildung, die dritten Lebensberatung, die vierten eine freundliche Nische im Schulalltag. Und für manche ist Religion im Vergleich zum »Ersatzfach« Ethik einfach das kleinere Übel.

Je nach Zusammensetzung seiner Klasse wird der Religionslehrer wesentlich stärker als andere Kollegen gezwungen, immer wieder neu auf die jeweiligen Bedürfnisse der Lerngruppe einzugehen. Dies ist auch der Grund für den großen Wahlbereich, den der Lehrplan für das Fach Evangelische Religion anbietet und der bei anstehenden Lehrplanrevisionen unbedingt erhalten werden sollte.

Der schnelle Griff nach dem fertigen Unterrichtskonzept vom Vorjahr verbietet sich für das Fach Religion fast wie von selbst. Gut vorbereiteter Religionsunterricht bedeutet einen ganz erheblichen Arbeitsaufwand, und es ist deshalb nicht verwunderlich, daß eigentlich jeder mir bekannte Religionslehrer, der noch ein zweites Fach unterrichtet, sei es nun Englisch oder Mathematik oder gar das Korrekturfach Deutsch, berichtet, dieses zweite Fach koste ihn weniger Anstrengung und Energie. Trotzdem bejahen die allermeisten diese Herausforderung. Die bunte Vielfalt, die letztlich nur das Spiegelbild einer sich immer stärker ausdifferenzierenden pluralistischen Gesellschaft ist, ist uns lieber als die in sich geschlossene Gruppe von Gleichgesinnten.

Medienfach Religion

Religion hat sich in den letzten Jahren zu einem ausgesprochenen Medienfach entwickelt. Der Katalog der Evangelischen Medienzentrale in Stuttgart ist beinahe genauso umfangreich wie die Kataloge der Landesbildstelle für alle anderen Fächer zusammen. Dementsprechend ist der Einsatz von Kurzfilmen, Videobändern, Dias, Tonbildern, Tonkassetten und Overheadfolien für viele Kollegen zur Selbstverständlichekeit geworden – eine Entwicklung, die ich unter den Lebensbedingungen einer Mediengesellschaft zunächst durchaus als eine Öffnung des Religionsunterrichts zur Realität hin begrüßen möchte. Pädagogisch kommt es dabei allerdings ganz entscheidend darauf an, daß Medien nicht nur als »Stundenfüller« und »Unterhaltungsprogramm« verwendet werden, sondern so in den Unterrichtsprozeß integriert werden, daß ein kritischer und kommunikativer Umgang mit ihnen eingeübt wird. So ist es in der Regel sicher sinnvoller, zwei bis drei Dias als zwanzig Dias und eher einen 5–10-minütigen Videoausschnitt als eine komplette 30-minütige Videosendung zu zeigen. Für einen solchen, wohldosierten Umgang mit Medien, aber z. B. auch, um eine gesprächsfreundlichere Sitzordnung und Raumgestaltung zu erleichtern, wäre es dringend notwendig, für den Religionsunterricht Fachräume einzurichten, die vergleichbaren Fächern wie z. B. Erdkunde längst zur Verfügung stehen. Da die Schülerzahlen wieder steigen und die räumlichen Möglichkeiten der Schulen sich eher verschlechtern, sind die Aussichten für die Realisierung einer solchen Forderung momentan leider nicht allzu gut. Und so wird man Religionslehrerinnen und Religionslehrer in Schulgebäuden bis auf weiteres wohl auch daran erkennen, daß sie voll bepackt sind mit Bibelkisten und Projektoren, mit Kabeltrommeln und Gitarren, mit Liederbüchern und Synopsen, mit Kassettenrekordern und Landkarten ...

Medium Bibel – Medium Lehrer/in

Wenn von Medien im Religionsunterricht die Rede ist, muß aber auch noch hinzugefügt werden, daß zwei Medien in der religionspädagogischen Diskussion der letzten Jahre wieder stärker ins Blickfeld gerückt sind, nämlich die Bibel und die Person des Lehrers / der Lehrerin.

Beim Umgang mit der Bibel fällt mir gelegentlich auf, daß Schüler Texten wie der Bergpredigt oder den Klagepsalmen des Alten Testaments im Religionsunterricht zum ersten Mal begegnen – oft mit großer Betroffenheit und einer ganz ursprünglichen Neugier. Der nicht übersehbare Säkularisierungsprozeß erweist sich hier nicht selten sogar als vorteilhaft und eröffnet ganz neue Möglichkeiten einer unbefangenen und vorurteilsfreien Auseinandersetzung mit der biblischen Tradition.

Am wichtigsten für das Gelingen oder Mißlingen des Religionsunterrichts ist aber sicherlich die Person des Religionslehrers, sein Engagement, seine

Überzeugungskraft, seine Dialogfähigkeit, sein Humor, vor allem aber auch seine Fähigkeit, mit den eigenen Schwächen und Grenzen auf eine authentische Art und Weise umzugehen. Das Bedürfnis nach Orientierung und Perspektiven, die Suche nach ernstzunehmenden und glaubwürdigen Lebensmodellen ist groß, und manch einer erwartet vom Religionslehrer die Antwort, die ihm andere Erwachsene schuldig bleiben und die natürlich auch gute Religionslehrerinnen und Religionslehrer nicht immer bieten können. Ich denke, daß im Hinblick auf die Aus- und Fortbildung von Religionslehrern die sich daraus ergebenden Konsequenzen noch ausstehen: Stoff- und inhaltsbezogene Konzepte der Lehrerbildung bedürfen dringend der Ergänzung durch teilnehmer- und persönlichkeitsorientierte Angebote, wie sie z. B. in der kirchlichen Erwachsenenbildung längst gang und gäbe sind.

Erfahrungs- und projektorientierter Religionsunterricht

Nach Veränderungen im Religionsunterricht gefragt, erzählen Kolleginnen und Kollegen immer wieder von einem unübersehbaren Rückgang an religiösen und kirchlichen Erfahrungen auf seiten der Schüler. Bedenkt man weiter, daß in der allgemeinen Schulpädagogik viel darüber diskutiert wird, inwieweit Kinder und Jugendliche heute überhaupt noch ursprüngliche, nicht durch Medien vermittelte Erfahrungen machen, so liegt es auf der Hand, daß Religionsunterricht sich nicht darauf beschränken kann, religiöses Wissen im 45-Minuten-Takt zu vermitteln.

Zu den intensivsten und interessantesten Erlebnissen, die ich im Umgang mit Schülern hatte, gehören Unternehmungen, die sich zwar aus dem Religionsunterricht ergaben, die dann aber doch viel mehr und anderes waren als herkömmlicher Unterricht: von den Religionslehrern organisierte Fahrten zum Kirchentag, Projektwochen in einem ökumenischen Zeltlager in Dachau, gemeinsame Vorbereitung von Schulgottesdiensten, die Arbeit in einem Arbeitskreis zur Betreuung von Asylsuchenden, die Planung und Durchführung von Ausstellungen und Podiumsdiskussionen zu aktuellen Themen, »Tage der Orientierung und Besinnung« in Klasse 10, aber auch schon Besuche in der Stuttgarter Synagoge, in einer Behindertenwerkstatt oder einem kontemplativen Frauenkloster.

Es ist gut, wenn der Religionsunterricht gelegentlich außerhalb der Schule stattfindet; es ist aber auch gut, wenn erwachsene Mitglieder und Mitarbeiter der Kirche den Weg in die Schulgebäude finden. Was ein Gefängnisseelsorger, ein kirchlicher KDV-Berater, eine ehrenamtliche Mitarbeiterin aus dem Eine-Welt-Laden, ein Psychologe aus einer kirchlichen Beratungsstelle, ein Mönch oder ein Entwicklungshelfer zu erzählen haben, kann kein noch so gut vorbereitetes Unterrichtskonzept vermitteln.

In diesem Zusammenhang sei schließlich auch noch erwähnt, daß der neueste Trend zum fächerübergreifenden Unterricht für den Religionsunter-

Zeichnung: Das Sonntagsblatt / Gerhard Mester

richt im Grunde nichts Neues ist. Wer in Religionslehrplänen blättert, wird kaum eine Unterrichtseinheit finden, die nicht fächerübergreifende Aspekte aufweist, und für viele Religionskollegen gehört die Kooperation mit anderen Fächern schon längst zum pädagogischen Alltag. Nicht verschwiegen werden darf dabei allerdings, daß sorgfältig geplante fächerübergreifende Projekte einen ganz erheblichen zusätzlichen Arbeitsaufwand bedeuten. Wenn derartige, pädagogisch durchaus sinnvolle Vorhaben in Zukunft für alle Lehrer und alle Fächer verpflichtend gemacht werden sollen, wird zwangsläufig wohl auch die Diskussion um eine deutliche Reduzierung der Lehrerdeputate neuen Nährstoff bekommen.

Prüfungsfach Religion

Die Kirchen haben sich in den 70er Jahren, als an den Gymnasien die reformierte Oberstufe eingeführt wurde, die Entscheidung, ob Religionsunterricht ein versetzungserhebliches Schulfach werden soll, nicht einfach gemacht. Gerade in Württemberg war die Erinnerung an einen vom Staat propagierten und kontrollierten Weltanschauungsunterricht noch allzu wach, viele sahen auch aus anderen Gründen einen unauflösbaren Widerspruch zwischen den Anforderungen einer Leistungsschule und der Verkündigung des Evangeliums von der Rechtfertigung des Gottlosen allein aus Gnade. Zur Diskussion standen zwei Wege: Die eine Möglichkeit war der Verzicht auf die durch den Grundgesetzartikel 7,3 eröffnete, aber keineswegs geforderte Versetzungserheblichkeit des Religionsunterrichts. Dies hätte sicherlich gewisse pädagogische Freiräume eröffnet, andererseits das Fach aber in eine schulpädagogisch bedenkliche Isolierung und Sonderstellung geführt. Die andere Möglichkeit, für die die Kirchen schließlich votierten, war die Entscheidung für die Versetzungserheblichkeit, verbunden mit dem Anspruch, in kritischer Solidarität mit den anderen Unterrichtsfächern Leistungsmessung so durchzuführen, daß sie human und schülerfreundlich, pädagogisch und theologisch verantwortbar ist. Dazu gehört u. a. auch die Verpflichtung, im Religionsunterricht nur das zu messen, was auch meßbar und bewertbar ist, also keinesfalls Lebenseinstellungen und Glaubenshaltungen.[2]

Lehrer halten den Zwang zur Notengebung oft für unangemessen . . .

. . . was verschiedene Formen annehmen kann.

Werner »Tiki« Küstenmacher. Aus: Werner Küstenmachers ewige Jagdgründe, Claudius Verlag München

Aufs Ganze gesehen, kann man heute sagen, daß die vor zwei Jahrzehnten getroffene Weichenstellung richtig war. Die Stellung des Faches im schulischen Fächerkanon hat sich stabilisiert, ohne daß Religion zu einem reinen Lern- und Paukfach geworden wäre. Auffällig ist dabei auch die Tatsache, daß in der Abiturprüfung an vielen Gymnasien Religion trotz erheblicher Prüfungsanforderungen das mündliche Prüfungsfach schlechthin geworden ist; nicht wenige Religionslehrerinnen und Religionslehrer führen alljährlich 20–30 mündliche Abiturprüfungen durch. Bei aller Skepsis gegenüber einer zu starken Prüfungsorientierung des Religionsunterrichts gerade in der Oberstufe möchte ich dies doch als ein Indiz dafür werten, daß es sehr vielen Kolleginnen und Kollegen gelingt, im Fach Religion religiöses Wissen und theologisches Argumentationsvermögen auf eine menschliche Art und Weise und ohne Ausübung von Gewissensdruck sachgerecht zu prüfen. Gelegentlich hört man sogar Schüler sagen, sowohl die Vorbereitung auf das Abitur als auch die mündliche Abiturprüfung selbst hätten richtig Spaß gemacht . . .

Religionsunterricht – konfessionell und dialogisch zugleich[3]

Daß die Beschäftigung und Auseinandersetzung mit religiösen Themen ein wichtiges und unaufgebbares Element schulischer Bildung ist, wird von kaum jemand bestritten. Religionsunterricht hilft den Schülerinnen und Schülern, die geistes- und kulturgeschichtliche Tradition unserer europäischen Zivilisation besser zu verstehen; Religionsunterricht gibt aber auch Orientierungs- und Lebenshilfe in einer komplexen gesellschaftlichen Situation, in der neben dem Christentum auch eine ganze Reihe von anderen Religionen, allerlei religiöse Bewegungen, verschiedene Weltanschauungen und Ideologien um die Zustimmung nicht nur von Jugendlichen werben. Die Diskussion um die zukünftige Struktur des Schulwesens in den neuen Bundesländern konfrontiert uns nun allerdings – wieder einmal – mit der Frage, ob Religionsunterricht wirklich auf konfessioneller Basis erteilt werden muß oder ob nicht ein religionskundlicher Unterricht die zeitgemäßere Lösung wäre. Ist es nicht pädagogisch sinnvoller, Kindern und Jugendlichen erst einmal alle relevanten Religionen und Weltanschauungen sachlich-informativ vorzustellen, um ihnen dann selbst die Wahl ihres Lebensmodells zu überlassen? Und würden sich durch einen für alle verbindlichen Religionsunterricht nicht manche stundenplanorganisatorischen Schwierigkeiten, aber zum Beispiel auch die leidige Frage der Abmeldung vom konfessionellen Religionsunterricht »aus Gewissensgründen« mit einem Schlag erledigen?

Ich möchte mich in diesem Rahmen nicht zu der besonderen Situation in den neuen Bundesländern äußern. Die Entscheidungen, die dort zu treffen sind, müssen von den Bürgerinnen und Bürgern dieser Bundesländer selbst getroffen werden. Und ich denke, es ist gut, wenn alle nur denkbaren und möglichen Vorschläge offen und kritisch diskutiert werden. Die Zukunft des christlichen Glaubens entscheidet sich nicht an der Frage des konfessionellen Religionsunterrichts. Es gibt andere Staaten, in denen an staatlichen Schulen kein Religionsunterricht erteilt wird und in denen das Christentum deshalb keineswegs in der Auflösung begriffen ist. Für unsere hiesige, immer noch volkskirchlich geprägte Situation möchte ich jedoch immer noch für die konfessionelle Lösung plädieren, vor allem aus zwei Gründen:

Erstens halte ich es für eine Fehleinschätzung, zu glauben, man könne über weltanschauliche Fragen und Probleme ähnlich »objektiv« wie über grammatikalische, mathematische oder geographische Inhalte informieren. Religionen und Weltanschauungen zeichnen sich dadurch aus, daß sie von Personen mit Engagement vertreten und gelebt werden, und je deutlicher und offener ein Lehrer seinen eigenen Standpunkt reflektiert und, wenn die Schüler es wünschen, auch zur Diskussion stellt, desto besser – gerade auch für diejenigen Schülerinnen und Schüler, die sich von der Position des Lehrers abgrenzen wollen. Jugendliche dürfen bei der Suche nach Lebensentwürfen auch in der staatlichen Schule nicht alleingelassen oder auf später bzw. auf Angebote außerhalb der Schule vertröstet werden.

»Reli oder Ethik?« Das Bild der Fächer in der Werbung[4]

Die Anforderungen des Unterrichtsalltages wachsen – welcher Lehrende wüßte davon kein Lied zu singen? Um so erfreulicher, wenn sich Verlage bemühen, uns Hilfsmittel in die Hand zu geben, mit denen wir erfolgreich sein müssen. Lebendig, nicht so nüchtern soll es im Religionsunterricht zugehen. Motivation statt Langeweile! Ein Bild verdeutlicht das Geschehen – mit Jacke, Schlips und Heiligenbild kommt die action in den Unterricht. Noch verrät die Mimik die Anspannung des unterrichtlichen Geschehens, doch schon bald wird die Motivationskunst seine Wirkung zeigen!

Christliche Glaubensinhalte ideenreich und motivierend gestalten

Lebendige, schülergerechte Unterrichtsgestaltung ist für jeden Religionspädagogen ein Muß. Auf nüchtern dargebotene Themen des christlichen Glaubens reagieren Schüler schnell mit Desinteresse. Wirken Sie dieser Entwicklung mit Hilfe des vielseitigen Ideenangebotes des Nachschlagewerkes entgegen.

Auszug aus dem Inhalt
- Eigenes Leben
- Leben mit anderen
- Leben in der Öffentlichkeit
- Religion und Religionen
- Die Bibel als Buch der Kirche
- Glaube und Leben in der Kirche
- Kirche in ihrer Geschichte

Ganz anders die Situation im Ethikunterricht! Hier geht es um das Eingemachte, die fachliche Kompetenz. Der dynamische Lehrer zeigt, wo es langgeht, die abwartenden Schüler des Religionsunterrichtes sind inzwischen aufgewacht. Sie schreiben eifrig mit und beteiligen sich durch Handheben. Wie gut, daß es sich bei dem neuen Werk um eine Loseblattsammlung handelt – vielleicht sollten wir das eine oder andere Blatt vertauschen.

Schülergerechte Werte- und Normenerziehung: Kompetent vermitteln und zeitsparend vorbereiten:

Ethik steht als vernachlässigter Teil der Philosophie wieder auf dem Lehrplan. Deshalb sind die wissenschaftlichen Erkenntnisse, die didaktischen-methodischen Hilfen und Veurteilungskriterien unzureichend. Mit dem neuen Nachschlagewerk bereiten Sie Ihren Unterricht lehrplangerecht, kreativ, individuell und zeitsparend vor.

Auszug aus dem Inhalt
- Ethik und Moral
- Ethik gestern und heute
- Ethik und Religion
- Das Ich und seine Erfahrungen
- Staat und Gesellschaft als Norm- und Wertegemeinschaft
- Sinnfindung und Lebensdeutung
- Exemplarische Probleme der Ethik
- Daten – Kontaktpersonen – Anschriften

Andreas Weber: »Reli oder Ethik?« Das Bild der Fächer in der Werbung. Aus: Katechetische Blätter 7–8/1994, S. 540

Zweitens erscheint es mir, gerade in Deutschland, sehr bedenklich, wenn der Staat die inhaltliche Verantwortung für die Vermittlung von religiösen und weltanschaulichen Inhalten übernimmt. Der demokratische Staat hat nach meinem Verständnis die Aufgabe, die Freiheit und Entfaltung religiöser und weltanschaulicher Bekenntnisse zu ermöglichen und zu fördern, er muß sich aber hüten, seine eigenen Belange religiös oder quasi-religiös zu legitimieren.
All dies kann und soll natürlich nicht bedeuten, daß konfessioneller Religionsunterricht sich in der vermeintlich festen Burg des Kirchenglaubens einigelt. Recht verstandener konfessioneller Religionsunterricht lebt vom Dialog mit anderen Konfessionen, aber auch vom Dialog mit anderen Religionen und Weltanschauungen. So funktioniert die katholisch-evangelische Ökumene in den Schulen nach meinem Eindruck in aller Regel auch recht gut, allen manchmal irritierenden Äußerungen aus Rom zum Trotz. Ein Wunsch sei immerhin geäußert: Ist es in den unteren Klassen durchaus angebracht, Kinder erst einmal mit der Frömmigkeit und Tradition einer Konfession bekanntzumachen, so erscheint mir für die Oberstufe des Gymnasiums mittelfristig ein gemeinsamer katholisch-evangelischer Religionsunterricht das pädagogisch und ökumenisch einzig Angemessene zu sein.

Zeichnung: Das Sonntagsblatt / Gerhard Mester

Über diese katholisch-evangelische Ökumene hinaus sollten wir uns auch bemühen, Vertreter der orthodoxen Kirchen, Juden, Muslime oder auch profilierte Atheisten in unseren Religionsunterricht einzuladen oder in Form von Exkursionen und Projekten mit ihnen in Kontakt zu kommen. Und schließlich sollten auch der Dialog und die Zusammenarbeit mit den Kolleginnen und Kollegen des Faches Ethik zur Selbstverständlichkeit werden. An unserem Gymnasium gibt es hierfür vielversprechende Ansätze. Die Religionslehrerinnen und Religionslehrer treffen sich etwa zweimal im Jahr mit den Ethikkollegen im privaten Rahmen zu einer Art schulinternen Fortbildung und beschäftigen sich mit Themen, die uns gemeinsam angehen. Im letzten Schuljahr waren dies die »Praktische Ethik« des australischen Philosophen Peter Singer und die tiefenpsychologische Bibelexegese von Eugen Drewermann ...

Religionsunterricht als Schule der Ästhetik?

Soweit der Artikel im Jahresbericht des Gymnasiums, an dem ich zur Zeit unterrichte. Ich möchte diesen Artikel um einen Gedankengang ergänzen, der mich im Anschluß an einen Elternabend beschäftigte. Ein Vater, der selbst das Fach Ethik unterrichtet, hatte mich gefragt, welche Konzeption meiner Meinung nach Religionsunterricht heute verfolgen müßte. Ich weiß nicht mehr, was ich in der konkreten Situation genau geantwortet habe, doch eine mich selbst halbwegs befriedigende Klarheit habe ich erst im nachhinein gefunden:

In jedem religionspädagogischen Handbuch[5] findet sich eine geradezu schon »klassische« Abfolge von religionsdidaktischen Konzeptionen »nach 1945«. Manches, was früher einmal die Gemüter erhitzte, hat heute nur noch historischen Stellenwert, und dennoch gab es wohl keine einzige religionspädagogische Position, von der sich nicht bis heute etwas lernen ließe.[6] So schätze ich an zwei so unterschiedlichen Konzeptionen wie der Evangelischen Unterweisung und dem Sozialtherapeutischen Religionsunterricht, daß sie eine kritische Distanz zur Institution Schule bewahren und die zentrale Bedeutung der am Unterrichtsgeschehen beteiligten Personen betonen. Aber auch die Grenzen beider Konzeptionen liegen auf der Hand und sind oft dargestellt worden. Und so übernehme ich vom Hermeneutischen Religionsunterricht gerne den einleuchtenden Gedanken, daß Religionsunterricht sich in seinen Inhalten und Methoden in den allgemeinen Bildungsauftrag des öffentlichen Schulwesens einfügen muß und bei allen Bemühungen um eigene Perspektiven nicht zu einem exotischen Sonderfach werden darf. Das Konzept eines »Unterrichts in Religion« hat auf überzeugende Weise deutlich gemacht, daß wir die Inhalte unseres Faches nicht auf die Themen der jüdisch-christlichen Tradition beschränken dürfen. Und hinter die These, daß Religionsunterricht immer auch »problemorientiert« sein muß, will heute sicherlich auch niemand mehr zurück. Eher kann und sollte man sich fragen, welches die tatsächlichen Probleme unserer Kinder und Jugendlichen sind, wie wir sie auf sinnvolle Weise zum Gegenstand von Unterricht machen können, ob wir die vermeintlichen Probleme der Schülerinnen und Schüler nicht allzu oft mit unseren eigenen verwechseln, ob Schülerinnen und

Schüler überhaupt in der Schule über ihre Probleme sprechen wollen, ob sie sich durch biblisch-christliche Antworten ernstgenommen fühlen, ob man durch bloßes Reden und Nachdenken Probleme lösen kann, ja ob Kinder und Jugendliche ihr Leben heute überhaupt als problematisch empfinden.

Die Zeit einer polarisierenden Theoriediskussion scheint seit längerem vorbei zu sein, und im Moment zeichnet sich in der Religionspädagogik eher ein ästhetischer Trend ab. »Symboldidaktik« heißt einer der Schlüsselbegriffe, und ein allgemeines Bemühen um Erfahrungsorientierung und Ganzheitlichkeit ist erkennbar.[7] Versteht man Ästhetik in der ursprünglichen Bedeutung des Wortes als »Wahrnehmung« (von griechisch αἴσθησις = Gefühl; Wahrnehmung, Empfindung), dann könnte man den Religionsunterricht der kommenden Jahre und Jahrzehnte vielleicht als eine Schule der Wahrnehmung ansehen.[8] In einer unübersichtlichen und verwirrenden gesellschaftlichen Situation ist es für Kinder und Jugendliche, aber auch für Religionslehrerinnen und -lehrer zweifellos von großer Bedeutung, daß sie versuchen, sich selbst, die anderen, die sie umgebende Natur und Kultur, historische und gegenwärtige Wirklichkeit überhaupt erst einmal möglichst unideologisch und unverzerrt wahrzunehmen. Einem solchen, die Wahrnehmung schulenden Religionsunterricht entspräche ein Unterrichtsstil, bei dem Erwachsene und Schüler sich gemeinsam zu orientieren versuchen, bei dem hypothetisch-fragend nach Lebensmodellen und Lebensentwürfen gesucht wird, bei dem der Lehrer und die Lehrerin bewußt darauf verzichten, Kinder und Jugendliche nach ihrem Bilde zu erziehen, bei dem sie sich aber auch nicht scheuen, Position zu beziehen und sich selbst als Personen kenntlich zu machen.

Bedenkt man, daß Industrie und Parteien, Werbung und Medien tagtäglich bemüht sind, sich unserer Wahrnehmung zu bemächtigen und sie für ihre Zwecke zu gebrauchen, dann kann kein Zweifel daran aufkommen, daß ein ästhetischer Religionsunterricht immer auch in hohem Maße ein politischer und ideologiekritischer Religionsunterricht sein wird. Für diese Ideologiekritik ist es von zentraler Bedeutung, daß christliche Existenz sich – im Unterschied zu allerlei anderen religiösen und säkularen Heilsangeboten – immer in einer unauflösbaren Spannung von »schon« und »noch nicht« sieht. Vollkommenheit und Perfektion gehören nach christlichem Glauben allein einer Zukunft in Gott. Dies ermutigt uns, uns bei unserer Suche nach individueller und gesellschaftlicher Identität nicht im Omnipotenzphantasien, aber auch nicht in der Resignation und Melancholie einer angeblichen Normativität des Faktischen zu verlieren. Aus christlicher Perspektive hat alle menschliche Identitätssuche ihr Ziel in Gott, und diese Überzeugung macht es möglich, auch »fragmentarische Identitäten« als etwas Positives und zugleich Vorwärtsweisendes zu erleben.[9]

Ein weiterer Kerngedanke des biblischen Menschenbildes besteht sicherlich darin, daß Menschen nur dadurch zu sich selbst finden, daß sie aus sich selbst herausgehen, sich anderen Menschen und anderen Wirklichkeiten zuwenden. So, wie sich der biblische Gott im anderen seiner selbst, in der Menschwerdung in Jesus Christus, offenbart, so sollen und können auch wir auf dem Umweg über das uns Fremde zu uns selbst kommen.[10] Dieser Glauben bewahrt den einzelnen vor einem um sich selbst kreisenden Ästhetizismus und gibt allem religionspädagogischen Bemühen auch eine historische Dimension: Zukunftsperspektiven für die Bewältigung unserer nicht gerade optimistisch stimmenden weltpolitischen Gegenwart gewinnen wir nicht zuletzt durch die Beschäftigung mit unserer Vergangenheit. Die biblische, aber auch die christlich-abendländische Tradition bieten in großer Intensität und Vielfalt einen reichen Schatz an Lebensgeschichten, mit denen wir uns identifizieren, von denen wir uns abgrenzen, an denen wir wachsen und reifen und – theologisch gesprochen – in der Begegnung mit dem anderen sowohl Gott als auch uns selbst finden können.[11]

Schweigend lernen

Entschleunigung des Unterrichts: Die Wiederentdeckung der Langsamkeit[1]

Die schulpolitische und pädagogische Situation der 90er Jahre bietet ein höchst widersprüchliches Bild: Einerseits heißt für viele Interessengruppen die Maxime offensichtlich »Schneller lernen!«. Verkürzung der Studienzeit, Verkürzung der gymnasialen Schulzeit, Kürzung der Stundentafel, Streichung im Ergänzungsbereich, Nutzbarmachung von »Synergieeffekten« – so und ähnlich lauten die im wesentlichen ökonomisch begründeten Überschriften. Andererseits wird, angesichts rasanter gesellschaftlicher Umbrüche und eines stark veränderten Schülerverhaltens, auch wieder der schon fast vergessene reformpädagogische Ruf nach einem »Anders-Lernen« laut. Ganzheitliche Erziehung, praktisches und spielerisches Lernen, Freiarbeit, Projektorientierung, neue Methoden der Gruppenarbeit, fächerübergreifendes Lernen – das sind einige der Leitbegriffe, bei denen auch mein pädagogisches Herz höher schlägt ...

Was kann auf einem solchen Hintergrund ein Fach wie Religion Spezifisches bieten? Gibt es etwas, was die anderen Fachvertreter nicht auch schon längst entdeckt haben? Mein Antwortversuch mag etwas merkwürdig klingen, ist aber durchaus ernst gemeint: Ein wichtiger Beitrag der Religionspäd-

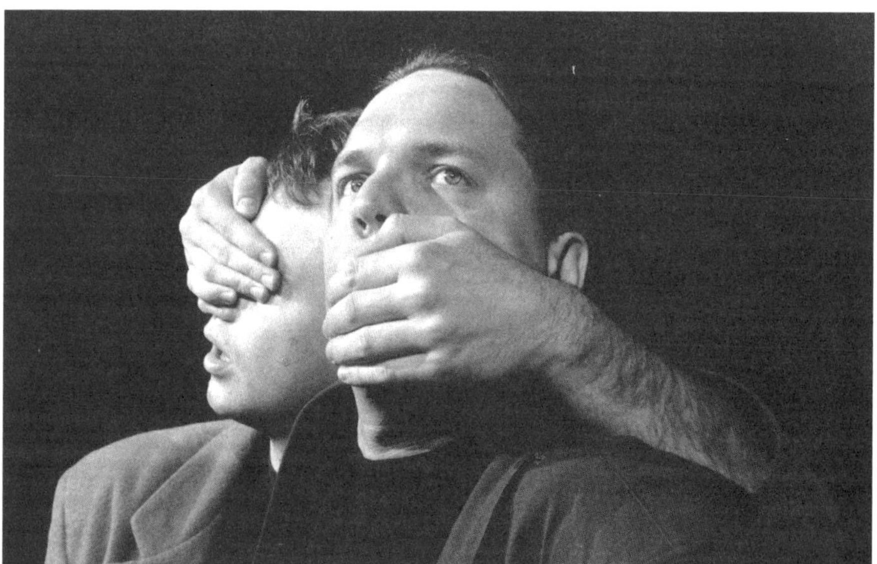

Foto: Volker Derlath, München

agogik bei der Wiederbelebung reformpädagogischer Ansätze ist der einer Verlangsamung der Unterrichtsprozesse durch ein »schweigendes Lernen«.

Nun ist Schweigen zweifellos eine höchst ambivalente Verhaltensweise. Es gibt ein verlegenes Schweigen, ein ängstliches Schweigen, ein trotziges, ein apathisches, ein erschöpftes, ein verbittertes Schweigen – all das kennen wir aus unseren Klassen und Lehrerzimmern nur allzu gut ... All das ist hier nicht gemeint. Ich denke vielmehr an einen entspannten Zustand der Ruhe und der Nachdenklichkeit, in dem Menschen sich selbst und ihre Umwelt sensibler wahrnehmen und ihre Sinne schärfen. Die Schulung einer solchen ästhetischen Achtsamkeit hat in der Traditionen aller Religionen ihren festen Platz, und sie gehört nach meinem Verständnis auch zum Bildungsauftrag unserer öffentlichen Schulen.

Schon die etymologische Herkunft des Wortes »Schule« (von griechisch σχολή = Muße, freie Zeit, Rast, Ruhe) wäre ein Anlaß zur Neuentdeckung der Langsamkeit und des zeitweiligen Innehaltens in unseren Klassenzimmern, aber es fehlt auch sonst nicht an überzeugenden Argumenten. Ich nenne nur einige wenige:[2]

□ Kinder, Jugendliche und Erwachsene erleben ihr gesellschaftliches Umfeld zunehmend als disparat und desintegriert. Soziologen sprechen von einer neuen »Unübersichtlichkeit« und einer Tendenz zur »Verinselung« einzelner, nicht mehr miteinander verknüpfter Lebensbereiche. Uns allen, vor allem aber auch Kindern und Jugendlichen, fällt es auf diesem Hintergrund zunehmend schwerer, eine eigene, innere Mitte, eine offene und flexible, aber gleichzeitig in sich ruhende Identität zu finden.

Foto: Volker Derlath, München

□ Dieser oft auch räumlich erfahrenen Desintegration der Lebenswelten entspricht eine zeitliche Akzeleration der Lebensvollzüge. Schon Kinder und Jugendliche haben oft einen übervollen Kalender, stehen unter Termindruck, haben im Überangebot der Möglichkeiten Angst, etwas Wichtiges zu verpassen. Viele entfliehen dabei einer inneren Langeweile und Leere durch ständig wechselnde Aktivitäten. Je größer der Mangel an Orientierung, desto hektischer und angestrengter ist oft das Tempo. Einige Minuten des Schweigens und Nichtstuns können in diesem Kontext sehr entspannend und befreiend wirken, und ich habe es bei Unterstufenklassen sogar schon erlebt, daß Schüler mir bereits auf dem Gang entgegenkamen und fragten: »Können wir heute wieder schweigen?« Was kann sich eine gestreßte Kollegin oder ein gestreßter Kollege Schöneres wünschen!

□ Ein Überangebot an Medien verstärkt und potenziert die Unübersichtlichkeit der Wirklichkeit, erzieht zu einer segmentierten, kurzatmigen und vor allem an eigenen, authentischen Erlebnissen armen Wahrnehmung der Welt. Wer sich selbst einmal zwei, drei Stunden durch das Potpourri eines an das Kabelnetz angeschlossenen Fernsehapparats »gezappt« oder sich von seinen Schülern für einen Abend ein Computerspiel ausgeliehen hat, kann gut nachvollziehen, warum es Kindern und Jugendlichen oft große Mühe macht, sich auf schulische Lernprozesse einzulassen.

□ Unsere Schulen, speziell auch unsere Gymnasien, reagieren auf diese und andere Entwicklungen nur höchst ungenügend: Die Zerstückelung des Alltags setzt sich im 45-Minuten-Takt nicht aufeinander abgestimmter Fachinhalte und Unterrichtsstile fort. Der nicht mehr hinterfragten Beschleunigung der Lebensprozesse außerhalb der Schule entspricht nicht selten eine durch Stoff- und Prüfungsdruck erzeugte Hektik im Klassenzimmer. Kinder und Jugendliche, deren außerschulische Sozialisation eher durch mediale als durch personale Angebote bestimmt ist, werden in der Schule wiederum mit einem lehrer- und stoffzentrierten, vor allem aber auch stark kognitiv und erfahrungsarm gestalteten Unterricht konfrontiert.

Auf diesem Hintergrund können Phasen der Stille und der Meditation, Phantasiereisen und Vorstellungsübungen im schulischen Alltag einen wichtigen Gegenakzent setzen. Wie kann das praktisch aussehen? Für die Grundschule und die Sekundarstufe I liegen, weit über das Fach Religion hinaus, bereits ausführliche Erfahrungsberichte und methodische Anleitungen vor.[3] »Schweigend lernen« ist jedoch durchaus auch eine sinnvolle Methode für die Arbeit mit jungen und älteren Erwachsenen. Ich will deshalb Beispiele aus höheren Klassen skizzieren:

Bergpredigt: Themenfindung durch meditatives Schreiben und Malen

Religionsunterricht in einer *10. Klasse*. Es geht um einen zentralen, aber nicht leicht zugänglichen, vor allem auch relativ umfangreichen Text des Neuen Testaments: die Bergpredigt. Die mutmaßliche Entstehung des Textes (eine Komposition des Evangelisten Matthäus, der den historischen Jesus aller Wahrscheinlichkeit gar nicht selbst kennengelernt, bei der Zusammenstellung der Bergpredigt aber auf authentische Jesusworte aus der Logienquelle Q zurückgegriffen hat) wurde besprochen und auf unterschiedliche Art und Weise nachempfunden (Rätsel zur sogenannten »Zwei-Quellen-Theorie«, Logien-Puzzle, Vergleich mit einem Ausschnitt aus Pasolinis »Das erste Evangelium«). Die meisten Kolleginnen und Kollegen setzen die Unterrichtseinheit nun so fort, daß sie einzelne, ihrer Meinung nach besonders wichtige Verse der Bergpredigt herausgreifen und zum Gegenstand einer genaueren Analyse machen. Der Versuch, die Bibelverse mit der heutigen Schülerwirklichkeit zu korrelieren, mißlingt jedoch nicht selten. Die Schülerinnen und Schüler reagieren anders als erwartet, oft verstärkt der moralische Anspruch der Bergpredigt eine in Mittelstufenklassen sowieso schon vorhandene Autoritätsproblematik.

Wie also verfahren? Wie vor allem auch dem sperrigen Text als Ganzem gerecht werden, ohne sich in der Fülle der Details zu verlieren? Ich habe in diesem Zusammenhang sehr gute Erfahrungen mit meditativen Stunden gemacht, bei denen ich selbst die gesamte Bergpredigt Abschnitt für Abschnitt vorgelesen habe (reine Lesedauer: ca. 20 Minuten). Vor den Schülerinnen und Schülern lagen leere DIN A4-Blätter. Sie wurden gebeten, sich bequem hinzusetzen, sich vorzustellen, sie flögen auf einem fliegenden Teppich über die Alpen und das Mittelmeer in den Nahen Osten, in den Norden Israels, nach Galiläa, und hörten dort die Bergpredigt zum allerersten Mal.[4] Während dieser Vorlesephase sollten sie möglichst nur zuhören und darauf achten, was der Text bei ihnen an Reaktionen, an Zustimmung und Widerspruch, an Fragen und Ärger auslöst. Zwischen den einzelnen Leseabschnitten lief meditative Musik, und die Schülerinnen und Schüler hatten die Aufgabe, ihre Assoziationen möglichst spontan auf die leeren Blätter zu schreiben oder auch zu malen ...

Der gesamte Ablauf füllt eine ganze Schulstunde. Am Schluß liegen eine Fülle von Schülerreaktionen vor (z. B. »›Sorget Euch nicht?‹ Soll ich vielleicht nicht mehr für die Klassenarbeiten lernen?« – »›Es werden nicht alle, die zu mir sagen: Herr, Herr!, in das Himmelreich kommen.‹ Das sollten sich die Pfarrer mal hinter die Ohren schreiben ...« – »›Ihr seid das Licht der Welt.‹ Das gefällt mir!«), die z. B. auf eine Wandzeitung geklebt oder auf andere Art und Weise gewürdigt werden können.[5] Auf jeden Fall sind jetzt gute Voraussetzungen dafür gegeben, daß der weitere Unterrichtsverlauf diejenigen Passagen der Bergpredigt berücksichtigt, die die Schülerinnen und

Schüler tatsächlich berühren. Es sind verblüffenderweise oft dieselben Verse, die auch über die Jahrhunderte die Wirkungsgeschichte des Textes besonders geprägt haben ...[6]

Soziale Gerechtigkeit: Meditation eines Geldscheins als Einstieg ins Thema

Grundkurs 13, kurz nach den Sommerferien, Abiturthema *»Soziale Gerechtigkeit – Einführung in die Sozialethik«.* Ein stoffintensives Pflichtprogramm mit langen biblischen und historischen Exkursen steht bevor. Wie fangen wir am besten an?

Wir sitzen im Kreis, und ich gebe jeder Schülerin und jedem Schüler einen der von »Brot für die Welt« als Spendenaufruf vertriebenen 100 DM-Scheine.[7] In einer mehrminütigen Phase der Stille betrachten wir unsere »Geldscheine« und erinnern uns an unsere Ausflüge und Reisen, aber auch an unsere Ferienjobs. Wir versuchen uns bewußtzumachen, was uns, aber auch anderen Menschen 100 DM bedeuten ...

Nach meinen Erfahrungen kann diese Übung eine sehr engagierte Diskussion über unseren Lebensstandard, unsere Wünsche und Sehnsüchte, dann aber, auf dem Hintergrund von Reiseeindrücken, notwendigerweise auch über die mit unserem Wohlstand und unseren Privilegien zusammenhängende Armut und Abhängigkeit anderer Menschen auslösen. Die in einer solchen Diskussion zu Tage tretenden Probleme und Widersprüche führen in der Regel zwangsläufig zur Frage nach Ursachen, Hintergründen und Handlungsperspektiven. An dieser Stelle kann dann vielleicht eine von allen als sinnvoll erachtete und aus der Sache heraus begründete Phase der Textarbeit beginnen ...

Gebet vor einem Geldschein

Herr, sieh diesen Geldschein, er macht mir Furcht.
Du kennst sein Geheimnis, Du kennst seine Geschichte.
Wie ist er schwer!

Er bedrückt mich, denn er redet nicht,
Er wird niemals erzählen, was er in seinen Falten birgt,
Er wird nie preisgeben, was er an Mühsal und Kämpfen bedeutet.
Er ist befleckt von Blut, von Enttäuschung, von verspotteter Würde.
Er ist reich von der ganzen Last menschlicher Arbeiten, die er enthält
und die ihm seinen Wert gibt.

Herr, er ist schwer, schwer.
Er bedrückt mich, er macht mir Furcht.
Denn er hat Tote auf dem Gewissen,
All die armen Kerle, die sich beim Akkord zu Tode geschunden
haben um seinetwillen …
Um ihn zu haben, um ihn für einige Stunden zu besitzen,
Um von ihm ein wenig Vergnügen, Freude, Leben zu erlangen …

Durch wie viele Finger ist er gegangen, Herr?
Und was hat er getan auf seinen langen, verschwiegenen Wegen?

Er hat der strahlenden Braut weiße Rosen in den Arm gelegt,
Er hat die Taufgeschenke bezahlt und das rosige Baby ernährt.
Er legte das Brot auf den Familientisch.

Er hat das heitere Lachen der Jungen und die stille Freude der Alten erlaubt.
Er hat den Besuch des rettenden Arztes bezahlt,
Er hat das Buch geschenkt, das den Knaben belehrt.
Er hat das junge Mädchen bekleidet.

Aber er hat auch den Abschiedsbrief geschickt.
Er hat den Mord des Kindes im Mutterschoß bezahlt.
Er teilte den Alkohol aus und schuf den Trunksüchtigen.
Er hat den Kindern den verbotenen Film vorgeführt und hat
die geschmacklose Schallplatte aufgenommen.
Er hat den jungen Mann verführt und den Erwachsenen zum Dieb gemacht.
Für ein paar Stunden hat er den Leib einer Frau gekauft.
Er bezahlte die Mordwaffe und die Sargbretter.

O Herr, ich bringe Dir diesen Geldschein dar,
in seinen freudvollen
und in seinen leidvollen Geheimnissen.
Ich sage Dir Dank für all das Leben und die Freude,
die er geschenkt hat,
Ich bitte um Verzeihung für das Böse, das er getan hat.
Vor allem aber, Herr, bringe ich ihn Dir für alle Menschenarbeit, für alle Menschenmühe, deren Symbol er ist und die – endlich – morgen, unvergängliche Münze geworden, umgewechselt sein wird in Dein ewiges Leben.

Aus: Michel Quoist, Herr da bin ich. Gebete. Gütersloher Verlagshaus 1982, S. 47ff

Glaube und Naturwissenschaft: Stilleübungen und Textarbeit

Grundkurs 12, Abiturthema »Glaube und Naturwissenschaft«. Der Stoffdruck ist wiederum groß. Es geht u. a. um den *Vergleich verschiedener Weltbilder,* vom Alten Orient bis hin zu Werner Heisenberg und Niels Bohr ... Die einzelnen Epochen werden im Gruppenpuzzle erarbeitet.[8] Die Methode funktioniert gut, sie ist für die Schülerinnen und Schüler inzwischen zur Selbstverständlichkeit geworden. Dennoch bleibt das Gefühl, man müsse sich eben einen von außen verfügten Lernstoff aneignen, im Grunde gehe einen all das persönlich gar nichts an. Dies kann sich innerhalb von wenigen Minuten durch eine Stilleübung, die u. a. auch noch die Funktion hat, die Diskussionsgruppen wieder im Plenum zusammenzuführen, ändern. Ich bitte die Schülerinnen und Schüler, sich zu entspannen, mache möglicherweise ein paar Vorschläge zu Körperhaltung und Atemtechnik, lasse eventuell Musik laufen. Die Frage, die ich als meditativen Impuls anrege, lautet: *»Bin ich ein fortschrittlicher Mensch?«* Ob naturwissenschaftlicher, sozialer oder menschlicher Fortschritt gemeint ist, bleibt bewußt offen, und gerade aus dieser Offenheit heraus entsteht im Anschluß an die Stilleübung in der Regel eine heftige Diskussion, z. B. darüber, ob naturwissenschaftlicher Fortschritt mehr Nachteile als Vorteile mit sich gebracht hat, ob man lieber im Mittelalter gelebt hätte, ob es möglich und sinnvoll ist, naturwissenschaftliche Forschung aufhalten zu wollen, ob es in der Abfolge der Weltbilder einen Erkenntnisfortschritt gibt, ob es so etwas wie »objektive« Erkenntnis überhaupt gibt – eine Vielzahl von brisanten Themen, deren Dynamik noch in die folgenden Doppelstunden ausstrahlt ...

Hat diese Stille- und Reflexionsübung zum Stichwort »Fortschritt«, so eingesetzt, die Funktion eines Transfers, der von einer Phase des Informationsaustausches zu einer Phase der Diskussion und des Diskurses überleiten will, so kann sie umgekehrt natürlich auch eingesetzt werden, um einen persönlichen Zugang zu einem Text zu ermöglichen, also im Rahmen des Themas »Glaube und Naturwissenschaft« z. B. zu einem der zahlreichen philosophischen oder theologischen Texte, die vor einem ungezügelten und verantwortungslosen Umgang mit der Umwelt warnen – eine Thematik, die in der Oberstufe leider oft nur noch achselzuckend und distanziert-zynisch zur Kenntnis genommen wird. Ich vergleiche Texte gerne mit Experten, die man zu einem bestimmten Thema in den Unterricht einlädt; soll die Expertenbefragung nicht langweilig oder gar peinlich werden, so muß man sich zuvor Fragen überlegen und von dem eingeladenen Experten etwas wollen. Und gerade die Textarbeit in der Oberstufe krankt nach meinem Eindruck oft daran, daß Text entweder gar nicht oder nur formal (»Ich habe euch [noch] einen interessanten Text mitgebracht. Der Verfasser ist der berühmte Philosoph / Theologe ...«) eingeführt werden. Eine Phase der Stille und des Nachdenkens kann in diesem Zusammenhang oft weiterhelfen. Die Schülerinnen und Schüler können in Ruhe überlegen, was sie an einem Thema oder einer Fragestellung beschäftigt, was sie interessiert, aber auch, was sie abstößt und blockiert. Die Chance, bei der Besprechung des Textes zu einem wirklichen Unterrichtsgespräch zu gelangen und nicht nur zu einer bloßen Inhaltsangabe oder einem fragend-entwickelnden Hin und Her, erhöht sich auf diese Weise sicherlich erheblich.

Textanalysen vorausgehende Stillephasen können motivieren, eine Fragestellung aus der subjektiven Perspektive der Schülerinnen und Schüler heraus aufschließen. Hierzu ein weiteres Beispiel: Im weiteren Verlauf der Oberstufeneinheit »Glaube und Naturwissenschaft« geht es um das wissenschaftstheoretische Thema *»Theologie – eine Wissenschaft?«*. Ehe die Lehrerin bzw. der Lehrer anhand von Textblättern die Inhalte eines Theologiestudiums, den Unterschied zwischen Glaube und Theologie, zwischen Theologie und Religionswissenschaft behandelt, ist es für Oberstufenschülerinnen und -schüler, die nach dem Abitur oft recht orientierungslos dastehen, sehr hilfreich und nützlich, einmal über ihre Studien- und Berufsplanung nachzudenken. Die Schülerinnen und Schüler erhalten jedenfalls drei vorbereitete Zettel, auf denen sie, wiederum nach einigen Minuten des Nachdenkens, eventuell begleitet von Musik, anonym drei für sie denkbare Studienrichtungen notieren können. Anschließend werden die Zettel an die Tafel oder an eine Pinwand geheftet, und der Kurs versucht, die einzelnen Studienfächer nach sachlichen Gesichtspunkten zu ordnen und zu überlegen, inwiefern es sich bei den jeweiligen Studiengängen um eine Wissenschaft handelt ...

Thema »Wunder«: Eine Phantasiereise zum See Genezareth

Im Rahmen der *Unterrichtseinheit »Jesus Christus«* steht das heikle Thema »Wunder« auf dem Programm. Auch die Schülerinnen und Schüler haben schon verschiedentlich angedeutet, daß sie dieser Aspekt besonders interessiert. Angeregt durch einschlägige Witze, haben einzelne signalisiert, sie wüßten gerne Näheres über die *Geschichte von Jesus und dem sinkenden Petrus* (Mt 14,22–33).

Wer sich bei der Besprechung dieses Textes nicht vornehmlich mit den physikalischen Möglichkeiten, sich auf Wasser fortzubewegen, auseinandersetzen will, kann mit einer vorangestellten Phantasiereise den Zugang zu einer den biblischen Texten angemessenen Fragestellung eröffnen.

Phantasiereisen sind gelenkte Stilleübungen, die vor allem in der Gestaltpädagogik entwickelt wurden und u. a. auch im Deutschunterricht zunehmend Verwendung finden.[9] Die Lehrerin / der Lehrer könnte im Zusammenhang mit dieser Perikope die Schülerinnen und Schüler z. B. in ruhigen, langsam gesprochenen Sätzen bitten, sich bequem hinzusetzen, die Augen zu schließen und sich vorzustellen, sie machten eine Reise zum See Genezareth ... Mir scheint es dabei wichtig, daß jede Kollegin / jeder Kollege – dem eigenen Naturell, der jeweiligen Lerngruppe, aber auch den jeweiligen Lernzielen entsprechend – selbst die passenden Worte findet; dennoch als Anregung ein Formulierungsvorschlag:

Setzen Sie sich bequem hin, so daß Sie für ein paar Minuten in dieser Haltung bleiben können … noch etwas bequemer vielleicht … und schließen Sie die Augen …

Stellen Sie sich vor, Sie säßen auf einem fliegenden Teppich … Dieser Teppich trägt Sie hinaus aus dem Klassenzimmer, durch das Fenster, in die Lüfte … Sie drehen noch eine Runde über der Schule, eine zweite über der Innenstadt und nehmen dann Kurs nach Süden, nach Palästina. Über die Alpen hinweg … den italienischen Stiefel hinunter … über das Mittelmeer … bis zum Hügelland von Galiläa, zum See Genezareth …

Hier landen Sie sanft und bequem und setzen sich auf einen Bootssteg und lassen die Füße im Wasser baumeln … Es ist warm und wohltuend … Ein kräftiger, aber nicht unangenehmer Wind streift Ihren Körper und läßt auf dem See Wellen entstehen, die sich in regelmäßigem Rhythmus auf das Ufer zubewegen … Genießen Sie, wenn Sie können, diese Situation … Stellen Sie sich die Wellen und das Schilf und den Bootssteg möglichst konkret vor … Vielleicht sehen Sie auch ein paar Enten oder die hohen Berge im Hintergrund …

Weit draußen auf dem See befindet sich ein kleines Fischerboot … Hätten Sie Lust, auf diesem Boot mitzufahren? Vielleicht zusammen mit guten Freunden? Oder hätten Sie Angst? Der See ist tief, sehr tief, das Boot schwankt gewaltig auf den Wellen … Was wäre, wenn der Wind auffrischt und es plötzlich ein richtiges Unwetter gäbe?

Möglicherweise waren Sie ja schon einmal bei schlechtem Wetter auf offenem Wasser … oder vielleicht waren Sie schon einmal in einer anderen Situation, in der Wasser für Sie bedrohlich war …

Es gibt auch viele Redensarten, in denen von Wasser die Rede ist: Das Wasser steht mir bis zum Hals … Die Wellen schlagen über mir zusammen … Ich verliere den Boden unter den Füßen …

Nehmen Sie sich ein, zwei Minuten Zeit, um solch einer Wassersituation, real oder übertragen, nachzuspüren …

Wenn Ihnen nichts Rechtes einfällt, macht das auch nichts. Lassen Sie Ihre Gedanken einfach treiben und genießen Sie die Stille um sich herum …

…

Es ist nun langsam Zeit, von unserer Phantasiereise wieder zurückzukommen. Besteigen Sie ohne Hast Ihren fliegenden Teppich … Fliegen Sie zurück nach Europa, zurück nach Tübingen … Kommen Sie zurück in Ihr Klassenzimmer, machen Sie langsam die Augen auf, räkeln Sie sich ein bißchen, sehen Sie sich um …

Mögliche Impulse für das Gespräch danach:

- □ Wie ist es Ihnen gegangen bei dieser Übung?
- □ Sind Sie bis Galiläa gekommen?
- □ Haben Sie sich etwas vorstellen können? Ist Ihnen zum Thema »Wasser« etwas eingefallen?
- □ Ich selbst denke, wenn ich ein Boot auf einem See sehe, immer an …

Das Leben als Weg: Eine verblüffende Übung zum Labyrinth von Chartres

Ein zu Recht beliebtes Motiv des Religionsunterrichts, etwa im Rahmen einer *Unterrichtseinheit über »Die Frage nach dem Sinn des Lebens«* oder z. B. auch im Rahmen einer Oberstufensequenz zum *Thema »Tiefenpsychologie«* ist das des *Lebens als Weg*. Es liegen hierzu zahlreiche Unterrichtsideen vor,[10] und immer wieder wird dabei auch auf das berühmte mandalaartige Fußbodenlabyrinth der Kathedrale von Chartres verwiesen.

Diese Figur befindet sich auf dem Boden der Kathedrale von Chartres, die 1260 eingeweiht wurde; sie ist bekannt unter der Bezeichnung »Das Labyrinth von Chartres«.

Einmal im Jahr werden einen Monat lang in der Kathedrale die Stühle beiseite geräumt, damit das Labyrinth in der Mitte des Langschiffes frei zugänglich wird. In dieser Zeit stellen sich besonders viele Besucher ein, einige kommen von weit her, eigens deshalb, um den Weg dieses Labyrinths nachzugehen. Sie möchten mit diesem Weg ihre eigenen symbolischen Erfahrungen machen.

Das Labyrinth ist nach Westen, zum Kirchenportal hin, geöffnet. Wer die Kathedrale in dem besagten Monat betritt und wie meistens üblich auf den Altar zuschreitet, gelangt an den Eingang des Labyrinths. Wer nun nicht weiter geradeaus geht, sondern den Windungen des Labyrinths folgt, der wird nach 305 Metern in der Mitte angelangt sein und alle Wege des Labyrinths durchschritten haben.

Am Anfang scheint der Weg nach einer großen Windung auf halber Strecke direkt auf die Mitte zuzuführen. Aber fast schon in der Mitte angelangt, führt er um sie herum und dann fort von ihr, naht sich ihr erneut von anderer Seite, um sich anschließend mehr und mehr zu entfernen und bis an den äußeren Rand wegzuführen. Wieder nähert sich der Weg anschließend noch einmal der Mitte, und schon windet er sich wieder weg bis an den äußeren Rand. Endlich, wenn die Mitte fast schon vergessen scheint, führt der Weg nach einer letzten Biegung unvermittelt in die Mitte, die sich wie eine Blüte öffnet, wie ein schönes Zimmer, wie ein Raum der Stille. Hier angekommen, sind alle Wege durchschritten.

In einer wichtigen Eigenschaft unterscheidet sich dieses Labyrinth von anderen. Es gibt keine Sackgassen, kein Verirren und Nichtweiterkönnen, kein Sichverlieren. Dennoch könnten die Wege des Labyrinths Angst machen, wären sie von Mauern umgeben. Es könnte sein, daß jemand lieber auf halbem Wege umkehrte, vielleicht weil der Weg zu weit und zu mühsam erscheint oder gerade dadurch irritiert, daß er immer weiterführt, endlos weiterzuführen scheint, als käme er nie an ein Ziel, ja führte zwischendurch nur weit vom Ziel fort.

Erst wer es gewagt hat, weiter und unbeirrt weiterzugehen, gelangt auf eindeutigem Weg trotz aller Kehren und Windungen in die Mitte, wo sich eine harmonische Form öffnet und der Weg im nachhinein als eindeutig und klar erkennbar wird.

Von außerhalb, von oben und im Überblick betrachtet, zeigt sich dies Labyrinth als eine ausgesprochen harmonische Form, wie ein Mandala zur Meditation geeignet. Der äußere Rand ist gezackt wie Blütenränder oder wie ein Zahnrad, das Rad des Zyklus oder der Geschichte. Im Innern fügen sich die Windungen, obwohl der Weg unterschiedlich geführt wird, wohlgeordnet um die Mitte und zugleich in einem Koordinatensystem, das mit seinen Achsen die Kreuzform andeutet.

Betrachten wir in diesem Koordinatensystem den Eingangsbereich als gegenwärtigen Ort, die Achse von links nach rechts als die zwischen Ursprung und Eschaton, zwischen Anfang und Ziel und die Achse, die nach oben weist, als den Bezug zur Transzendenz, so wird der Weg als ein ständiges Schwingen zwischen diesen Polen deutlich. Das eigentliche Ziel aber ist nicht irgend eine ferne Zukunft, sondern der Kairos, der Ort der Mitte, ein stiller, leerer Raum, der Kairos, wo sozusagen Himmel und Erde sich begegnen, wo wir ganz in der Mitte sind, in der Mitte unserer selbst, in der Mitte des Seins, in der Mitte der Zeit, in der Mitte des Heils.

Seit alters ist das Labyrinth ein Symbol für den menschlichen Lebensweg mit seinen vielerlei Windungen, Irrungen und Wirrungen. Dieses Labyrinth ist ein Bekenntnis, das zugleich eine evangeliumsgemäße Botschaft enthält: Laß dich nicht beirren! Bleibe vertrauensvoll auf deinem Weg, in diesem Vertrauen wird dein Weg zur Mitte führen und wenn du hernach das Ganze sehen wirst, wirst du erkennen, nichts war vergeblich. Es hat sich zu einem wohlgeordneten Ganzen gefügt. Es macht Sinn. Du bist angekommen.

Aus: Christel Hildebrand, Der Weg des Labyrinths von Chartres. In: Dies. (Hg.): Gott schenkt Zeit und Zukunft. Texte für Feier, Meditation und Gemeindegruppen. Stuttgart 1994, S. 56–59.

Da nicht jede Klasse nach Chartres fahren kann und eine Nachgestaltung des Labyrinths in der Eingangshalle des Schulgebäudes oder auf dem Pausenhof für viele eine allzu gewagte Idee sein wird, setzen viele Kolleginnen und Kollegen das Labyrinth von Chartres im Unterricht so ein, daß sie die Schülerinnen und Schüler bitten, in einer meditativen Phase den Weg des kopierten Labyrinthgrundrisses mit einem Bleistift nachzufahren – eine durchaus erwägenswerte Methode.

Wesentlich eindrücklicher und für Kinder, Jugendliche und Erwachsene aller Altersstufen faszinierend, ist allerdings eine Variante, auf die mich eine äußerst kreative Kollegin aus dem Hauptschulbereich aufmerksam gemacht hat:[11] Die Schülerinnen und Schüler werden gebeten, ihre Tische ganz frei zu machen und erhalten die Kopien des Chartres-Labyrinths in durchsichtigen Plastikhüllen, wie man sie z. B. zur Aufbewahrung von Prospekten verwendet. Die Hüllen werden so auf die Tische gelegt, daß die Schülerinnen und Schüler den Eingang des Labyrinths vor sich haben. Begleitet von entsprechender Musik[12] und nach ein paar einleitenden Sätzen, geht die Lehrerin bzw. der Lehrer von Tisch zu Tisch und plaziert mit Hilfe eines kleinen Fläschchens mit Pipette, wie es z. B. für Nasentropfen verwendet wird, an jedem Labyrintheingang einen Tropfen eines mit Tinte gefärbten Wassers.

Das immer wieder Verblüffende ist nun, daß der Wassertropfen eine hohe Stabilität aufweist und durch vorsichtiges Jonglieren – je nach Temperament schnell oder langsam, genußvoll oder hektisch – den komplizierten, gewundenen Weg des Labyrinths entlanggeführt werden kann ...

Grenzen der Methode

Abschließend noch zwei Bemerkungen zu den Grenzen des hier vorgestellten Ansatzes. Eine Grenze besteht sicherlich darin, daß »schweigend Lernen« auf seiten der Schülerinnen und Schüler, aber auch auf seiten der Lehrerinnen und Lehrer die Bereitschaft voraussetzt, sich innerhalb der vier Wände eines Klassenzimmers auf derartiges einzulassen. Diese Bereitschaft ist zweifellos nicht in jeder Lerngruppe gegeben, muß unter Umständen schrittweise eingeübt werden; auch ist nicht jede und jeder jederzeit in einer kontemplativen Stimmung. Nach meinen Erfahrungen kann es gerade bei stärker meditativ angelegten Stilleübungen sehr sinnvoll sein, die Teilnahme freizustellen und diejenigen, die sich gerade nicht dazu in der Lage fühlen, für kurze Zeit zu beurlauben. Oft wird es dann so sein, daß dieses Angebot viele Widerstände abbaut und de facto kaum jemand den Raum verläßt.

Eine andere Grenze bzw. Gefahr des Verfahrens, insbesondere auch bei der Verwendung von Phantasiereisen, ist darin zu sehen, daß Stilleübungen mehr als andere Methoden auch dazu mißbraucht werden können, Gefühle und Erfahrungen von Schülerinnen und Schülern auf unzulässige Weise zu instrumentalisieren. Auch die Gefahr, daß bei Kindern und Jugendlichen problematische Aspekte der eigenen Psyche bewußtgemacht werden, ohne daß dann im Unterricht eine entsprechende Aufarbeitung erfolgen kann, ist nicht ganz von der Hand zu weisen. Vermutlich handelt es sich, wie so oft beim Umgang mit Menschen, um eine Gratwanderung zwischen dem, was dem anderen förderlich ist, und dem, was ihn bei der Gestaltung und Entfaltung seiner Subjektivität verletzt. Ich sehe in diesem Punkt keine andere Möglichkeit, als an die Sensibilität und das Verantwortungsgefühl der Pädagogin und des Pädagogen zu appellieren.

Lernen durch Lehren

Gruppenarbeit – theoretisch gut, aber praktisch wenig ergiebig?[1]

Im Grunde ist es ganz einfach. Wer seinen Unterricht weniger lehrerzentriert gestalten möchte, darf selbst weniger dozieren und muß den Unterricht mehr von den Schülerinnen und Schülern selbst gestalten lassen, zum Beispiel durch Gruppenarbeit.

Aber so einfach ist dies dann auch wieder nicht: »Eigentlich finde ich Gruppenarbeit ja viel sinnvoller als Frontalunterricht. Aber leider funktioniert sie nicht. Die Schüler schwätzen nur über alles mögliche, und es kommt nicht viel dabei heraus ...«

Was eine Referendarin nach 1½ Jahren Unterrichtspraxis so formuliert, wird sicherlich auch bei vielen Kolleginnen und Kollegen mit wesentlich mehr Berufserfahrung Zustimmung finden. Und selbst die Fachliteratur scheint der Referendarin recht zu geben:

Zwar spricht von der Theorie her nahezu alles für mehr Gruppenarbeit im Unterricht. Schülerinnen und Schüler können durch sie aktiviert, Lernprozesse lebendiger und intensiver gestaltet, kommunikative und soziale Verhaltensweisen eingeübt werden – Ziele, die gerade auch Religionspädagogen sehr wichtig sind. Doch: So plausibel die pädagogische Theorie auch ist, so muß im Hinblick auf die Realität des Unterrichtsalltags zugegeben werden, daß die »Umsetzung in praktikable Modelle ... beträchtliche Schwierigkeiten bereitet. Praktische Arbeit in Gruppen kann nicht einfach aus den Theoriemodellen hergeleitet werden ... Es schmerzt, daß wir von ihrer Verwirklichung noch so weit entfernt sind.«[2]

Empirische Untersuchungen belegen, daß an unseren Schulen nach wie vor mindestens 77% des Unterrichts in Form von Frontalunterricht stattfinden,[3] und das, obwohl Frontalunterricht »eher mit dem Hinweis auf die institutionellen Rahmenbedingungen entschuldigt, aber kaum theoretisch begründet werden kann«.[4] Da, wo Gruppenarbeit eingesetzt wird, wird sie oft nicht als echte Alternative betrachtet, sondern sie dient, ähnlich wie ein Film oder eine Tonbildreihe, vor allem der »methodischen Auflockerung des Frontalunterrichts.«[5]

© Marie Marcks, Heidelberg

Fragt man Kollegen, warum in ihrem Unterricht Gruppenarbeit so wenig zum Zuge kommt, so hört man immer wieder dieselben Bedenken:

□ Die Schüler benutzen die Gruppenarbeit als Gelegenheit zum Privatgespräch. Die gestellte Aufgabe wird allenfalls nebenher bearbeitet.

□ Wenn der Lehrer auf vorzeigbaren Ergebnissen besteht, führt dies häufig nur dazu, daß einzelne besonders pflichtbewußte oder besonders begabte Schüler die Aufgabe stellvertretend für die anderen Gruppenmitglieder bearbeiten und später auch im Plenum die Ergebnisse vortragen. Der Rest der Gruppe hat mehr oder weniger Pause.

□ Die Präsentation der Gruppenergebnisse im Plenum ist ermüdend. Die von einzelnen Schülern holprig oder eloquent vorgetragenen Gruppenergebnisse richten sich vor allem an den Lehrer. Das Gros der Klasse döst im günstigsten Fall vor sich hin.

□ Eine angemessene Auswertung und Sicherung der Ergebnisse ist schwierig und zeitraubend. Oft kommt Langeweile auf.

□ Im Vergleich zum »normalen« Unterricht erfordert die Erarbeitung desselben Stoffes in Gruppen mindestens den doppelten Zeitaufwand.

Nun mißlingt Gruppenarbeit sicherlich nicht selten auch deshalb, weil wir die Schülerinnen und Schüler nicht früh und konsequent genug an diese Arbeitsform herangeführen und weil wir auch sonst allerlei methodische Fehler machen. Auf diesen Aspekt der Problematik möchte ist an dieser Stelle nicht eingehen.[6] Mir liegt vielmehr daran, darauf aufmerksam zu machen, daß wir in der Regel nur von einem einzigen Modell der Gruppenarbeit ausgehen, das nach einem dreischrittigen Grundschema abläuft:

- □ Aufgabenstellung und Gruppeneinteilung im Plenum
- □ Arbeitsteilige oder arbeitsgleiche Arbeit in Gruppen
- □ Vorstellung der Gruppenergebnisse, evtl. Zusammenfassung und Sicherung der Ergebnisse im Plenum.

Im folgenden möchte ich eine andere, weniger bekannte Art der Gruppenarbeit vorstellen, das sogenannte »Gruppenpuzzle«. Für diese in den USA entwickelte und erprobte[7] und in der Bundesrepublik vor allem durch das Deutsche Institut für Fernstudien (DIFF) der Universität Tübingen verbreitete[8] Modell treffen nach meinen Erfahrungen alle genannten Einwände gegen Gruppenarbeit nicht zu. Um so verwunderlicher ist es, daß die Methode Gruppenpuzzle auch in den neuesten religionspädagogischen Handbüchern keinerlei Erwähnung findet.[9]

Alternative Gruppenpuzzle

Wer nach der Methode Gruppenpuzzle arbeiten will, verfährt zunächst nicht anders als bei der Organisation herkömmlicher arbeitsteiliger Gruppenarbeit. Die Klasse teilt sich in Kleingruppen von drei bis fünf Schülern auf. Diese Kleingruppen, im Zusammenhang mit dem Gruppenpuzzle »Expertengruppen« genannt, erhalten unterschiedliches Arbeitsmaterial (Texte, Statistiken, Karikaturen u.ä.) mit Arbeitsaufträgen. Jeder Schüler beschäftigt sich sorgfältig mit dem ihm vorliegenden »Expertenmaterial« und tauscht sich anschließend mit den anderen Experten seiner Gruppe über den Inhalt aus. Jede Expertengruppe bearbeitet die ihr gestellten Arbeitsaufträge, fixiert ihre Ergebnisse und überlegt sich, wie man das Erarbeitete anderen Schülern prägnant und anschaulich erklären kann.

So weit nichts Ungewöhnliches. Die Auswertung der Kleingruppenarbeit würde nun üblicherweise, mehr oder weniger geschickt organisiert, im Plenum stattfinden – mit all den bekannten Nachteilen und Problemen. An dieser Stelle verfährt das Arbeitsmodell Gruppenpuzzle anders:

Die Gruppen teilen sich neu auf. Aus den bisherigen Expertengruppen, die jeweils einen Teilaspekt eines Themas bearbeitet haben, geht jeweils nur ein Vertreter in die sogenannte »Diskussionsgruppe«,[10] um dort das in der Expertengruppe Erarbeitete seinen Mitschülern weiterzuvermitteln.

Als dieses Verfahren mir selbst das erste Mal erklärt wurde, erschien es mir zunächst recht kompliziert; ich will es deshalb graphisch veranschaulichen. Die nachfolgende Skizze illustriert das beschriebene Prinzip der Gruppenbildung am Beispiel einer Schulklasse mit 20 Schülern, die sich erst in 4 Expertengruppen à 5 Schüler und anschließend in 5 Diskussionsgruppen à 4 Schüler aufteilt. Aus Gründen der Übersichtlichkeit habe ich nur die Zusammensetzung der Diskussionsgruppe I durch Pfeile markiert. Bei der Bildung der Diskussionsgruppen II–V wäre analog zu verfahren.

Das Gruppenpuzzle eignet sich als Methode besonders gut für die Erarbeitung von Inhalten, die den Schülern neu sind, die eine komplexere Struktur haben und zu denen sich Material finden läßt, das sie ohne Hilfe des Lehrers verstehen können. Das Thema sollte in sich ergänzende, eventuell auch überlappende Segmente aufteilbar sein. Wenn die Teilthemen dann auch noch einen gemeinsamen »roten Faden« haben, liegen optimale Voraussetzungen vor.

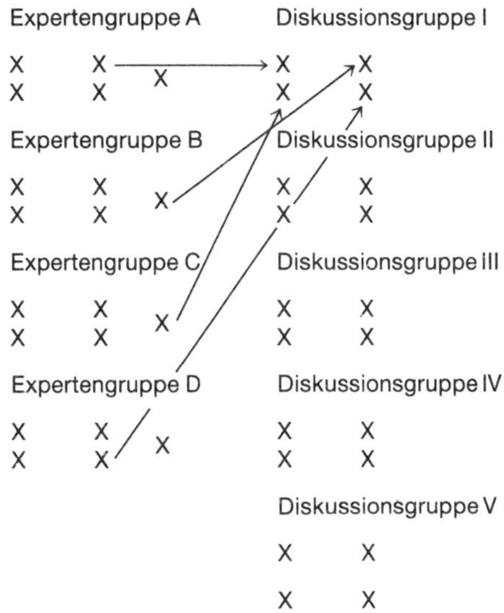

Ich habe mich zum *Beispiel* kürzlich mit einer *10. Gymnasialklasse* im Rahmen der Unterrichtseinheit *»Bergpredigt«* damit beschäftigt, wie die Gemeinschaft der *Quäker* seit jeher bemüht ist, die Ansprüche der Bergpredigt in alltägliche Lebenspraxis umzusetzen. Wir haben zunächst im Unterrichtsgespräch über die Entstehung der Quäker und einige Besonderheiten ihres Glaubens (Lehre vom »Inneren Licht«; Christentum ohne Priester, Kirche, Riten und Dogmen; Gottesdienste in Form von »silent meetings«) gesprochen. Anschließend wurde dann nach der Methode Gruppenpuzzle an folgenden Expertenthemen gearbeitet:[11]

- ☐ Quäkerstaat Pennsylvania / Verhältnis zur indianischen Bevölkerung
- ☐ Verweigerung von Kriegsdienst und Eidesleistungen
- ☐ Engagement gegen Sklaverei und die Todesstrafe
- ☐ Soziales Engagement und Friedensarbeit in Vergangenheit und Gegenwart.

Der gemeinsame Bezugsrahmen für alle vier Expertengruppen, über den vor allem auch in den Diskussionsgruppen engagiert diskutiert wurde, waren folgende Fragen:

- ☐ Inwiefern können sich die Quäker mit ihrem Tun auf die Bergpredigt berufen?
- ☐ Was beeindruckt mich an den Quäkern? Was finde ich problematisch?
- ☐ Was kann und will ich für mich selbst übernehmen?
- ☐ Ist eine kleine, konsequente Minderheitenkirche besser als eine große unverbindliche Volkskirche?

Ein zweites *Beispiel:* Im Rahmen des *Oberstufenthemas »Glaube und Naturwissenschaft«* sollen die Schülerinnen und Schüler einen Überblick über den *Wandel der Weltbilder* vom Alten Orient bis zur Gegenwart gewinnen. Wollte man die bekannten, im Calwer Arbeitsheft Oberstufe Religion 2[12], abgedruckten Materialien im Plenum erarbeiten, wäre ein langwieriges Frage-und-Antwort-Spiel zwischen Lehrer/in und Schülern / Schülerinnen kaum vermeidbar. Im Gruppenpuzzle-Verfahren hingegen können 20 Schülerinnen und Schüler die vorliegenden Materialien (eventuell ergänzt durch Kopien aus dem Lehrerheft und ein Konversationslexikon) in z. B. vier Expertengruppen à fünf Teilnehmern bearbeiten. Dabei bietet sich folgende Aufteilung an:

Expertengruppe I: Die Weltbilder des Alten Orients und der Griechen
Expertengruppe II: Das Weltbild der Griechen und das mittelalterliche Weltbild
Expertengruppe III: Das mittelalterliche Weltbild und das Weltbild des 16./17. Jahrhunderts
Expertengruppe IV: Das Weltbild des 16./17. und das Weltbild des 18./19. Jahrhunderts.

In der anschließenden Integrationsphase werden dann fünf Diskussionsgruppen à vier Teilnehmern gebildet, wobei jede Expertengruppe jeweils eine Expertin bzw. einen Experten für ihren jeweiligen Teilaspekt entsendet. In der Diskussionsgruppe erklären die Schülerinnen und Schüler sich gegenseitig das in den Expertengruppen Erarbeitete, wobei die Tatsache, daß die Arbeitsaufträge der Expertengruppen sich überlappen, einen zusätzlichen Integrationseffekt mit sich bringt.

Leistungsfähige Grundkurse benötigen für diese Gruppenpuzzle-Phase nicht mehr als eine Schulstunde. Findet der Religionsunterricht in Doppelstunden statt, kann sich nun eine Plenumsphase anschließen, die sich mit dem Weltbild des 20. Jahrhunderts befaßt. Mögliche Elemente dieser Plenumsphase können, je nach Gesamtanlage der Unterrichtseinheit, z. B. sein:
□ Zusammentragen gemeinsamen Vorwissens, ergänzt durch Kurzreferate von Schülerinnen und Schülern, die naturwissenschaftliche Leistungskurse besuchen.
□ Gemeinsame Lektüre der anspruchsvollen Texte von Niels Bohr und Werner Heisenberg[13].
□ Unterrichtsgespräch über die Frage »Wie wirklich ist eigentlich die Wirklichkeit?«[14]

Die *Vorteile der Methode* Gruppenpuzzle, die Schülern ein »Lernen durch Lehren«[15] ermöglicht, liegen auf der Hand:
□ Jeder Schüler ist für sein »Puzzlestück« verantwortlich und wird von den anderen Mitgliedern seiner Diskussionsgruppe auch dafür verantwortlich

gemacht. Wer seine Arbeit in der Expertengruppe nicht gründlich erledigt, enthält seiner Diskussionsgruppe wichtige Informationen vor. Das Flüchten in passive Zuschauerrollen wird für den Schüler nahezu unmöglich.[16]

□ Die langwierige und oft wenig ergiebige Phase des Zusammentragens im Plenum wird durch intensive Schüler-Schüler-Kommunikation in der Diskussionsgruppe ersetzt. Die Schüler lernen, wie man Informationen und Einsichten so aufarbeitet und formuliert, daß auch die anderen, die sich noch nicht mit der betreffenden Thematik beschäftigt haben, sie verstehen können. Die schwierige Aufgabe der Integration der Ergebnisse, die sonst der Lehrer zu bewältigen hat, wird an die Schüler selbst zurückgegeben.

ERWEITERTER LERNBEGRIFF			
INHALTLICH-FACHLICHES LERNEN	**METHODISCH-STRATEGISCHES LERNEN**	**SOZIAL-KOMMUNIKATIVES LERNEN**	**AFFEKTIVES LERNEN**
• Wissen (Fakten, Regeln, Begriffe, Definitionen ...) • Verstehen (Phänomene, Argumente, Erklärungen ...) • Erkennen (Zusammenhänge erkennen ...) • Urteilen (Thesen, Themen, Maßnahmen ... beurteilen) etc.	• Exzerpieren • Nachschlagen • Strukturieren • Organisieren • Planen • Entscheiden • Gestalten • Ordnung halten • Visualisieren etc.	• Zuhören • Begründen • Argumentieren • Fragen • Diskutieren • Kooperieren • Integrieren • Gespräche leiten • Präsentieren etc.	• Selbstvertrauen entwickeln • Spaß an einem Thema oder an einer Methode haben • Identifikation und Engagement entwickeln • Werthaltungen aufbauen etc.

Aus: Heinz Klippert, Methodentraining. Übungsbausteine für den Unterricht, [5]1996, Beltz-Verlag, Weinheim Basel

□ Der im Zusammenhang mit Gruppenarbeit oft beklagten Zunahme von Disziplinschwierigkeiten wird dadurch entgegengewirkt, daß jeder Schüler eine präzise, nachprüfbare und für die Klassengemeinschaft wichtige Aufgabe zu erfüllen hat. In gewisser Weise werden also die Vorteile einer differenzierten Einzelarbeit mit den Vorteilen von Gruppenarbeit kombiniert.

□ Noch mehr als bei der üblichen Form der Gruppenarbeit lassen sich durch geschickte und sorgfältig reflektierte Gruppeneinteilung eingefahrene Interaktionsmuster aufbrechen und neue Interaktionsmöglichkeiten fördern.

□ Im Unterschied zur herkömmlichen Gruppenarbeit dauert die Erarbeitung des Stoffes oft nicht länger als im Frontalunterricht.

Als *problematisch* könnten sich beim Umgang mit dem Gruppenpuzzle unter Umständen folgende Punkte erweisen:

□ Die Erstellung der Expertenmaterialien ist relativ zeitintensiv. Sie wird jedoch nach meinen Erfahrungen durch ein wesentlich konstruktiveres Unterrichtsklima, das nicht zuletzt auch Nerven und Energien des Lehrers schont, ausgeglichen. Im übrigen ist uns Religionslehrern aufwendiges Suchen und Erstellen von Materialien ja leider auch sonst nicht ganz unbekannt ...

Tomaschoff, Löwensteiner Cartoon-Service

□ Die Schüler müssen sich an die Arbeit mit der neuen Methode unter Umständen erst gewöhnen. Anfangs erscheint das dem Gruppenpuzzle zugrundeliegende Organisationsmodell manchem vielleicht etwas verwirrend. Im Grunde verhält es sich jedoch nicht anders als beim Erlernen von Spielregeln eines unbekannten Spiels. Beim zweiten oder dritten Mal gibt es kaum noch Probleme. Alles andere wäre auch verwunderlich, denn schließlich wurde das Verfahren gerade auch im Grundschulbereich entwickelt und erprobt.[17]

□ Die sonst übliche, zentrale Ergebnissicherung an der Tafel oder am Overheadprojektor tritt in den Hintergrund oder entfällt sogar ganz. Dadurch ergeben sich unter Umständen ungewohnte Schwierigkeiten im Hinblick auf Klassenarbeiten und Klausuren. Diesem Argument möchte ich zunächst entgegenhalten, daß wir gerade im Religionsunterricht nicht die Fixierarbeit und Meßbarkeit von Unterrichtsprozessen zum obersten Ziel erheben sollten. Außerdem gehe ich davon aus, daß neben Unterricht nach dem Modell Gruppenpuzzle auch weiterhin »normaler«, tafel- und lehrerzentrierter Unterricht stattfinden wird. Und schließlich das Wichtigste: Amerikanische Untersuchungen ergeben eindeutig, daß Lernen nach dem Modell Gruppenpuzzle bei den Schülern nicht nur zu einer deutlichen Verbesserung des Sozialverhaltens, des Selbstwertgefühls und der Schulzufriedenheit, sondern auch zu einem signifikant höheren Leistungsniveau führen.[18] Um hier zu einem klaren Bild zu kommen, wären auch an bundesdeutschen Schulen detaillierte Untersuchungen und vermutlich auch eine kritische Überprüfung unserer Art der Lernerfolgskontrolle notwendig.

□ Wie alle anderen Methoden eignet sich das Gruppenpuzzle nicht für alle Themen und Zwecke. So gibt es zweifellos Themen, bei denen eine stärkere Lenkung durch den Lehrer angebracht ist. Man denke etwa an die sorgfältige Analyse eines schwierigen philosophischen oder theologischen Textes. Und auch da, wo z. B. Kenntnisse und Fähigkeiten eingeübt werden müssen, hat das Gruppenpuzzle seine Grenzen.[19]

□ Erwähnt sei schließlich auch, daß es bei großen Klassen in engen Klassenzimmern schwierig werden kann, Gruppen zu bilden, die sich gegenseitig bei ihrer Arbeit nicht stören. Manchmal können Gruppen in die Schülerbibliothek, in Oberstufenarbeitsräume u. ä. ausweichen, generell ist aber festzuhalten, daß schon die Architektur und Ausgestaltung von Schulgebäuden oft entscheidende, bis zum heutigen Tag in der Regel negative, pädagogische Vorgaben machen.[20]

Werner »Tiki« Küstenmacher. Aus: Werner Küstenmachers ewige Jagdgründe, Claudius Verlag München

Nachdem die allgemeine Struktur des Modells Gruppenpuzzle deutlich geworden ist, möchte ich noch ein paar *praktische Hinweise auf methodische Details* hinzufügen:

□ Sicherlich ist eine Doppelstunde für die Arbeit mit dem Gruppenpuzzle besser geeignet als eine einzelne Schulstunde. Sind Klassen jedoch einmal mit dem Verfahren vertraut, kann man bei kurzen Expertentexten und einfacheren Fragestellungen, bei Verzicht auf allzu ausführliche Ergebnissicherung und eventuell auch durch das Stellen von Lese-Hausaufgaben durchaus auch in 45 Minuten einen sinnvollen Einsatz des Gruppenpuzzles erreichen. Denkbar wäre z. B. folgender Zeitrahmen:

- Hinführung zum Thema: 5′
- Expertengruppen (einschließlich Lesephase): 15′
- Diskussionsgruppen: 15′
- Schlußplenum: 10′

□ Wer in Einzel- und Doppelstunden Erfahrungen mit dem Gruppenpuzzle gesammelt hat, kann auch versuchen, mit den Schülern über längere Zeiträume nach dieser Methode zu arbeiten. In einer Schulstunde treffen sich dann die Expertengruppen, in einer anderen die Diskussionsgruppen, in einer dritten findet ein (Zwischen-)Plenum statt.

□ Falls eine gleichmäßige Verteilung der Schüler auf die einzelnen Expertengruppen aufgrund der gegebenen Klassengröße nicht möglich ist, entsenden einzelne Expertengruppen zwei Experten in eine Diskussionsgruppe.

□ Für die Arbeit in den Expertengruppen ist es förderlich, wenn die Schüler, möglichst in Absprache mit anderen geisteswissenschaftlich orientierten Fächern, langfristig an bestimmte Techniken der Textbearbeitung (Unterstreichen, Markieren, Frage- und Ausrufezeichen anbringen u. ä.) herangeführt werden.[21]

□ Bei umfangreichen Aufgabestellungen hat es sich bewährt, daß die Expertengruppen Ergebnisprotokolle erstellen (eventuell nur in Stichworten, aber klar gegliedert und präzise formuliert; Fixieren auch der offenen Fragen und Probleme).

□ Auch die Diskussionsgruppe bekommt, wenn es die zur Verfügung stehende Arbeitszeit erlaubt, die Aufgabe, die Integration ihrer Puzzlestücke in irgendeiner Weise festzuhalten und zu dokumentieren. Je nach Thema und Situation kommen z. B. in Frage: Ausfüllen eines vorbereiteten Ergebnisblat-

tes, Erstellen eines Thesenpapiers oder einer Graphik, kreative Umsetzung der Ergebnisse in Form von Wandzeitungen, Collagen, Dialogszenen u. ä.
□ Der Lehrer bietet sich sowohl den Expertengruppen als auch den Diskussionsgruppen als Berater und zusätzliche Informationsquelle an. Die Rolle eines Gesprächsleiters sollte er nicht übernehmen.

Visualisierungen: Inhalte – Strukturen – Assoziationen

Eine weitere Form des Lernens durch Lehren, die sich im übrigen auch gut mit der Methode des Gruppenpuzzles kombinieren läßt, besteht darin, daß Schülerinnen und Schüler versuchen, das, was sie sich anhand von Texten erarbeitet haben, selbst in Tafel- oder Folienbilder umzusetzen. Bekanntlich bewirken auch von der Lehrerin oder dem Lehrer gestaltete Visualisierungen von Inhalten und Strukturen im Unterricht schon wesentlich mehr als rein verbale Zusammenfassungen. Sie regen zur Reorganisation, zu Rückfragen, Alternativvorschlägen, Problematisierungen an,[22] fördern möglicherweise sogar die Aktivität normalerweise im Frontalunterricht vernachlässigter Gehirnteile.[23] Derartige graphische und bildliche Umsetzungen, heute oft auch vielversprechend »mind maps« genannt,[24] bekommen jedoch noch einmal eine ganz andere Qualität, wenn sie von den Schülerinnen und Schülern im Sinne einer kreativen Hypothesenbildung selbst erstellt werden. Denn »die Crux der meisten Lehr- und Lernmittel besteht darin, daß sie fertige Befunde präsentieren, aber nicht einen korrespondierenden Lern- und Erarbeitungsprozeß der Schüler initiieren. Nur selten ist etwa offen und frag-würdig. Es fehlen die Rätsel, Lücken, Widersprüche oder sonstigen Unvollkommenheiten, die bei den Schülern Interesse wecken, Fragen aufwerfen, Diskussionen auslösen und zur aktiv-produktiven Auseinandersetzung anregen. Die Folge ist, daß die entsprechenden Lernstoffe häufig nur vordergründig (rezeptiv) zur Kenntnis genommen und sehr rasch wieder vergessen werden ... «[25]

Um deutlich zu machen, was ein kreatives »mind-mapping« leisten kann, wähle ich eine Unterrichtssituation, die unter extremem Zeit- und Stoffdruck steht und die deshalb vermutlich viele Kolleginnen und Kollegen verleiten würde, ihre Schülerinnen und Schüler im Lehrervortrag mit fertigen Ergebnissen zu konfrontieren: In einem *Abiturkurs* zum Thema *»Theologie und Psychologie«* wurden bereits ausführlich die Ansätze Sigmund Freuds und der Verhaltenstherapie behandelt. Ein Teil des Kurses möchte nun unbedingt noch etwas über den *Ansatz von C. G. Jung* erfahren. Viel mehr als eine Doppelstunde steht dafür jedoch beim besten Willen nicht zur Verfügung ... Wir befinden uns also in einer Situation, die in der Unterrichtspraxis häufig vorkommt, die die Abiturientinnen und Abiturienten aber auch später im Studium immer wieder erleben werden. Man will sich schnell, aber auch zuverlässig über einen Autor informieren, ohne sich intensiv mit Primärquellen beschäftigen zu können.

Folgende Vorgehensweise erscheint mir möglich. Die Schülerinnen und Schüler bearbeiten nach einer kurzen biographischen Einführung zu C. G. Jung in arbeitsteiliger Gruppenarbeit zwei verschiedene lexikonartige Artikel, die den Ansatz C. G. Jungs zusammenfassen.[26] Dabei sollen sie insbesondere auf die Bedeutung der Schlüsselbegriffe »Archetyp«, »Kollektives Unbewußtes«, »Animus«, »Anima«, »Persona«, »Schatten«, »Extraversion«, »Introversion«, »Ich«, »Selbst« und »Individuation« achten.

In einem zweiten Schritt werden die Gruppen nach dem Prinzip des Gruppenpuzzles neu zusammengestellt und die aus dem eigenen Informationstext entnommenen Informationen mit denen des anderen Informationstextes verglichen. Dieser Vorgang des korrigierenden und ergänzenden Abgleichens ist auch im späteren Studium sehr wichtig, um sich nicht durch allzu einseitige Darstellungen eines Sachverhalts fehlleiten zu lassen.

Ein dritter Arbeitsgang besteht nun darin, daß die Schülerinnen und Schüler die erarbeiteten Begriffe in eine Skizze umsetzen. Es geht bei diesem Arbeitsschritt also nicht nur um die Definition einzelner Begriffe, sondern auch um die graphische Umsetzung der Beziehungen zwischen den Begriffen und damit auch um eine reorganisierende Rekonstruktion des Jungschen Ansatzes.

Die folgenden – notwendigerweise diskussionswürdigen und auf die erklärenden Worte der »Graphikerinnen« und »Graphiker« angewiesenen – Beispiele zeigen, wie die Ergebnisse aussehen können:

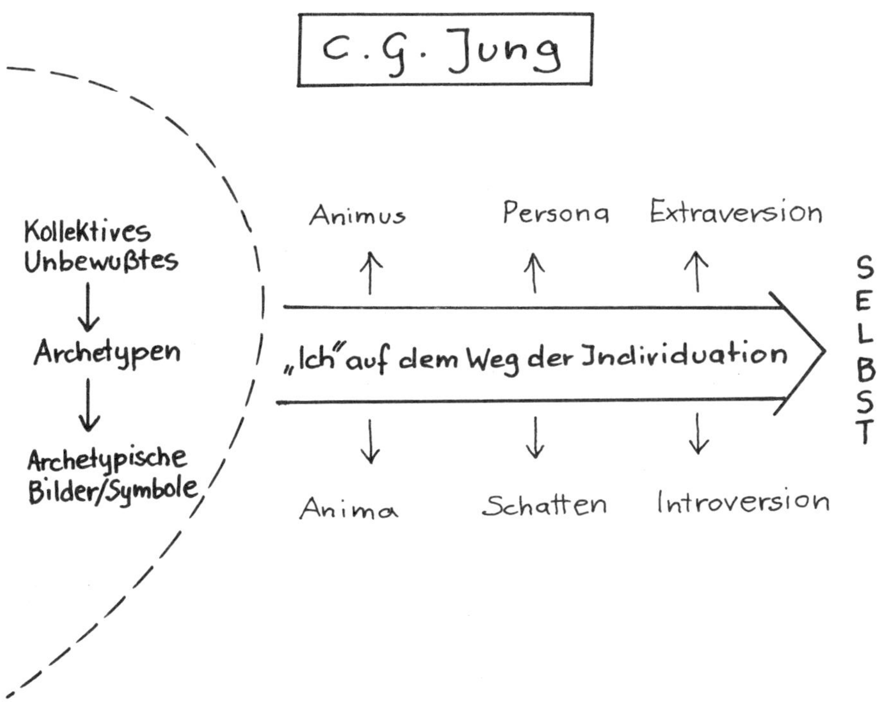

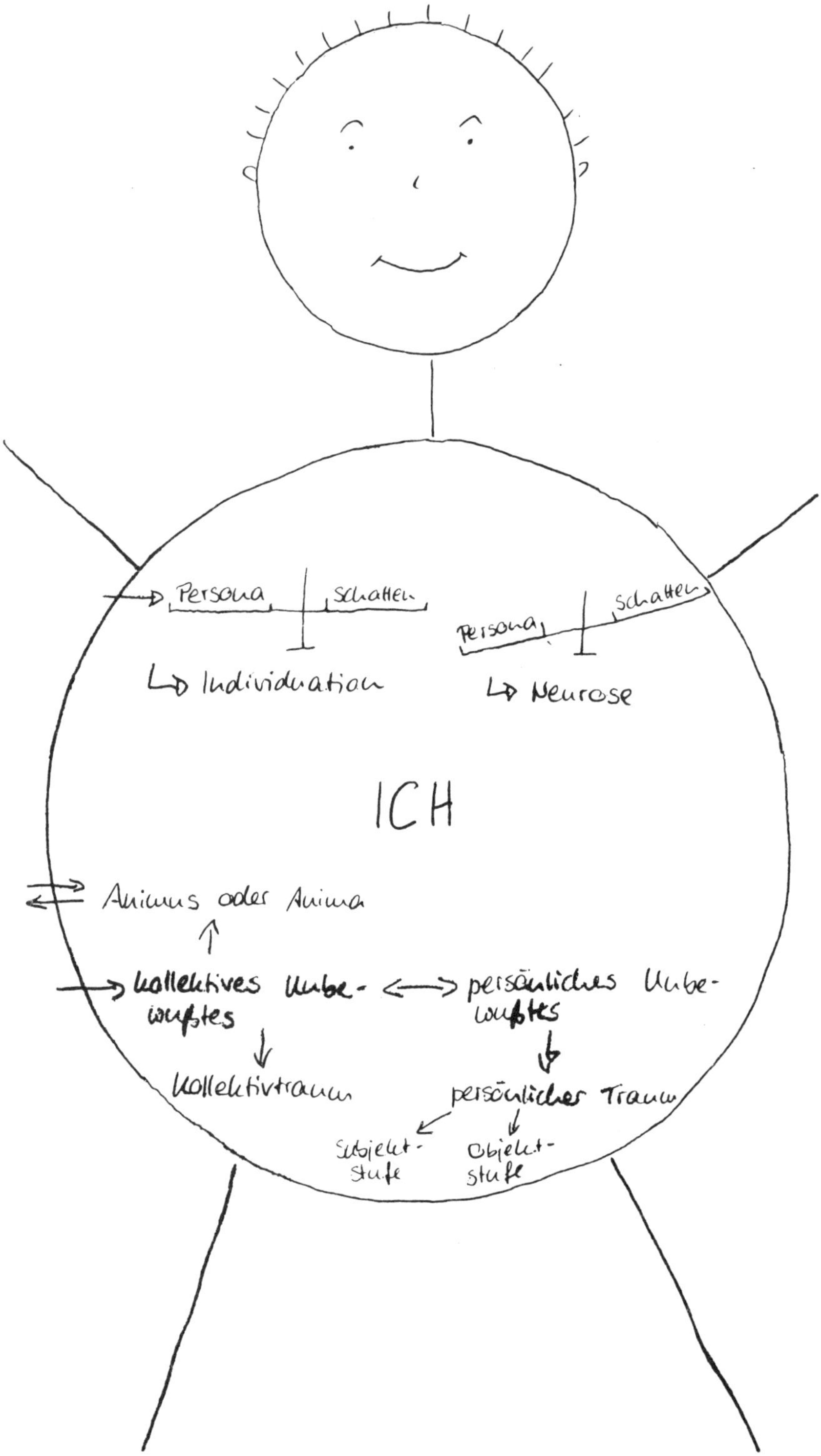
Persona
Schatten
Individuation
Persona
Schatten
Neurose
ICH
Animus oder Anima
kollektives Unbewußtes
persönliches Unbewußtes
Kollektivtraum
persönlicher Traum
Subjekt-stufe
Objekt-stufe

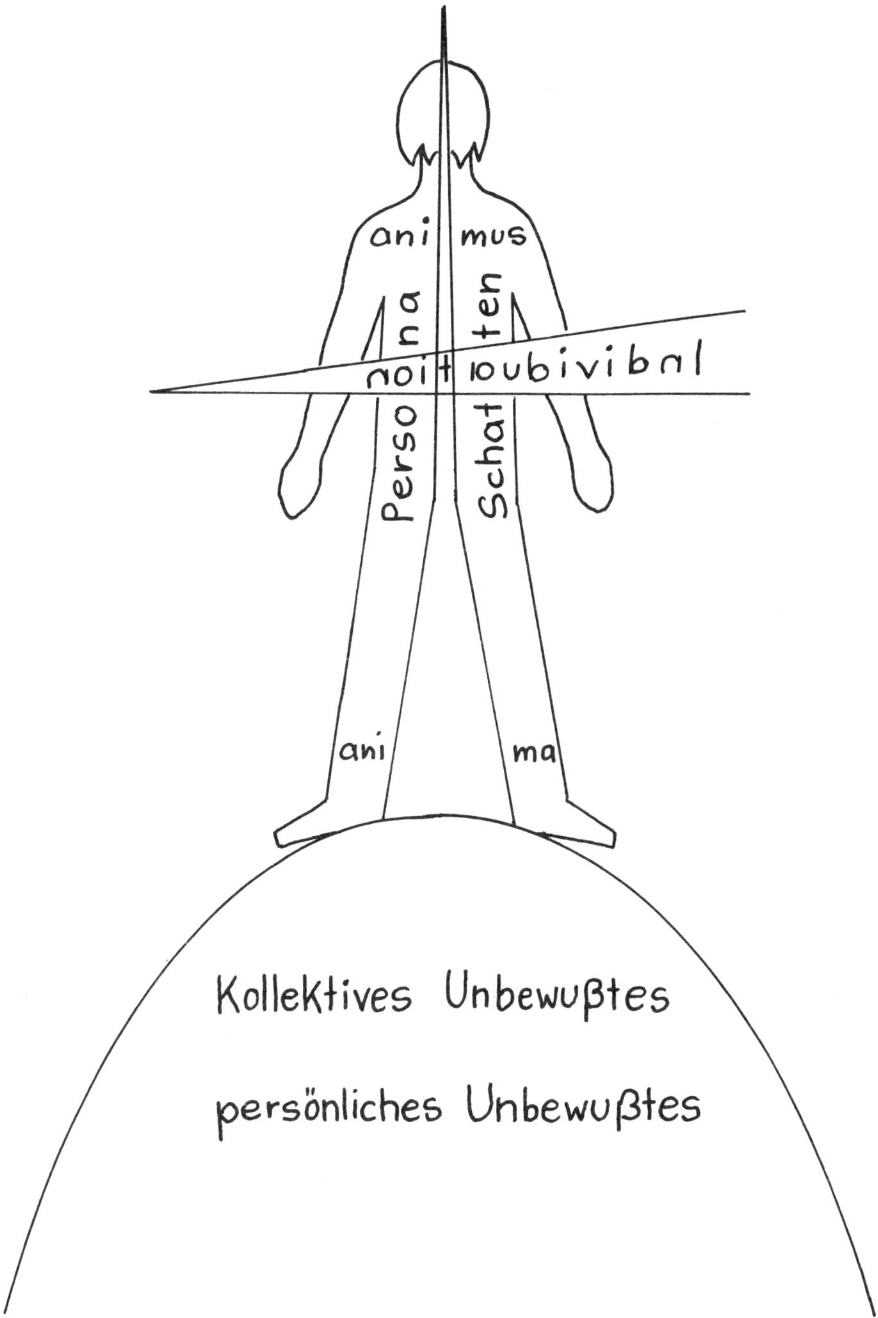

ani mus
Perso na
Schat ten
Individua tion
ani ma
Kollektives Unbewußtes
persönliches Unbewußtes

In einem letzten Arbeitsschritt stellen die Schülerinnen und Schüler sich dann im Plenum gegenseitig ihre auf Folien gezeichneten Skizzen vor. Die unterschiedlichen Lösungsvorschläge geben dabei Anlaß zu einem vergleichenden Unterrichtsgespräch. Und vielleicht bleibt dann sogar noch Zeit, um im Unterricht zumindest ein Fallbeispiel einer an C.G. Jung orientierten Psychoanalyse kennenzulernen.[27]

Ein *zweites Beispiel*, aus der *Mittelstufe*, hat eher den Charakter eines *Rätsels:* Im Zusammenhang mit dem *Thema »Jesus von Nazareth«* soll die sogenannte *»Zwei-Quellen-Theorie«* erarbeitet werden. Gestützt durch Schaubilder wurde der Entstehungsprozeß der Evangelien wiederholt (mündliche Überlieferung – schriftliche Fixierung einzelner Erzählungen und Erzählzusammenhänge – Redaktion der gesamten Schrift). Anhand von Synopsen wurden exemplarisch auffällige Übereinstimmungen und Unterschiede zwischen den Überlieferungen der drei synoptischen Evangelien erarbeitet. Die Frage, die im Raum steht, ähnelt der eines Lehrers, der eine Klassenarbeit korrigieren muß, und der sich fragen muß: *Wer hat von wem abgeschrieben?*

Die Schülerinnen und Schüler sollen diese Frage, die die neutestamentliche Wissenschaft fast zwei Jahrhunderte beschäftigt hat, mit Hilfe folgender Vorgaben bearbeiten und das Ergebnis in Gruppen- oder Partnerarbeit in eine Graphik umsetzen:

Wer hat von wem abgeschrieben?

Versuchen Sie, diese Frage anhand folgender fünf Beobachtungen zu beantworten:

1. Mt, Mk und Lk stimmen in Inhalt und Aufbau weitgehend überein. Sehr oft finden sich sogar wörtliche Übereinstimmungen.
2. Mt und Lk sind aber viel länger als Mk (im griechischen Text: Mt = 2400 Zeilen, Lk = 2600 Zeilen, Mk = 1500 Zeilen).
3. Mt und Lk haben viele Textstücke (insbesondere Jesusworte) gemeinsam, die bei Mk nicht stehen. Diese Textstücke sind aber an unterschiedlichen Stellen eingefügt und weichen im Wortlaut voneinander ab (Mt und Lk haben also höchstwahrscheinlich unabhängig voneinander gearbeitet!).
4. Im Mt gibt es Texte, die weder bei Mk noch bei Lk stehen (z.B. die Geschichte vom Kindermord in Bethlehem).
5. Im Lk gibt es Texte, die weder bei Mk noch bei Mt stehen (z.B. das Gleichnis vom verlorenen Sohn).

Auch Schülerinnen und Schüler, die sich sonst gar nicht für die Bibel interessieren, entwickeln bei dieser eher die Logik herausfordernden Aufgabenstellung meist großen Eifer, und die Ergebnisse sind oft gar nicht so weit von dem entfernt, was uns in entsprechenden Schulbüchern und Nachschlagewerken als graphische Umsetzung der Zwei-Quellen-Theorie angeboten wird.[28] Die Unterschiede zwischen den verschiedenen Lösungsvorschlägen geben wiederum Anlaß zur Diskussion, und am Ende der Unterrichtssequenz könnten z. B. Aufschlagübungen mit der Synopse stehen, bei denen der Erklärungswert der Zwei-Quellen-Theorie an konkreten Beispielen überprüft wird.

Neben der Visualisierung von Inhalten und Strukturen eignen sich Visualisierungen auch gut als *Einstieg in ein Thema.* So ließ eine meiner Referendarinnen zum Beispiel in einer 9. Klasse zu Beginn einer *Unterrichtseinheit zum Thema »Schöpfung«* ihre Klasse Skizzen zum Verhältnis von »Gott«, »Mensch« und »Natur« anfertigen:[29]

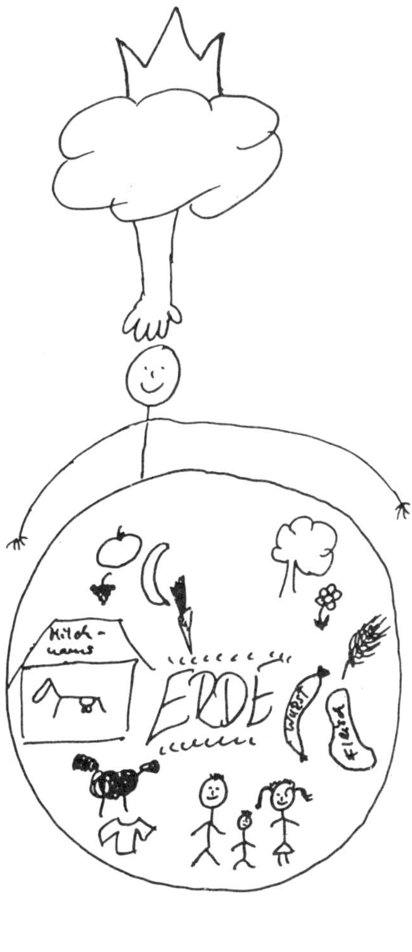

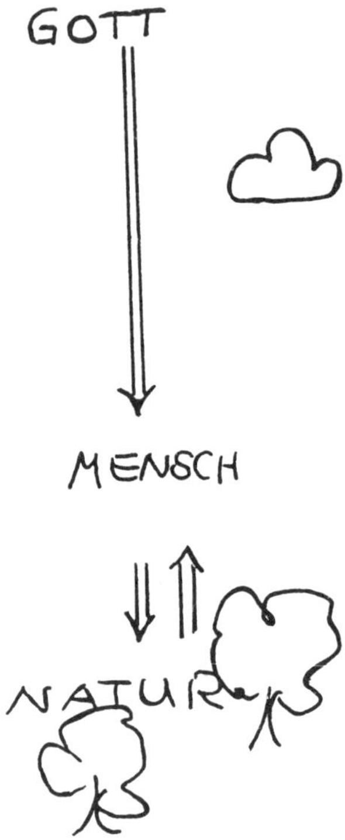
GOTT
MENSCH
NATUR

Gott
Mensch
Natur

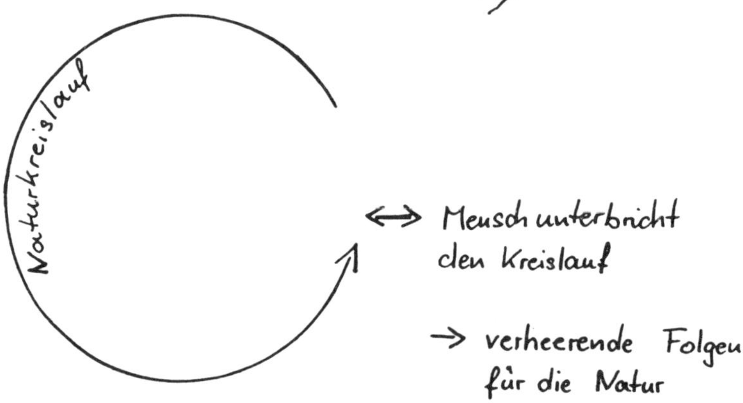
Naturkreislauf
Mensch unterbricht den Kreislauf
→ verheerende Folgen für die Natur

Bei diesen »Mind-Maps« ist es natürlich von sekundärer Bedeutung, ob das Dargestellte der Schöpfungstheologie der Bibel entspricht. Es geht zunächst einmal darum, daß die Jugendlichen ihre Assoziationen, ihr Vorverständnis und auch ihre Schwierigkeiten mit dem Thema artikulieren. Und auf diesem Hintergrund haben dann auch die von der Religionslehrerin oder dem Religionslehrer ins Auge gefaßten Inhalte und Lernziele eine bessere Chance, auf wirkliches Interesse zu stoßen.

Ein letztes Beispiel. Der baden-württembergische Lehrplan sieht für die *Klassenstufe 10* das *Thema »Frieden und Gerechtigkeit: Leben und Teilen in der Einen Welt«* als Pflichtthema vor. Die stimulierend gedachte Formulierung des Themas kann nicht darüber hinwegtäuschen, daß die Unterrichtseinheit in dieser Altersstufe für viele Klassen zu spät (»Das haben wir doch alles schon in Erdkunde besprochen ...«) oder auch zu früh (etwa im Hinblick auf komplexe ökonomische Sachverhalte) angesiedelt sein dürfte. So wichtig die Problematik für uns alle ist, 15–16jährige reagieren oft resignierend (»Da kann ich auch nichts dran ändern ...«) und zum Teil auch unverhohlen aggressiv (»Wollen Sie uns ein schlechtes Gewissen machen, oder was?«). Eine Möglichkeit, diese emotionalen Widerstände bewußtzumachen, stellt folgende Variante des Mind-Mapping dar: In einer Religionsgruppe mit 20 Schülerinnen und Schülern werden zunächst in Form einer Schreibmeditation Blätter mit den fünf fett geschriebenen Begriffen »Frieden«, »Gerechtigkeit«, »Leben«, »Teilen« und »Eine Welt« durch die Reihen gegeben (zu jedem Begriff, jeweils in einer anderen Farbe, vier Blätter; insgesamt also 20 Blätter). Die Schülerinnen und Schüler assoziieren – ohne etwas zu sagen schreibend – frei und ohne weitere Vorgaben, was ihnen zu den jeweiligen Begriffen einfällt, und reagieren dabei, wenn sie wollen, – wiederum stumm schreibend – auch auf die Beiträge der anderen.

Nach dieser Unterrichtsphase werden fünf Vierergruppen gebildet, und zwar so, daß z. B. all diejenigen, die Blätter mit dem Begriff »Frieden« vor sich liegen haben, eine Gruppe bilden. Die Vierergruppen erhalten nun eine doppelte Aufgabe: Sie sollen, erstens, eine Definition ihres jeweiligen Begriffs, also z. B. von »Frieden«, formulieren und auf eine Folie schreiben und, zweitens, auf der Folie graphisch darstellen, in welcher Beziehung dieser Begriff ihrer Meinung nach zu den anderen vier Schlüsselbegriffen der Unterrichtseinheit steht. Der ganze Ablauf nimmt eine ganze Schulstunde in Anspruch, aktiviert auch zurückhaltende Lerngruppen und ermöglicht der Lehrerin bzw. dem Lehrer, die weitere Planung des Unterrichts an den Vorkenntnissen, Bedürfnissen und Interessen der Klasse auszurichten.

Geschichte Israels im Überblick: ein Diavortrag, von Schülerinnen und Schülern selbst gestaltet

Ein ganz anderes Beispiel für ein gelungenes Lernen durch Lehren praktiziere ich seit einiger Zeit in der *11. Klasse* im Zusammenhang mit der sogenannten *»Einführung in den Umgang mit der Bibel«*. Erfahrungsgemäß steht diese Unterrichtseinheit in der Gefahr, zu einem exegetischen Proseminar zu werden und den Schülerinnen und Schülern die Freude am Umgang mit der Bibel endgültig auszutreiben. Besonders auffällig dafür ist auch der *»Überblick über die Geschichte Israels«*, der das Herz der Theologin und des Theologen höher schlagen läßt, die Schülerinnen und Schüler aber in der Regel wohl kaum mehr interessiert als irgendein anderer Ausschnitt der Weltgeschichte. Ich bin nach mancherlei Versuchen zu der Ansicht gelangt, daß es wirklich bei einem »Überblick« bleiben sollte, daß viel erreicht ist, wenn die Schülerinnen und Schüler die wesentlichen Abschnitte der Geschichte Israels unterscheiden können, wenn sie mit der Zeittafel im Anhang der Bibel umgehen können und daß man für all das nicht mehr als zwei Schulstunden vorsehen sollte. Dabei verfahre ich folgendermaßen:

In einer ersten Schulstunde teile ich die Klasse in Gruppen auf. Jede Gruppe erhält:

- ☐ einen kurzen Artikel, der eine Übersicht über die Geschichte Israels gibt[30]
- ☐ eine Tabelle, die die Geschichte Israels in Epochen einteilt[31]
- ☐ Bibeln mit Anhang
- ☐ 5–10 Dias aus dem »Bildwerk zur Bibel«[32], die sich einer Epoche der Geschichte Israels zuordnen lassen (also z. B. Bilder vom Sinai für den Exodus, Bilder aus Mesopotamien für das babylonische Exil).

Außerdem stehen im Klassenraum verschiedene weitere Hilfsmittel wie Bibellexika, Landkarten u.ä. zur Verfügung.

Der Arbeitsauftrag für die Gruppen lautet,

- ☐ sich zunächst einen Überblick über die Geschichte Israels zu verschaffen
- ☐ sich mit einer Epoche oder zwei Epochen intensiver zu beschäftigen
- ☐ ihre Arbeitsergebnisse den der Gruppe zugeteilten Dias zuzuordnen
- ☐ sich zu überlegen, wie die Untergruppe ihre Ergebnisse möglichst verständlich und anschaulich der Gesamtgruppe vorstellen und erklären kann.

Die Arbeitszeit für diesen Arbeitsauftrag beträgt eine Schulstunde. (Gegebenenfalls können natürlich auch vorbereitete Hausaufgaben in Erwägung gezogen werden.) Die Lehrerin bzw. der Lehrer stehen in dieser Arbeitsphase vor allem als Beraterin bzw. Berater zur Verfügung. Am Ende dieser

Schulstunde werden die Dias in einer Reihenfolge, die die Schülerinnen und Schüler festlegen, in ein Diamagazin eingeordnet.

Die folgende, zweite Schulstunde besteht dann aus einem Diavortrag, den die Schülerinnen und Schüler selbst gestalten und bei dem die Lehrerin bzw. der Lehrer nur, möglichst zurückhaltend, präzisierende Ergänzungen einbringt.

Früher war alles anders

In den letzten Jahren klagen Kolleginnen und Kollegen verstärkt, wieviel Kraft und Energie es sie kostet, die Bedürfnisse und Interessen ihrer Schülerinnen und Schüler so zu bündeln, daß ein konzentrierter, zielgerichteter Arbeitsunterricht im Klassenplenum überhaupt möglich wird.[1] Die Ursachen für diese Veränderung der Unterrichtsbedingungen sind vielfältig und komplex, mit Sicherheit aber in einem allgemeinen, rasanten und wohl auch kaum umkehrbaren Strukturwandel unserer westlichen Industriegesellschaft begründet. Soziologen sprechen von einer zunehmenden Ausdifferenzierung aller gesellschaftlichen Teilsysteme, von einer Pluralisierung und Individualisierung der Lebensentwürfe und Biographien, von Patchwork-Identitäten, von Verinselungen, von kaum mehr miteinander vermittelbaren Erlebnismilieus[2] – Kategorien, die von Sozialwissenschaftlern eher deskriptiv verwendet werden, im Spiegel der Massenmedien aber nicht selten einen melan-

Zeichnung: Das Sonntagsblatt / Gerhard Mester

cholischen, rückwärtsgewandten Unterton bekommen. Positiv gewendet, könnte man genausogut betonen, daß Kinder und Jugendliche heute verstärkt das Recht anmelden, als eigenständige, selbstbewußte und oft auch eigenwillige Subjekte ihres Lebens ernstgenommen zu werden ...[3] Wie dem auch sei, die Unterrichtssituation erfordert mehr als pädagogisches Klagen und anderes als akademische Analysen. Kolleginnen und Kollegen fragen zu recht: Was sollen wir tun?

Modell Freiarbeit?

Insbesondere die Didaktik der Grundschule empfiehlt als Antwort auf die veränderten Lebens- und Lernbedingungen immer stärker das reformpädagogische, vor allem auch mit dem Namen Montessori verbundene Modell der Freiarbeit:[4] »Freiarbeit ist die Unterrichtsform, in der die Schüler – ihrem Alter und ihren Möglichkeiten entsprechend – eigene Verantwortung für ihr Lernen übernehmen. Das Ziel ist die wachsende Selbständigkeit der Schüler ... In der Freiarbeit stehen die Schüler vor der Aufgabe, sich frei zu entscheiden ... (im Hinblick auf) die Gegenstände und Ziele ihres Lernens ..., die Methode ihres Lernens ..., die Partner für ihr Lernen und die Zeit und den Ort für ihr Lernen. Diese Entscheidungsfreiheiten sind *relativ*, d. h. sie werden durch die Mitschüler, durch das vorhandene Material, durch den Stundenplan und den Klassenraum begrenzt.«[5]

In Grundschulen wurden inzwischen zahlreiche Erfahrungen mit Freiarbeit gemacht, und der Ansatz hat längst auch im Bereich der staatlichen Regelschulen Resonanz gefunden. In den Sekundarstufen bereitet die Umsetzung des Freiarbeitsmodells hingegen erhebliche Probleme. 45 Minuten-Takt, Fächerprinzip und erhöhte Leistungsanforderungen (drei Faktoren, die durchaus ihre pädagogische Berechtigung haben!) erschweren die Einführung von Freiarbeit ebenso wie räumliche Unzulänglichkeiten, eine noch wenig ausgeprägte Teamfähigkeit der Kolleginnen und Kollegen und ein unübersehbarer Mangel an Freiarbeitsmaterialien, die sich nicht mit den Anforderungen der Reproduktion und Reorganisation begnügen.

Besteht somit jedenfalls im Sekundarbereich tatsächlich die Notwendigkeit, Schule erst einmal »neu zu denken«,[6] so sollte dies nicht davon abhalten, zumindest versuchsweise immer wieder mit einzelnen Elementen der Freiarbeit zu experimentieren. Ansatzpunkte für ein Lernen, das Schülerinnen und Schülern mehr Eigenständigkeit und Eigenverantwortung zukommen läßt, bietet z. B. die Methode des Gruppenpuzzles, die von vielen Kolleginnen und Kollegen inzwischen erfolgreich in Einzel- und Doppelstunden, aber auch im Zusammenhang mit fächerverbindenden Projekten angewandt wird.[7] Eine andere Methode, die in der Primarstufenpädagogik bereits viel Zustimmung gefunden hat, und die mir – unter modifizierten Bedingungen – auch für die beiden Sekundarstufen und die Aus- und

Fortbildung von Lehrerinnen und Lehrern geeignet erscheint, ist die des sogenannten »Lernzirkels«[8].

Lernzirkel: Eine methodische Alternative, nicht nur für die Grundschule

Das Prinzip des Lernzirkels, dessen historische Wurzeln wie die vieler reformpädagogischer Ideen in den 20er Jahren liegen,[9] beruht auf einem »Lernen an Stationen«, [10] an denen die Lehrerin bzw. der Lehrer verschiedene Unterrichtsmaterialien bereitstellt, die die Schülerinnen und Schüler mehr oder weniger angeleitet, mit mehr oder weniger fest umrissenen Zielvorgaben, selbständig bearbeiten. Dabei kann es ihnen freigestellt werden, ob sie die Aufgaben lieber allein, zu zweit oder in Gruppen angehen wollen. Auch zeitliche Vorgaben sind nicht unbedingt notwendig; solange kein dem Arbeitstempo des einzelnen zuwiderlaufender Zeitdruck entsteht, sie sind aber auch nicht ausgeschlossen. Auf jeden Fall ist vorgesehen, daß die Schülerinnen und Schüler nach einer gewissen Zeit von einer Lernstation zur anderen vorrücken und so, ähnlich wie beim Zirkeltraining im Sport, nach einiger Zeit verschiedene Teilaufgaben bewältigt haben.

Ist somit schon deutlich, daß die Methode des Lernzirkels allerlei Variationsmöglichkeiten zuläßt und die konkrete Ausgestaltung letztlich von der jeweiligen Unterrichtsgruppe und Unterrichtsituation abhängt, so können die folgenden Hinweise von *Uta Wallaschek* für Kolleginnen und Kollegen, die das erste Mal diese Arbeitsform ausprobieren wollen, doch wichtige Anhaltspunkte geben:

»Das Arbeiten an Zirkelstationen ist eine Form des selbständigen, selbsttätigen und differenzierenden Unterrichts. Im Klassenzimmer geordnet verteilt, in einem Kreis an den Wänden, den Seitentafeln, den Schülertischen und verschiedenen Arbeitsecken entlang, ist eine Anzahl von Lernstationen aufgebaut.

Anzahl und Art der Stationen und die Zeit, die für die Bearbeitung angesetzt wird, ergeben sich aus der didaktischen Intention des Lehrenden. Jede Station muß so eingerichtet sein, daß ohne Lehreranleitung gearbeitet werden kann.

Die Stationen sind nummeriert oder durch Symbole gekennzeichnet, um eine Übersicht und Orientierungsmöglichkeit zu gewährleisten. Diese Übersicht kann auch ein Programm ... erleichtern.

Bei umfangreichen Lernzirkeln wird von den Kindern nicht erwartet, daß sie an allen Stationen arbeiten. Allerdings wird vereinbart, daß eine angefangene Arbeit zu Ende geführt werden muß. Die Auswahl der Reihenfolge ist meist frei.

Da alle Materialien, mit Ausnahme der Verbrauchsmaterialien, nur einmal vorhanden sind und an einzelnen Stationen auch Partner- und Gruppenaufträge zu erledigen sind, muß eine ständige Absprache des einzelnen Kindes mit seinen Mitschülern stattfinden.

Sein Arbeitstempo bestimmt jeder Schüler selbst, denn die Zeit der Bearbeitung pro Aufgabe ist nicht festgelegt.

Nach der Einleitung in den Lernzirkel erfolgen die Stationenwechsel individuell, jeweils nach Abschluß der Aufgabe. Arbeitsergebnisse hält jedes Kind im ›Zirkelheft‹ oder auf seinem Programm fest.«[11]

Geeignet sind Lernzirkel für alle Themenbereiche, die sich in verschiedene, voneinander relativ unabhängige Teilaspekte gliedern lassen. Die Aufgabe der Lehrerin bzw. des Lehrers besteht darin, vor dem Unterricht die für jede Freiarbeit konstitutive »vorbereitete Umgebung« zu schaffen und sich während des Unterrichts – wesentlich intensiver als sonst im Unterricht üblich – den besonderen Lernbedürfnissen der einzelnen Schülerinnen und Schüler zu widmen. Wichtig ist die sorgfältige Auswahl und Präsentation des Materials sowie ein gemeinsamer Anfang und Abschluß des sich oft über mehrere Schulstunden erstreckenden Lernprozesses im Klassenplenum:

»Die Herausforderung an die Zirkelthematik leistet ein Anfangsgespräch, eine Motivationsfigur, eine Stille-Übung oder die Erinnerung an bereits Gelerntes ... Die selbständige Arbeit wird mit einem Schlußkreis endgültig oder vorübergehend abgeschlossen ... Im Schlußgespräch berichten die Schüler über ihre bisherige Arbeit, über Lernergebnisse, einzelne thematische Aspekte kommen zur Sprache, es wird vorgelesen, Produkte wie Zeichnungen, Modelle, Gestaltungsarbeiten und ähnliches werden gezeigt.«[12]

Wie könnte nun ein »Lernen an Stationen« im Religionsunterricht konkret aussehen? Ich möchte im folgenden drei erprobte Möglichkeiten skizzieren, und zwar für die Klassenstufen 5, 8 und 12. Auf einen »Studienzirkel«, den Referendarinnen und Referendare im letzten Schuljahr an unserem Seminar im Zusammenhang mit einem Studientag zum Thema »Reformpädagogik« organisiert haben, gehe ich an einer späteren Stelle ein.[13]

Drei Beispiele

■ *Klasse 5: Die Bibel*

Zwei katholische Kollegen haben 1994 im »Notizblock« einen auf sieben Stationen und ca. drei Schulstunden angelegten Lernzirkel zum Thema »Die Bibel – das Buch« vorgestellt.[14] Das abgedruckte Material enthält sowohl einen »Laufzettel« als auch 10 Kopiervorlagen mit einem Bibel-Quiz, Rätseln, Bastelvorlagen, Lückentexten, einer Anregung zum meditativen Malen, einer Variante des bekannten Bibel-Bücherschranks und anderen Freiarbeitsideen. Das Material wurde ursprünglich für die 4. Klasse einer Sindelfinger Grundschule zusammengestellt und sollte, wie die Autorin und der Autor selbst anregen, für den Unterricht in einer 5. Klasse sicherlich hier und da ausgetauscht und modifiziert werden. Wünschenswert wäre u.a. auch die Bereitstellung von weiteren Materialien, die man auch anfassen und anschauen kann (z.B. verschiedene Bibelausgaben, antike Schreibmaterialien, das Modell einer Torarolle, ein Bibelbücherschrank aus Streichholzschachteln u.ä.), denn ein Lernzirkel sollte nicht nur die neue Form eines Arbeitsblattunterrichts sein.[15]

■ *Klasse 8: Mit Muslimen leben – Der Islam*
Zum Standardprogramm dieser Unterrichtseinheit gehört die Erarbeitung der sogenannten »5 Säulen des Islam«: des Glaubensbekenntnisses (schahada), des Gebets (salat), des Fastens (saum), des Almosengebens (zakat) und der Wallfahrt nach Mekka (hadsch). An Materialien zum Thema fehlt es inzwischen nicht mehr,[16] das didaktische Problem besteht oft eher in der Tendenz zu einer bloßen Reihung von Informationsblöcken, die die Schülerinnen und Schüler leicht in eine sehr rezeptive Lernsituation bringt. Die Methode des Lernzirkels bietet an dieser Stelle eine ausgezeichnete Möglichkeit, die Schülerinnen und Schüler zu aktivieren und unterschiedlichen Interessenschwerpunkten gerechtzuwerden. Ein Lernzirkel mit fünf Stationen legt sich nahe; bei großen Lerngruppen wäre es denkbar, die fünf Stationen jeweils doppelt einzurichten oder weitere Themenaspekte hinzuzunehmen (z. B. Biographie Mohammeds, muslimischer Festkreis, Anlage einer Moschee, Koran). In Baden-Württemberg bietet sich vom neuen Lehrplan her auch eine Zusammenarbeit mit Katholischer Religionslehre, Ethik, Erdkunde und Geschichte an. Eine solche Kooperation wird oft die Bildung von Stundenblöcken ermöglichen; dies macht dann wiederum den unbestreitbaren Mehraufwand, den der Aufbau eines Lernzirkels bedeuten kann, vertretbar und schafft auch sonst einen für Freiarbeit angemesseneren Zeitrahmen.

■ *Grundkurs 12: Lernzirkel »Judentum« – Vorbereitung eines Expertengesprächs im Rahmen einer Unterrichtseinheit »Kirche«*
Aktueller roter Faden der auch nach dem neuen baden-württemberigschen Lehrplan sehr inhaltszentrierten Oberstufeneinheit »Kirche in der Welt von heute – Der Öffentlichkeitsauftrag der Christen« ist für mich in diesem Schuljahr die in den Medien ausführlich verhandelte Frage nach dem Anspruch, den Möglichkeiten und Grenzen eines sogenannten »Kirchenasyls« – eine Thematik, die es erlaubt, biblische, historische, religionsgeschichtliche, juristische und ethische Gesichtspunkte auf interessante Art und Weise aufeinander zu beziehen. Ein Unterrichtsgang in das nahegelegene Asylzentrum verlief leider eher enttäuschend: Die eingeladenen Asylbewerber kamen nicht, die Schülerinnen und Schüler waren schon »überinformiert«, die kurzfristig als Gesprächspartnerin eingesprungene ehrenamtliche Mitarbeiterin mußte bei einer ganzen Reihe von Detailfragen passen ...

Trotzdem haben die Schülerinnen und Schüler im Hinblick auf den nun anstehenden *Themenschwerpunkt »Evangelische Kirche im Dritten Reich«* den Wunsch geäußert, wiederum mit einem »Experten« ins Gespräch zu kommen, und zwar sollte es diesmal, wenn möglich, ein Jude sein, der heute noch in Deutschland lebt und der die historische Problematik aus der Perspektive persönlicher, heutiger Betroffenheit beleuchten kann. »Aber rollen Sie bitte nicht wieder die ganze Geschichte der Judenverfolgung und des Antisemitismus von ganz vorne auf; das ist zwar wichtig und interessant, aber wir haben das früher schon ein paar Mal in Religion und außerdem auch in Deutsch und Geschichte ausführlich behandelt!« ist eine weitere Schüleräußerung, die mich bei meinen Unterrichtsplanungen beschäftigt ...

Für unsere Gesprächsrunde kann ich meinen Hebräischlehrer, einen etwa 50jährigen, sehr reflektierten und engagierten jüdischen Mitbürger, gewinnen, und ich mache mir nun Gedanken, wie ich den Grundkurs auf diese Gesprächsrunde vorbereiten kann. Es wäre gut, wenn die Schülerinnen und Schüler viele Fragen mitbrächten, aber diese Fragen sollten – auf dem Hintergrund der im Asylzentrum gemachten Erfahrungen – im Unterricht nicht schon so gründlich und abschließend besprochen werden, daß auch ein jüdischer Gesprächspartner nicht mehr allzu viel Neues dazu sagen kann. Ich entscheide mich für einen Lernzirkel und baue in der Pause vor der Grundkursdoppelstunde mit all dem, was ich im Laufe der Zeit zum *Thema »Judentum«* gesammelt habe (Zeitungsartikel, Fotobände, Ausstellungskataloge, Broschüren über Synagogen und jüdische Friedhöfe, Lexika, ein jiddisches und ein hebräisches Lexikon, eine Talmudausgabe, Fotos von einer Nahost-Reise, ein jüdisches Kochbuch, aus Israel mitgebrachte jüdische Kultgegenstände u.v.a.) fünf Stationen zu folgenden Themenaspekten auf: 1. Juden in Tübingen / Württemberg: vom Mittelalter bis zum Nationalsozialismus – 2. Juden in Tübingen / Württemberg zur Zeit des sogenannten »Dritten Reiches« – 3. Jüdische Religion – 4. Juden in der Bundesrepublik Deutschland heute – 5. Israel / Palästina: zur aktuellen Nahostproblematik. An jeder Station liegt außerdem ein Filzschreiber und ein leerer DIN A3-Bogen, auf dem man Fragen an unseren Gast formulieren kann.

Die Methode des selbstgesteuerten Lernens an Stationen kommt bei meinen Schülerinnen und Schülern offensichtlich gut an: Jede und jeder kann sich mit dem Material beschäftigen, das ihr bzw. ihm wichtig ist, über das sie bzw. er noch nicht so gut informiert ist. In kleinen Gruppen entstehen Gespräche, z. B. über Unterrichtsstunden aus früheren Schuljahren, über eine Israel-Reise, über Steven Spielbergs Film »Schindlers Liste«.[17] Als Lehrer habe ich endlich einmal Zeit, mich einzelnen Schülerinnen und Schülern zuzuwenden, gerade auch den weniger zugänglichen und zurückhaltenden.

Die »Expertenrunde« in der folgenden Woche findet in einem Stuhlkreis statt, in dessen Mitte fünf Plakate mit den Fragen an unseren jüdischen Gast liegen. Auch unserem Gast kam diese Art der Vorbereitung sehr entgegen, denn ich konnte ihm schon vorher präzise mitteilen, in welche Richtung das Interesse meines Grundkurses gehen würde ...

Probleme, Rückfragen und ein Gleichnis, das dennoch Mut zum Ausprobieren macht

Wer sich nicht auf die Methode des Lernzirkels einlassen will, wird für seine Ablehnung zahlreiche Argumente finden – Gründe pragmatischer Art (räumliche Enge, Stundenplanprobleme, organisatorischer Mehraufwand)

LERNWERKSTATT FREIARBEIT

Aus: Landesinstitut für Schule und Weiterbildung NRW 1991

ebenso wie sehr berechtigte grundsätzliche Rückfragen: Welche Konsequenzen ergeben sich aus den Methoden der Freiarbeit für die Praxis der Lernzielkontrolle und Leistungsmessung? Lernen Schülerinnen und Schüler durch Freiarbeit genausoviel wie im »normalen« Klassenunterricht – und welches Verständnis von »Lernen« liegt dieser Frage zugrunde? Ist der Trend zur Freiarbeit nicht auch eine Flucht vor den Schwierigkeiten des Unterrichtsalltags?[18] Stoßen die Schulbuchverlage bei der Erstellung von Freiarbeitsmaterialien, die mehr bieten als Kopiervorlagen, nicht an ökonomische und technische Grenzen? Setzt dies bei Kolleginnen und Kollegen, die selbst Freiarbeitsmaterialien erstellen wollen, nicht wiederum eine nicht bei allen in gleicher Weise verbreitete Sammel- und Bastelleidenschaft und die Bereitschaft zu ganz erheblicher Mehrarbeit voraus? Haben nicht gerade auch Gymnasiasten aus arbeitspsychologischen Gründen ein Anrecht darauf, zu einem disziplinierten, Schritt für Schritt aufbauenden, systematischen Lernen auch in größeren sozialen Gruppen angehalten zu werden? Sind im Religionsunterricht nicht gerade auch über die Person der Lehrerin oder des Lehrers vermittelte Inhalte, konzentrierte Gesprächsphasen erzählende und meditative Unterrichtselemente von elementarer Bedeutung?[19] Wie können die Übergänge zwischen offenen und geschlossenen Unterrichtsphasen erleichtert werden? Was bedeutet die Förderung von Unterrichtsversuchen mit Freiarbeit für die in der Referendarausbildung oft berufsentscheidenden Situationen der Prüfungslehrprobe?

All diesen Fragen wäre meiner Meinung nach ernsthaft und differenziert nachzugehen. Insgesamt überwiegt bei mir selbst jedoch die Faszination, die von der neu entdeckten Methode des Lernzirkels ausgeht, und ich möchte diese methodische Anregung deshalb mit einem diese Faszination noch einmal sehr schön zum Ausdruck bringenden Gleichnis von *Célestin Freinet* schließen:

»Der Pädagoge hatte seine Methoden aufs genaueste ausgearbeitet; er hatte – so sagte er – ganz wissenschaftlich die Treppe gebaut, die zu den verschiedenen Etagen des Wissens führt; mit vielen Versuchen hatte er die Höhe der Stufen ermittelt, um sie der normalen Leistungsfähigkeit kindlicher Beine anzupassen; da und dort hatte er einen Treppenabsatz zum Atemholen eingebaut und an einem bequemen Geländer konnten die Anfänger sich festhalten.

Und wie fluchte, dieser Pädagoge! Nicht etwa auf die Treppe, die ja offensichtlich mit Klugheit ersonnen und erbaut worden war, sondern auf die Kinder, die kein Gefühl für seine Fürsorge zu haben schienen.

Er fluchte aus folgendem Grund: solange er dabeistand, um die methodische Nutzung dieser Treppe zu beobachten, wie Stufe um Stufe emporgeschritten wurde, da lief alles ganz normal ab. Aber kaum war er für einen Augenblick nicht da: sofort herrschten Chaos und Katastrophe! Nur diejenigen, die von der Schule schon genügend autoritär geprägt waren, stiegen methodisch Stufe für Stufe, sich am Geländer festhaltend, auf dem Absatz verschnaufend weiter die Treppe hoch ...

Die Kinderhorde besann sich auf ihre Instinkte und fand Ihre Bedürfnisse wieder: eines bezwang die Treppe genial auf allen vieren; ein anderes nahm mit Schwung zwei Stufen auf einmal und ließ die Absätze aus; es gab sogar welche, die versuchten, rückwärts die Treppe hinaufzusteigen und die es darin wirklich zu einer gewissen Meisterschaft brachten. Die meisten aber fanden – und das ist ein nicht zu fassendes Paradox –, daß die Treppe ihnen zu wenig Abenteuer und Reize bot. Sie rasten um das Haus, kletterten die Regenrinne hoch, stiegen über die Balustraden und erreichten das Dach in einer Rekordzeit, besser und schneller als über die sogenannte methodische Treppe; einmal oben angelangt, rutschten sie das Treppengeländer runter ... um den abenteuerlichen Aufstieg noch einmal zu wagen.

Der Pädagoge macht Jagd auf die Personen, die sich weigern, die von ihm für normal gehaltenen Wege zu benutzen. Hat er sich einmal gefragt, ob nicht zufällig seine Wissenschaft von der Treppe eine falsche Wissenschaft sein könnte, und ob es nicht schnellere und zuträglichere Wege gäbe, auf denen auch gehüpft und gesprungen werden könnte; ob es nicht, nach dem Bild Victor Hugos, eine Pädagogik für Adler geben könnte, die keine Treppen steigen, um nach oben zu kommen?«

Aus: Célestin Freinet: Pädagogische Texte. Reinbek 1980, S. 17f.

Vom Deutschunterricht lernen

Texte, Texte – und was machen wir damit?

Religionsunterricht an Gymnasien ist, insbesondere auch in den höheren Klassen, sicherlich immer auch ein Textfach. Hiergegen ist im Grunde nichts einzuwenden: Zur gymnasialen Bildung gehört die verstärkte Erschließung historischer Dimensionen, die nun einmal oft nur in Texten dokumentiert sind. Unser gegenwärtiges Christentum hat seine Ursprünge in einer Jahrtausende alten Vergangenheit, und gerade für den reformatorischen Glauben ist zentraler Bezugspunkt und unerläßliche Quelle spiritueller Erneuerung eine Textsammlung, der Kanon der hebräischen und griechischen Bibel. Der sachgemäße und souveräne Umgang mit Texten gehört aber zweifellos auch zu den Schlüsselqualifikationen von Gegenwart und Zukunft. Nur wer aus einer Überfülle von vertexteten Informationen die für ihn relevanten herausfinden, wer Texte selbstständig einschätzen, auswählen, analysieren, verarbeiten und verstehen, sie für seine speziellen Bedürfnisse und Fragestellungen nutzbar machen kann, wird sich in der Medien- und Informationsgesellschaft des nächsten Jahrhunderts zurechtfinden und darin seine Subjektivität bewahren können.

Problematisch am Textfach Religion, wie an vielen anderen Textfächern der Schule, ist jedoch der monotone, nach immer gleichem Muster ablaufende, letztlich nur aus Inhaltsangaben bestehende Umgang mit Texten.

Was uns fehlt, sind nach meiner Einschätzung nicht so sehr weitere Auszüge aus theologischen Büchern und fachwissenschaftlichen Aufsätzen, womöglich auch noch ungekürzt und unstrukturiert. Was wir brauchen, sind für den Unterricht aufbereitete, elementarisierte[1] Materialien mit didaktisch reflektierten Fragestellungen, mit denen Schülerinnen und Schüler möglichst selbstständig an Texte herangehen können. Wir brauchen didaktische Ideen, die kommunikative Situationen herstellen, Strukturskizzen, originelle Arbeitsaufträge, Hinweise auf Schlüsselbegriffe und versteckte Beziehungen zu anderen Texten und auch Bildern. Wir brauchen geschickte, in der Sache verankerte Verbindungsstücke, die offene, unstrukturierte Unterrichtsphasen möglichst organisch mit stärker gelenkten Unterrichtsphasen verknüpfen. Arbeitsaufträge wie die folgenden fallen hingegen sicherlich jeder / jedem von uns selbst ein: »Stellen Sie die Position des Verfassers in eigenen Worten dar.« – »Was halten Sie von der Position des Verfassers?« – »Diskutieren Sie mit Ihrem Nachbarn über die Position des Verfassers.« Es wäre zu viel verlangt, von den Herausgebern von Oberstufenmaterialien immer gleich vollständig ausgearbeitete Unterrichtssequenzen zu erwarten, aber sogenannte »Bausteine«, bei denen gar keine oder nur sehr formale Bauanleitungen mitgeliefert werden, kaschieren oft nur die didaktischen Schwierigkeiten und lassen für die Unterrichtspraxis höchst windschiefe und baufällige Gebilde erwarten.

Handlungs- und produktionsorientierte Verfahren

Wer diese Situationseinschätzung teilt, wird sich mit mir freuen, daß uns die Didaktiker und Methodiker des Faches Deutsch in den letzten Jahren eine Vielzahl von kreativen Zugängen zum Medium Text aufgezeigt haben. In der Fachzeitschrift *»Praxis Deutsch«* fand ich die folgende, sehr dicht gedrängte Zusammenstellung von handlungs- und produktorientierten Methoden der Textbearbeitung. An ihr wurde mir wiederum deutlich, daß die Zeiten, in denen es die anderen geisteswissenschaftlich orientierten Fächer waren, die etwas von der Methodik des Religionsunterrichts lernen konnten, wohl endgültig vorbei sind:

Auswahlverzeichnis der wichtigsten Verfahrensweisen des handlungs- und produktionsorientierten Literaturunterrichts

1. Textproduktive Verfahren
1.1 Restaurieren und Antizipieren
1.1.1 Einen Text aus seinen Teilen selber zusammensetzen (z. B. ein in seine einzelnen Verse auseinandergeschnittenes Gedicht – oder aus den alphabetisch aufgelisteten Wörtern ein eigenes Gedicht verfassen)
1.1.2 Texte entflechten (z. B. ein Gedicht, das von der Lehrkraft zu zwei Gedichten zusammengefügt worden ist)
1.1.3 Versgliederung herstellen (wenn ein Gedicht wie Prosa geschrieben vorgelegt wird)
1.1.4 Die syntaktische Struktur herstellen (bei einem Text, der mit veränderter Satzstellung vorgelegt wird – z. B. eine Gedichtstrophe von Hölderlin)
1.1.5 Ausgelassene Wörter/Sätze einfügen
1.1.6 Mit vorgegebenen Reimwörtern eines Gedichts ein eigenes Gedicht machen
1.1.7 Ein reimloses Akrostichon schreiben, z. B. zu FRIEDE, KRIEG, LIEBE, FREUDE usw.
1.1.8 Zu einem Titel oder zu Schlüs-

selwörtern einen eigenen Text verfassen

1.1.9 Montage-Gedichte gestalten: Aus vorliegenden Texten (z. B. Schlagzeilen, Kurzmeldungen, Anzeige / Werbetexten usw.) ein Gedicht aufbauen

Tomaschoff, Löwensteiner Cartoon-Service

1.1.10 Den Schluß eines Textes selber verfassen

1.1.11 Während der Lektüre eines Textes an einer Stelle einhalten und eine Fortsetzung entwerfen

1.1.12 Sich durch eine Phantasiereise (»Stell dir vor, du ... «) in eine Textsituation hineinführen lassen und dazu einen Text verfassen

1.2 Transformieren

1.2.1 Eine mögliche Fortsetzung zu einem Text schreiben

1.2.2 Eine mögliche Vorgeschichte zu einem Text (bzw. zu einer einzelnen Figur) schreiben

1.2.3 Eine im Text nur angedeutete Handlung ausfabulieren

1.2.4 Paralleltexte verfassen. Z. B. schreiben die Schüler zu einem Gedicht mit dem Thema »Sommer« oder »Krieg« oder »Haß« usw. thematische Varianten in analoger Form

1.2.5 Einen inneren Monolog, eine erlebte Rede, einen Brief oder eine Tagebuchnotiz einer Figur verfassen

1.2.6 In Ich-Form Figuren des Textes vorstellen (»Ich heiße Pippi ... «)

1.2.7 Sich selber in einen Text hineindichten und eine Szene gestalten

1.2.8 Eine Figur aus einer Geschichte herauslösen und in einer anderen Welt auftreten lassen (z. B. Eulenspiegel sitzt eines Morgens in unserer Klasse)

1.2.9 Einen Text verkürzen (z. B. ein langes Gedicht verknappen) oder einen Text ausbauen (z. B. eine Kürzestgeschichte zu einer kleinen Erzählung ausbauen)

1.2.10 Einen Text für andere Adressaten bzw. in einem anderen Stil nacherzählen

1.2.11 Einen Text in eine andere Sprachvarietät unschreiben (z. B. eine Dramenszene in Dialekt setzen)

1.2.12 Einen Text aus veränderter Perspektive umschreiben

1.2.13 Dem Text eine andere Aufbaustruktur geben (z. B. vom Schluß der Geschichte her erzählen)

1.2.14 Einen Text in eine andere Textsorte umschreiben (z. B. aus einem Kurzprosatext ein Gedicht machen)

1.2.15 Interpretierendes Schreiben von Gedichten:
Zwischen die originalen Zeilen werden Kommentare, Bemerkungen, Zwischenrufe, Gegenaussagen, Beschwichtigungen usw. eingefügt

1.2.16 Einen Gegentext schreiben, z. B. zu einem idyllisierenden Naturgedicht einen Text über Umweltzerstörung

1.2.17 Textcollagen herstellen

1.2.18 Nach dem Muster eines Textes selber einen Text schreiben

1.2.19 Eine Hörszene zu einem Text erarbeiten

1.2.20 Ein Karten- / Würfel- / Quizspiel zu einem Text herstellen und durchführen (z. B. ein Würfelspiel zu einem Abenteuerbuch oder ein Quartett zu bekannten Kinderbüchern)

2. Szenische Gestaltungen

2.1 Eine Textsituation als lebendes Bild darstellen (als wenn ein Fotograf ein Foto einer Spielszene gemacht hätte)

2.2 Pantomimisch eine stillgestellte Ausdrucksfigur (Statue) gestalten, die die Botschaft eines Textes (im genauesten Sinn des Wortes) zur Anschauung bringt (zwei bis sechs Personen)

2.3 Eine Textstelle pantomimisch darstellen

2.4 Innere Dialoge unter Anleitung eines Spielleiters führen (Leiter fragt z. B. eine Figur, was sie über eine andere denkt, fragt dann die andere, was sie zu diesen Gedanken sagt usf.)

2.5 Abstrakte Begriffe auftreten und sprechen lassen (z. B. zu Aschenbachs Versuch, Venedig zu verlassen: Der Tod, das Meer, die Liebe, die Kunst treten auf und reden zu Aschenbach, raten ihm zur Abfahrt oder zum Hierbleiben)

2.4. Einen Text oder Textteil auf spielerische Weise darstellen, auch als Puppen-, Marionetten-, Schattenspiel oder als Videoszene

3. Visuelle Gestaltungen

3.1 Einen Text in eine seine Aussage bezeichnende Schreib- oder Druckform übersetzen (Größe, Volumen, Farbe, Form der Buchstaben, Wörter, Sätze): sog. Schreibgestaltung

3.1 Bilder zu einem Text zeichnen/malen

3.2 Bildcollagen zu einem Text erstellen

3.3 Für eine Erzählung die graphische Verlaufskurve mit eingefügten Schlüsselsätzen oder -wörtern gestalten

3.4 Eine Literaturzeitung herstellen. Der mögliche Inhalt am Beispiel von Wedekinds *Frühlings Erwachen:* eine Inhaltsangabe – ein fiktives Gespräch mit einem Regisseur – die Charakterisierung der Figuren des Dramas anhand von fiktiven Tagebucheinträgen, Briefen, Dialogen, Verhören, Nachrufen u. a. – fiktive Szenenfotos – die Personenkonstellation in Form einer Collage – ausgewählte Gedichte mit thematischen Anklängen – Dialog eines damaligen mit einem heutigen Lehrer – Äußerungen fiktiver Leser/Zuschauer – die Biographie Wedekinds u. a.

Tomaschoff, Löwensteiner Cartoon-Service

4. Akustische Gestaltungen

4.1 Mit verschiedenen Vortragsweisen experimentieren (einen Text z. B. ärgerlich, pathetisch, befehlend vorlesen)

4.2 Einen Text vertonen (z. B. mit Orff-Instrumenten)

4.3 Zum Vorlesen/Lesen eines Textes die passende Hintergrundmusik suchen, in der sich der Inhalt in gewisser Weise spiegelt oder in der sich die Gefühle der Hörer ausdrücken bzw. mit deren Hilfe Hörer den Text »interpretieren«

Aus: Gerhard Haas u. a.: Handlungs- und produktionsorientierter Literaturunterricht. In: Praxis Deutsch 1/1994, S. 17–25; ebenda, S. 24

Wollte man anhand von Unterrichtsbeispielen ausführen, wozu diese Aufstellung Religionslehrerinnen und Religionslehrer bei ihrer Unterrichtsplanung anregen kann, hätte man Stoff für einen eigenen, umfangreichen Methodenband. Da derartige Publikationen für den Deutschunterricht bereits vorliegen[2] und es im hier gesteckten Rahmen nur um erste methodische Anregungen aus ganz verschiedenen Bereichen gehen soll, beschränke ich mich auf einige wenige Vorschläge, an denen aber deutlich wird, daß gerade auch im Religionsunterricht der Oberstufe Texte nicht nur gelesen und zusammengefaßt, sondern auch gestaltet, umgestaltet, inszeniert und selbst geschrieben werden können.

Ein solcher kreativer Umgang mit Texten kann, zumindest am Gymnasium, einerseits zweifellos einen hohen Motivationswert haben, andererseits erfordert er aber auch, ernsthaft betrieben, ein gewisses Maß an innerer Bereitschaft, Konzentration und Ausdauer. Es ist deshalb nicht verwunderlich, wenn Schülerinnen und Schüler Anregungen zu einem handlungs- und produktionsorientierten Umgang mit Texten manchmal auch mit zunächst eher destruktiven Kommentaren begegnen: »Nicht schon wieder kreativ, bitte!« »Wir sind hier doch nicht im Deutschunterricht!« »Brauchen wir das für die nächste Klassenarbeit?« Nach meiner eigenen und vieler Kollegen Erfahrung ist es in einer solchen Situation wichtig, von der Lerngruppe nicht zu viel zu erwarten, die von den Schülerinnen und Schülern angemahnte Unterscheidung zwischen Deutsch- und Religionsunterricht nicht zu verwischen, sich andererseits aber – humorvoll-konsequent – nicht zu schnell dem oft auch nur gespielten Unwillen der Lerngruppe zu beugen. Die folgenden Unterrichtsbeispiele wurden jedenfalls nicht nur am Schreibtisch erdacht, sondern haben zumindest in bestimmten Klassen schon einmal tatsächlich funktioniert.

Ein »Poesiealbum« für die Oberstufe

Texte werden insbesondere für den Oberstufenunterricht zu Dutzenden kopiert. Die kopierten Blätter sind oft bis an den Rand bedruckt, die Buchstaben oft bis zur Unlesbarkeit verkleinert. Für graphische Gestaltung, für ein ansprechendes und motivierendes Layout, für Leerräume, die dem Auge Orientierung geben, ist in der Regel trotz aller Computertechnik kein Platz. Und den meisten von uns fehlt für solche ästhetischen Spielereien wohl auch ganz einfach die Zeit ... Während in fast allen anderen Lebensbereichen der ästhetische Aspekt eines Druckerzeugnisses inzwischen mindestens ebenso wichtig ist wie der Inhalt, ist es an unseren Schulen oft immer noch umgekehrt: Es kommt uns Lehrerinnen und Lehrern vor allem auf den Inhalt an, und der wird von den Schülern in eigenen Worten zusammengefaßt, die Schlüsselbegriffe unterstrichen, die Arbeitsaufträge bearbeitet.

Um zu einer derartigen, ja durchaus nicht nur negativ zu bewertenden Arbeitsaskese einen sinnlich-»poetischen« Gegenakzent zu setzen, habe ich mit manchen meiner Oberstufenkurse zu Beginn des 12. Schuljahres vereinbart, daß wir eine Art gemeinsames »Poesiealbum« führen. Dieses Album soll schon von außen schön anzusehen sein, wenn möglich, ein Kursfoto enthalten, und jede und jeder, auch die Lehrerin oder der Lehrer, soll in diesem Buch »mit Liebe« Texte eintragen, die ihm oder ihr »wichtig« sind: Gedichte, Aphorismen, Bibelstellen, Zitate, Gebete, kleine Geschichten. Fremdes ist ebenso erwünscht wie selbst Verfaßtes, auch Bilder, kleine Zeichnungen und Karikaturen gehören selbstverständlich dazu ...

Nach meinen Erfahrungen können solche »Poesiealben« neben dem üblichen, im Leitzordner abgehefteten Kopienpaket eine zweite Textsammlung bilden, die über den Kursverlauf und die Gefühle und Interessen der Teilnehmer / innen oft wesentlich mehr aussagt, als das, was in unseren Oberstufenklausuren als »Lernergebnis« zutage tritt. Gelegentlich hatte das, was in unserem »Poesiealbum« auftauchte, durchaus auch einen Bezug zu unseren Unterrichtsthemen. Dann kann man solch einen Beitrag natürlich – behutsam und vorsichtig und ohne allzuviele lernzielorientierte Hintergedanken – auch im Unterrichtsgespräch aufgreifen. Oft handelt es sich aber auch um – oberflächlich betrachtet – eher »Unpassendes«, um Äußerungen einer divergierenden Intelligenz und Psyche, manchmal auch um überraschend Privates. Auch hierauf kann und sollte man natürlich eingehen, aber in der Regel wohl nicht im Unterricht, sondern eher im privaten Gespräch am Rande – oder aber, manchmal noch wirkungsvoller, auf dem indirekten Weg der schriftlichen Kommunikation, mit einem eigenen, neuen Beitrag im »Poesiealbum«.

Nur erwähnt sei schließlich noch, daß solche »poetischen« Bücher am Ende eines Kurses, nach dem Abitur, eine schöne Erinnerung sein können. Und es finden sich sicherlich Schülerinnen und Schüler, die die gemeinsame Druckvorlage in einem Copyshop in der notwendigen Auflage zum Selbstkostenpreis kopieren ...

Geschichten erfinden: »Anna, 26 Jahre alt, allseits beliebt und attraktiv ...«

Wenn der Arbeitsauftrag humorvoll und spielerisch vorgetragen wird und wenn nicht gerade eine mehrstündige Klausur in einem anderen Fach vorausgegangen ist, können Schülerinnen und Schüler immer wieder auch im Religionsunterricht Interesse daran finden, selbst kürzere Texte zu verfassen.[3] Eine besonders hohe Bereitschaft hierzu bemerkte ich im Kontext der Unterrichtseinheit »*Als Frau und als Mann leben*«, die aus leicht nachvollziehbaren Gründen erst dann wirklich spannend wird, wenn nicht nur abstrakt oder stammtischhaft über die Thematik gesprochen wird, sondern es auch zur Artikulation eigener Denkmuster, Vorstellungen und Träume kommt.

Eine naheliegende Aufgabenstellung wäre in diesem Zusammenhang zum Beispiel, jede Schülerin und jeden Schüler – vielleicht im Anschluß an eine meditative Phase – einen höchstens einseitigen Text zum Thema »*Wenn ich eine Frau/ein Mann wäre ...*« verfassen zu lassen. Textsorte und Art der Gestaltung werden freigestellt. Je nach Situation bietet sich anschließend eine Auswertung im Plenum oder in geschlechtsspezifisch zusammengesetzten Gruppen an. Wird Anonymität gewünscht, könnte die Lehrerin / der Lehrer oder auch eine Schülerin / ein Schüler, die / der allgemeines Vertrauen genießt, die Texte zu Hause auf dem PC abschreiben. In Lerngruppen, die sich gegen kreatives Schreiben eher wehren, kann es sinnvoll sein, Satzanfänge vorzugeben, z. B. »Weil ich ein Mann / eine Frau bin, kann ich / darf ich/ muß ich«.

Eine andere, sehr aufschlußreiche Übung besteht darin, Schülerinnen und Schüler, nach Geschlechtern getrennt, in Kleingruppen folgende Erzählanfänge weiterschreiben zu lassen: »Anna ist 26 Jahre alt, allseits beliebt und attraktiv. Sie hat gerade ihr Medizinexamen mit der Traumnote 1,0 bestanden ...« / »Klaus ist 26 Jahre alt, allseits beliebt und attraktiv. Er hat gerade sein Medizinexamen mit der Traumnote 1,0 bestanden ...« Die Ergebnisse dieser Schreibübung, bei der es vor allem auch darum geht, sich unreflektierte Klischees und nach wie vor existierende soziale Ungerechtigkeiten bewußtzumachen, lassen sich in der Auswertung in Verbindung bringen mit empirischen Untersuchungen, die belegen, daß die fiktiven männlichen Lebensläufe häufig signifikant optimistischer ausfallen als die der Frauen.[4] Bei der Besprechung der Texte darf durchaus gelacht werden, aber es sollte auch ernsthaft darüber diskutiert werden, an welchen Textstellen sexistische Motive zu Tage treten, für wie realistisch die Schülerinnen und Schüler die von ihnen entworfenen Lebensläufe halten, ob und warum sie vielleicht auch bewußt gegen Wahrscheinlichkeiten und vermeintliche Erwartungen der Lehrerin / des Lehrers angeschrieben haben ...

Klaus ist 26 Jahre alt, allseits beliebt und attraktiv. Er hat gerade sein Medizinexamen mit der Traumnote 1,0 bestanden ... und nach seinem Studium eröffnet er eine Praxis als selbständiger Gynäkologe in Hinterlingen. Durch seinen ständigen Kontakt mit Frauen in seiner Praxis kommt er in das Dilemma, sich zwischen zwei Frauen, die er dort kennengelernt hat, entscheiden zu müssen. Aus Karrieregründen entscheidet er sich nicht für die kluge, aber leider schon etwas sehr gealterte (35 Jahre) erste Bekanntschaft, sondern für die sehr gut gebaute 18jährige, jedoch nicht sehr helle Friseuse aus seinem Dorf. Zu einer Heirat kommt es aber nicht, da er sich nicht nur mit einer Frau abgeben will.

Silvia ist 26 Jahre alt, allseits beliebt und attraktiv und hat gerade ihr Medizinexamen mit der Traumnote 1,0 bestanden ... sie zeigt Aufgeschlossenheit, Beliebtheit, Intelligenz macht schnell Karriere, ist bald Chefärztin, geht ganz in ihrem Beruf auf. Schließlich übernimmt sie eine Privatklinik in Amerika, verläßt in Deutschland ihren langjährigen Freund (Krise!). Dort trifft sie eines schönen Morgens, schwer beladen (Akten!), ganz in Gedanken, den nächsten Patienten und stößt mit Krankenpfleger Raphael S. aus T. (1 Jahr jünger) zusammen. Er wird die Liebe ihres Lebens. Sie heiraten, sie bleibt in ihrem Beruf und bekommt 5 Kinder.

Verfasser: Schüler/innen der Klassenstufe 12

Thesen formulieren: Maßnahmen gegen die Gewalt

Ein *Oberstufenkurs* hat sich als Wahlthema die Unterrichtseinheit »*Gewalt: Bilder des Schreckens – Bilder der Hoffnung*« gewählt. Wir haben anhand von aktuellen Beispielen über Bilder der Gewalt in den Medien gesprochen, haben zwischen verschiedenen Arten der Gewalt, zwischen Aggression und Gewalt unterschieden, und plötzlich, ganz unverhofft in einer Pause, steht eine Gruppe von sonst zurückhaltenden Schülerinnen und Schülern vor mir und fordert erregt und zornig, wir sollten das Thema lieber abbrechen: »Wir reden hier über Gewalt, über physische und psychische Gewalt – und was ist eigentlich mit der Gewalt hier an der Schule? Die, die am allerschlausten über die Ursachen von Gewalt diskutieren, das sind doch die, die selbst Gewalt ausüben, und zwar schon seit Jahren! Auf den Schwachen wird rumgehackt, und sie werden geärgert und an den Rand gedrängt, bis sie nicht mehr können! Was macht es für einen Sinn, im Unterricht über Gewalt zu diskutieren, wenn dann nach dem Unterricht und auf der Studienfahrt Gewalt ausgeübt wird? Da hilft doch Reden nichts!«

Ich bin einigermaßen erschrocken und entsetzt, wie konkret unser Thema plötzlich geworden ist, äußere in der nächsten Stunde auch meine Betroffenheit, merke aber, daß sich in der Kursgruppe, die ich meinte zu kennen, im Laufe der Jahre Dinge ereignet haben, die einzelne sehr verletzt haben und die sie im Plenum auch nicht thematisieren wollen. Ich will unser Thema, das jetzt ja endlich einmal die sonst so beschworene Alltagsnähe erreicht hat, nicht abbrechen, merke aber auch, daß ein halbwegs »normaler« Plenumsunterricht der Situation nicht gerecht würde. Auf diesem Hintergrund entscheide ich mich für eine zweistündige, am Prinzip der Freiarbeit orientierte Gruppenarbeit, wobei ich schon bei der Gruppenbildung sehr darauf achte, daß die Gruppen einerseits nicht zu homogen sind, daß andererseits aber auch nicht gerade diejenigen in einer Gruppe sind, die ganz offensichtlich gar nicht »miteinander können«.

Unsere gemeinsame, sich für die einzelnen Schülerinnen und Schüler aus ihrer jeweiligen Perspektive allerdings sehr unterschiedlich darstellende Aufgabe lautet, im Anschluß an die bekannte und in vielen Lesebüchern abgedruckte Parabel Bertold Brechts »Maßnahmen gegen die Gewalt«[5] zu bedenken. Meine einzige, energisch vertretene Vorgabe ist, daß ich persönlich nicht akzeptiere, daß man gegen Gewalt eben nichts machen könne und daß ich von jeder Gruppe am Ende der Doppelstunde ein Thesenpapier (bzw. alternativ eine selbst verfaßte Parabel oder ein anderes Text-»Produkt«) erwarte, in dem die Gruppe, verbindlich und namentlich unterzeichnet, dazu Stellung nimmt, welche Maßnahmen gegen die Gewalt sie warum für sinnvoll erachtet und welche nicht. Um den Gruppen inhaltliche Hilfestellung anzubieten, sie ihnen aber nicht aufzudrängen, habe ich im Klassenzimmer Karikaturen und kurze Texte von Dorothee Sölle, Martin Luther King, Erich Fried u. a. ausgelegt,[6] die es den Schülerinnen und Schülern ermöglichen sollen, die sie zum Teil sehr persönlich betreffende Thematik auch auf indirekte, durch ein Medium aufgebrochene Art und Weise anzugehen.

Die Resonanz auf diese »Krisenintervention« war durchweg positiv und führte zu einer entkrampften, aber ernsthaften Arbeitsphase, an deren Ende von den meisten Gruppen sehr engagierte und äußerst differenzierte Texte vorlagen, die ich aus naheliegenden Gründen hier nicht abdrucken kann. Für die Leserin und den Leser hilfreich mag aber untenstehende Arbeitsanweisung sein, die sich vermutlich gut auf ähnlich strukturierte Situationen in anderen thematischen Zusammenhängen übertragen läßt.[7] Den weiteren Gang der Unterrichtseinheit habe ich im übrigen in guter Erinnerung. Wir beschäftigten uns sehr intensiv mit verschiedenen Aggressionstheorien und Menschenbildern, und ich hatte, wie selten sonst, den Eindruck, daß es bei unseren Diskussionen »knisterte« und um mehr ging als um einen bloßen Vergleich verschiedener humanwissenschaftlicher und philosophisch-theologischer Positionen ...

GEWALT
Ich soll mich nicht gewöhnen

Ausgangspunkt

□ Gewalt hat die verschiedensten Erscheinungsformen: Es gibt personale und strukturelle Gewalt, Gewalt gegen Sachen und Personen, Gewalt gegen andere und gegen sich selbst, Gewalt in uns und um uns herum ...
□ Gewalt gehört zum menschlichen Leben, wir können sie nicht völlig aus der Welt schaffen.
□ Verleugnen, Bagatellisieren und Verdrängen hilft in keinem Lebensbereich weiter.
□ Gewalt darf nicht das bestimmende Element des Lebens sein. Nicht nur Christen müssen ihr entgegentreten und ihr widersprechen, wo es nur geht. Aber wie?

Arbeitsauftrag

□ Im Raum liegen ca. 10 Plastikhüllen mit verschiedenen Angeboten. Bitte schmökern Sie ein paar Minuten, und entscheiden Sie sich dann für ein oder zwei Kopien.

□ Kehren Sie in ihre Gruppe zurück. Lesen Sie in Ruhe, und tauschen Sie sich über ihre »Funde« aus.
□ Führen Sie die Diskussion zu einem Punkt, der es Ihnen ermöglicht, bis zum Ende der Stunde ein gemeinsames Produkt vorzulegen. Unsere übergreifende Fragestellung lautet: *Was kann ich gegen Gewalt tun?*

1. Möglichkeit:

- Formulieren Sie auf einem Blatt Papier drei Thesen, denen alle in ihrer Gruppe zustimmen können.
- Formulieren Sie auf einem Blatt Papier drei Thesen, denen alle in ihrer Gruppe widersprechen.
- Halten Sie auch die Thesen fest, die nur ein oder zwei Mitglieder ihrer Gruppe vertreten.

2. Möglichkeit:

- Verfassen Sie gemeinsam eine möglichst ernsthafte Parabel / Geschichte zum Thema »Maßnahmen gegen die Gewalt« ...
- Unterzeichnen Sie Ihr »Produkt« bitte mit Ihrem Namen.
- Um Kopien zu sparen, habe ich nicht alle Vorlagen in Klassenstärke kopiert. Wenn Sie sich für mehr als zwei Kopien interessieren, schreiben Sie mir bitte auf einen Zettel, welche Vorlagen ich für Sie bis zum nächsten Mal nachkopieren soll ...

Texte »erschreiben«: Dietrich Bonhoeffers Gedicht »Wer bin ich?«

Deutschlehrerinnen und Deutschlehrer sind in den letzten Jahren zunehmend dazu übergegangen, Gedichte oder auch dramatische Texte nicht nur lesend und analysierend »durchzuarbeiten«, sondern poetische Texte den Schülerinnen und Schülern auch dadurch zu erschließen, daß man versucht, diese Texte umzuschreiben und umzugestalten. Dieser Vorgang der Adaption aktiviert die Lerngruppe, macht zunächst fremd erscheinende und von außen vorgegebene Texte zu »eigenen« Texten und bereitet damit gleichzeitig einen motivierenden Rahmen für einen auch analytischen Vergleich von Vorlage und Schülertexten.

Wie fruchtbar ein solcher Ansatz sein kann, zeigt ein Beispiel, das von einem Kollegen auf einer Fortbildung vorgestellt wurde: Eine *9. Klasse* hat sich im Zusammenhang mit einer Unterrichtseinheit mit dem Titel »*Was mir wichtig ist ...*« Dietrich Bonhoeffers berühmtes, 1945 in der Tegeler Gefängniszelle entstandenes Gedicht »Wer bin ich?« sozusagen »erschrieben«. Nach einer ersten Lektüre des Gedichts und einer Lehrererzählung zum biographischen Hintergrund Bonhoeffers überlegte die Klasse zunächst, in welchen Lebenssituationen ein Mensch sich die existentielle Frage »Wer bin ich?« stellen kann (z. B. Scheitern einer Freundschaft, Trennung der Eltern, schlechte Noten, Krankheit). Anschließend erhielten die Schüler/innen DIN A 4-Blätter, auf denen in schöner Handschrift lediglich die für die Struktur des Gedichts konstitutiven Verse

Wer bin ich? Sie sagen mir oft ...
Wer bin ich? Sie sagen mir oft ...
Wer bin ich? Sie sagen mir auch ...
Bin ich das wirklich, was andere von mir sagen? ...
Wer bin ich? Der oder jener? ...

vorgegeben waren. Die Aufgabe bestand darin, das Bonhoeffer-Gedicht aus der Perspektive einer heutigen – fiktiven oder auch selbst erfahrenen – Krisensituation umzuschreiben.[8]

Die vier abgedruckten Schülergedichte zeigen, wie differenziert und einfühlsam 15–16jährige diese Aufgabe bearbeiten können. Sie bieten nicht zuletzt auch durch die in drei von vier Fällen in sakulär-autonomer Weise abgewandelten Schlußverse des Bonhoeffer-Gedichts einen guten Einstieg in ein Gespräch über Probleme der Identitätsfindung und die damit verbundenen Lebens- und Krisenbewältigungsmodelle. Dabei wäre es in Klassen, denen das Bonhoeffer-Gedicht noch nicht bekannt ist, vielleicht auch sinnvoll, methodisch so vorzugehen, daß man die Schüler/innen zunächst nur mit den Strophenanfängen und dem Schreibauftrag konfrontiert[9] und erst dann, nach der Erstellung und Besprechung der Schülertexte, das Bonhoeffergedicht einführt.

Dietrich Bonhoeffer: Wer bin ich?

Wer bin ich? Sie sagen mir oft,
ich träte aus meiner Zelle
gelassen und heiter und fest
wie ein Gutsherr aus seinem Schloß.

Wer bin ich? Sie sagen mir oft,
ich spräche mit meinen Bewachern
frei und freundlich und klar,
als hätte ich zu gebieten.

Wer bin ich? Sie sagen mir auch,
ich trüge die Tage des Unglücks
gleichmütig, lächelnd und stolz,
wie einer, der das Siegen gewohnt ist.

Bin ich das wirklich,
was andere von mir sagen?
Oder bin ich nur das,
was ich selbst von mir weiß?
Unruhig, sehnsüchtig und krank,
wie ein Vogel im Käfig,
ringend nach Lebensatem,
als würgte mir einer die Kehle,
hungernd nach Farben,
nach Blumen, nach Vogelstimmen,
dürstend nach guten Worten,
nach menschlicher Nähe,
zitternd vor Zorn über Willkür
und kleinlichste Kränkung,
umgetrieben vom Warten
auf große Dinge,
ohnmächtig bangend um Freunde
in endloser Ferne,
müde und leer zum Beten,
zum Denken, zum Schaffen,
matt und bereit,
von allem Abschied zu nehmen?

Wer bin ich? Der oder jener?
Bin ich denn heute dieser
und morgen ein andrer?
Bin ich beides zugleich?
Vor Menschen ein Heuchler
und vor mir selbst ein verächtlich
wehleidiger Schwächling?
Oder gleicht, was in mir noch ist,
dem geschlagenen Heer,
das in Unordnung weicht vor
schon gewonnenem Sieg?

Wer bin ich?
Einsames Fragen treibt mit mir Spott.
Wer ich auch bin, Du kennst mich,
Dein bin ich, o Gott!

Dietrich Bonhoeffer: Widerstand und Ergebung. Briefe und Aufzeichnungen aus der Haft.
Hg. von Eberhard Bethge. München 1951, S. 179.

Schülertext I

Wer bin ich?
Sie sagen mir oft,
ich sei ihr ein und alles.
Ich würde ihr Leben aufhellen,
wenn sie am Abend von der Arbeit
nach Hause kommen.

Wer bin ich?
Mein Vater sagt mir oft,
mit mir könnte man sich über Sport
unterhalten und diskutieren,
wie man sich mit seinen Freunden
darüber unterhalten kann.

Wer bin ich?
Meine Mutter sagte mir oft,
ohne mich wüßte sie nicht,
wie sie den ganzen Haushalt bewältigen
könne, obwohl auch mein Vater mithalf.

Aber bin ich das wirklich,
was sie mir immer gesagt haben?
Oder bin ich das,
was ich selber von mir weiß?
War ich nicht oft faul,
habe ich mit meinem Vater
nicht zu oft gestritten?
War ich aufsässig, frech,
vorlaut oder habe ich sie sogar
gegeneinander aufgehetzt?

Bin ich schuld daran,
daß meine Eltern sich scheiden lassen
oder ist jetzt alles zu Ende?
Wir waren doch immer eine
glückliche Familie!
Und jetzt auf einmal ist alles kaputt.
Bin ich daran schuld?
Ich weiß es nicht.
Aber vielleicht bin ich es.

Schülertext II

Wer bin ich?
Sie sagen mir oft,
ich träte ins Klassenzimmer,
gelassen, heiter und fest
wie ein Gutsherr aus seinem Schloß.

Wer bin ich?
Sie sagen mir oft,
ich spräche mit meinen
Klassenkameraden,
als würde mir nichts was ausmachen.

Bin ich wirklich,
was andere von mir sagen?
Oder bin ich nur das,
was ich selber von mir weiß?
Traurig über meine schlechten
Leistungen,
zornig auf ein weiteres Jahr,
daß ich hier hingehen muß.

Wer bin ich?
Der oder jener?
Bin ich denn heute dieser
und morgen ein anderer?
Bin ich beides zugleich?
Vor Menschen ein Heuchler
und vor mir selbst ein verächtlicher,
wehleidiger Schwächling?
Oder gleicht, was in mir ist,
dem geschlagenen Heer,
das in Unordnung weicht
vor schon gewonnenem Sieg?

Wer bin ich?
Einsames Fragen treibt mit mir Spott.
Wer ich auch bin, Du kennst mich,
denn ich bin ich, o Gott.

Schülertext III

Wer bin ich?
Sie sagen mir oft, ich versprühe
gute Laune und Fröhlichkeit.

Wer bin ich?
Sie sagen mir oft, ich bin ein treuer
Freund, auf den man sich verlassen
kann, der zu jeder Zeit zu ihnen steht.

Wer bin ich?
Sie sagen mir oft, daß ich bei allen
beliebt bin und keinen Grund zum
Traurigsein habe.

Bin ich das wirklich,
was andere von mir sagen?
Oder bin ich nur das,
was ich selbst von mir denke?
Unruhig, sehnsüchtig,
ängstlich vor der Zukunft,
hungernd nach Zuneigung
und guter Freundschaft,
schüchtern und an manchen Tagen
sogar mutlos und zu hoffnungslos und
zu müde, um über mich selbst
nachzudenken?

Wer bin ich?
Der oder jener?
Habe ich denn zwei Ichs?
Bin ich heute fröhlich und morgen
zu Tode betrübt? Habe ich etwa
Komplexe? Oder muß in meinen
Gefühlen erst wieder Ordnung
geschaffen werden?

Wer bin ich?
Zu vieles Fragen führen zu
keinem durchsichtlichen Ende.
Wer ich auch bin,
ich muß mich akzeptieren,
so wie ich bin!

Schülertext IV

Wer bin ich?
Sie sagen mir oft,
ich könnte mir alles leisten
wie ein Bankier oder Millionär.

Wer bin ich?
Sie sagen mir oft,
ich wäre ein Faulpelz,
einer, der den anderen
auf der Tasche liegt.

Wer bin ich?
Sie sagen mir oft,
ich wäre einer von den ganz Schlauen,
einer ohne Arbeit,
der sich ein schönes Leben macht.

Bin ich das wirklich?
Oder bin ich ein Mensch, der wartet,
der sich langweilt,
der hofft, einsam ist?
Der hofft auf Arbeit.
Der zürnt denen,
die ihn entlassen haben?
Der nicht versteht,
warum gerade er und nicht ein anderer?
Und der weiter hofft,
Tag für Tag, auf Arbeit.

Wer bin ich?
Der oder jener?
Bin ich vielleicht nur in den Augen
jener ein Faulpelz, ein Nichtsnutz?
Oder sehe ich mich falsch,
in Selbstmitleid versunken?
Mache ich mir selbst etwas vor,
oder sind es andere,
die mir übel wollen?
Die nichts anderes können,
als so über mich zu denken?

Fragen, die wohl nicht von mir,
wohl auch nicht von anderen
beantwortet werden können.

Texte präsentieren und inszenieren: Eine »apokalyptische« Performance

Man kann Texte still lesen, sie gemeinsam analysieren, über sie diskutieren – und man kann sie auch präsentieren und inszenieren. Letzteres ist natürlich, wie jeder, der mit Schülerinnen und Schülern schon einmal ein Theaterstück aufgeführt hat, bestätigen wird, der wesentlich intensivere Zugang zum Text. Solche Erfahrungen müssen nicht immer gleich den großen Rahmen einer Theateraufführung annehmen, oft eignen sich spielerisch-kreative Umsetzungen von Texten auch für den ganz normalen Unterrichtsalltag. Jede Kollegin und jeder Kollege hat wohl schon Erfahrungen mit Rollenspielen gesammelt,[10] und ich möchte ausdrücklich dazu ermutigen, diese Methode, die bei Jugendlichen der Mittelstufe aus entwicklungspsychologischen Gründen manchmal nicht mehr so recht greift, im Unterricht der *gymnasialen Oberstufe* wiederaufleben zu lassen: Was spricht z. B. dagegen, im Rahmen einer *Unterrichtseinheit »Kirche – Staat – Politik«* die aus Texten herausgearbeiteten Argumente für und gegen die *Konstantinische Wende* einmal szenisch darstellen zu lassen? Die Argumente werden in Pro- und Contra-Gruppen erarbeitet, dann tragen zwei Schülerinnen oder Schüler stellvertretend die Kontroverse aus. Um den Rollenspielcharakter deutlich zu machen, tragen beide Mützen, auf der einen steht »Konstantin der Große«, auf der anderen »Konstantins schlechtes Gewissen«. Jeweils zwei Schüler/innen dürfen soufflieren, notfalls hilft auch noch die Lehrerin oder der Lehrer mit Argumenten aus ... Der Rest der Klasse beobachtet das Geschehen und versucht, sich über die Schlüssigkeit und Tragfähigkeit der ausgetauschten Argumente ein Urteil zu bilden.

Ist diese Art von Rollenspiel noch relativ bekannt und verbreitet, so wagte ich mich an größere Klassenzimmerinszenierungen erst vor kurzem heran. Als ich vor nicht allzulanger Zeit mit einem *Oberstufenkurs* eine Art *Performance zur Johannesapokalypse* ausprobierte, machte ich durchweg positive Erfahrungen. Wir hatten im bisherigen Verlauf der Unterrichtssequenz, ausgehend von »Bildern des Schreckens und der Hoffnung«, u. a. über die Bedeutung von Bildern in der Psychologie C. G. Jungs gesprochen, hatten uns im Gruppenpuzzle über Textsorte, Verfasser, Adressaten und Aussageintention der Johannesapokalypse informiert, anhand von berühmten künstlerischen Verarbeitungen der Johannesapokalypse einen Überblick über den Inhalt dieses oft so mißverstandenen Trostbuches verschafft und uns einige wenige Symbole dieser Schrift genauer erschlossen.[11] Unsere »Performance«, die in einer Doppelstunde unmittelbar vor den Osterferien zur »Aufführung« kam, deren politischer Hintergrund die grausamen Bilder des Balkankrieges waren und in der sich manches von dem, was wir bisher im Unterricht diskursiv abgehandelt hatten, auf eine erfahrungsorientierte Art und Weise bündeln sollte, lief nun folgendermaßen ab:

Wir saßen in einem Stuhlkreis, in dessen Mitte eine mit einem Tuch zugedeckte Schüssel mit einer Jericho-Rose stand. Um die Schüssel herum lagen eine Bibel, ein Taschenbuch, in dem Kinder in Briefen, Gebeten und Bildern die Erfahrungen des Balkankrieges zu verarbeiten versuchten,[12] Buntstifte, eine Thermoskanne mit warmem Wasser und verschiedene Malvorlagen für Mandalas.[13] An die Teilnehmer/innen der »Performance« wurden nun verschiedene Textblätter verteilt, auf denen bedrohliche und ermutigende, apokalyptische und messianische Bibelstellen, Psalmverse, Gesangbuchlieder, Zeitungsüberschriften, expressionistische Gedichte zum Thema »Krieg«, verschiedene Zitate (z. B. »Der Krieg ist der Vater aller Dinge.«), Texte von serbischen, kroatischen, bosnischen und deutschen Kindern, aber z. B. auch Allerweltsfloskeln wie »Da kann man halt nichts machen ...«, »Tja, so ist das Leben« abgedruckt waren. Zwei Schüler erhielten Overheadfolien mit Kinderzeichnungen, Kriegsbildern und apokalyptischen Bildmotiven.

Der *erste »Akt«* bestand nun darin, daß jede und jeder sich zur Musik einer Free Jazz-Komposition, mit dem Titel »Spontaneous«, bei der die Musiker in freiem Spiel mit ihren Instrumenten aufeinander reagieren,[14] in sein Textblatt bzw. sein Folienset vertiefte.

In einem *zweiten »Akt«* versuchten wir dann, ohne Musikbegleitung, ähnlich wie die Musiker, unsere Texte und Bilder in einem kreativen, für die Äußerungen der anderen sensiblen Prozeß aufeinanderprallen zu lassen. Der Vortrag der Textpassagen wurde zunehmend artikulierter und dramatischer, es stand auch einmal jemand auf, Overhead-Folien ergänzten sich, es wurden immer wieder auch Stimmen gegeneinander gelesen, es gab eine Phase, in der nur Bilder betrachtet wurden. Die »Bilder von Schrecken und Hoffnung«, über die wir in den letzten Wochen so viel gesprochen hatten, waren auf diese Weise noch einmal mit großer Eindrücklichkeit im Klassenzimmer präsent ...[15]

Im *dritten »Akt«* wandten wir uns dann – nun sozusagen das Symbol eines »neuen Himmels und einer neuen Erde« ins Auge fassend – der Jericho-Rose zu. Ich erklärte für diejenigen, die diese Wüstenpflanze noch nicht kannten, in wenigen Worten Herkunft und Besonderheit dieses Gewächses. Die vertrocknete Knolle ging im Kreis herum, wurde betastet, Assoziationen der »Lebendürre« und der Auswegslosigkeit wurden benannt. Anschließend begossen wir reihum die Jericho-Rose mit warmem Wasser[16] und dazu wurden Situationen genannt, in denen es uns gutgeht (»Wenn die Frühlingssonne das erste Mal scheint ...«, »Wenn ich verliebt bin ...«, »Als in Berlin die Mauer geöffnet wurde ...«)

Dann wurde die Schüssel mit der Pflanze wieder zugedeckt, und, in einem *vierten »Akt«*, suchte sich jede und jeder von uns eine Mandalavorlage aus, und wir malten, begleitet von Mozartmusik und an den Tischen des Klassenzimmers verteilt, die uns schon von der Beschäftigung mit C. G. Jung her bekannten Strukturbilder, farbig aus.

Gegen Ende unserer »Performance« versammelten wir uns noch einmal zu einer *Abschlußrunde im Stuhlkreis*: Die ausgemalten Mandalas wurden um die Schüssel mit der Jericho-Rose herum ausgebreitet, noch einmal wenige biblische Hoffnungsworte (z. B. »Siehe, ich mache alles neu!«) verlesen und dann die inzwischen aufgeblühte Wüstenpflanze »enthüllt«. Diese »Apokalypse« war Anlaß zu einem kurzen resumierenden und reflektierenden Rückblick, und die Doppelstunde endete damit, daß wir, betroffen, aber auch positiv gestimmt, gemeinsam aufräumten, zum Teil unsere Mandalas austauschten und uns »Frohe Ostern« wünschten.

Max Beckmann, 1941: »Wer Ohren hat, der höre!«, © VG Bild-Kunst, Bonn 1996

Spielerisch lernen – nur eine Spielerei?[1]

DER MENSCH BEHÄLT IN SEINEM GEDÄCHTNIS

AKTIVE LEHRMETHODEN	In %	PASSIVE LEHRMETHODEN
↓ was er tut	90	
SELBSTARBEIT GRUPPENARBEIT ROLLENSPIEL (als Mitspieler) PLANSPIEL TRAINING	80	↓
↓ worüber er spricht	70	↓
LEHRGESPRÄCH MEINUNGSGESPRÄCH BRAINSTORMING PRO UND CONTRA ROLLENSPIEL (bei der Auswertung) FALLSTUDIE UNTERWEISUNG	60	↓ ↓ was er hört und sieht
	50	FILM TONBILDSCHAU ROLLENSPIEL (als Zuschauer) REFERAT MIT VIEL BILDMATERIAL
	40	↓
	30	was er sieht
	20	VORMACHEN OHNE ERKLÄRUNG SICH »UMSEHEN LASSEN« ↓ was er hört
	10	REFERAT OHNE ANSCHAUUNGS-MATERIAL VORTRAG REDE

Aus: Kurt Witzenbacher, Praxis der Unterrichtsplanung, Prögel Praxis Band 189, R. Oldenbourg Verlag, München 1994

Ein weiterer, in der Oberstufendidaktik viel zu wenig beachteter methodischer Ansatz, auf den ich aufmerksam machen möchte, ist der des spielerischen Lernens. Wer sich ausschließlich an abprüfbaren Klausurzielen orientiert, wird spielerisches Lernen immer im Verdacht der Zeitverschwendung haben. Sicherlich könnte man sich manches Thema auch durch einen interessanten Text oder durch ein anderes Medium erschließen, doch ein einleuchtender Grundsatz der Lernforschung besagt: Man behält von dem, was man liest, etwa 10 %; von dem, was man hört, 20 %; von dem, was man sieht und hört 50 %; von dem, was man selbst vorträgt, 70 %; von dem, was man selbst ausführt, jedoch 90 %.[2] Da diese Regel auch für uns Lehrerinnen und Lehrer gilt, verzichte ich hier auf weitergehende spieltheoretische Überlegungen[3] und versuche statt dessen, durch praktische Beispiele Lust zum Ausprobieren zu machen[4].

Einstiegssituationen: Methode Zielscheibe

Bei der Suche nach spielerischen, dabei aber nicht albernen Methoden zum Einstieg in ein Thema hat sich in meiner eigenen Praxis die »Methode Zielscheibe« besonders gut bewährt:

Die Lerngruppe sitzt in einem Stuhlkreis. In der Mitte liegt ein großes Stück Packpapier, auf dem eine »Zielscheibe« mit konzentrischen Kreisen und verschiedenen Segmenten gemalt ist. In diese Segmente schreibe ich mit Filzschreiber Wörter oder Thesen, die bei Mitgliedern der Lerngruppe eher Zustimmung oder Ablehnung auslösen. So können beim Thema *»Kirche in der Erfahrungswelt der Schülerinnen und Schüler«* z. B. die Begriffe »Gottesdienst«, »Religionsunterricht«, »Jugendarbeit«, »Konfirmation« und »Telefonseelsorge« stehen. Als Einstieg in eine Lehrerfortbildungsveranstaltung zum Thema *»Bergpredigt«* hatte ich die Thesen »Die Bergpredigt muß zu den gymnasialen Pflichteinheiten gehören«, »Meine Schüler/innen sind von der Bergpredigt fasziniert«, »Ich selbst bemühe mich sehr, nach der Bergpredigt zu leben« und »Die Weisheit der Bergpredigt ist einzigartig und findet sich sonst nirgendwo« formuliert. Bei Gruppenbesprechungen von Unterrichtsstunden ordne ich den Segmenten der Zielscheibe gelegentlich die einzelnen Phasen der Unterrichtsstunde zu.

Die Mitglieder der Gruppe erhalten sodann, der Anzahl der Segmente entsprechend, verschiedenfarbige Spielfiguren, wie man sie in Spielwarengeschäften kaufen kann, und haben die Aufgabe, ihre Figuren, spontan oder nach einer Phase des Nachdenkens, in den einzelnen Zielscheibensegmenten zu plazieren, und zwar nach folgender Vorgabe: Je positiver die Assoziationen zu einem Segment sind, desto näher am Zentrum der »Zielscheibe« sollte die jeweilige Spielfigur sein ...

Die Vorzüge dieses Verfahrens sind vielfältig: Alle Teilnehmerinnen und Teilnehmer müssen Stellung beziehen, auch die stilleren bekommen eine unübersehbare Möglichkeit, ihre Meinung zu markieren; die Gruppe hat einen gemeinsamen, schön anzusehenden, greifbaren und zur gemeinsamen Analyse herausfordernden Mittelpunkt; das gemeinsame Gespräch bekommt durch die in der Regel differierenden Voten eine produktive Dynamik und durch die Segmente eine zwanglose Struktur; es wird vermieden, sich in der Diskussion vorschnell und unreflektiert auf einen beliebig herausgegriffenen Aspekt des Themas festzulegen und andere mögliche Aspekte des Themas aus dem Blick zu verlieren.

Oft ist es auch möglich, die »Zielscheibe« als Einstieg zu wählen, dann einen ganz anderen Arbeitsgang einzuschalten und dann wieder zur Zielscheibe zurückzukehren: So kann man beim *Oberstufenthema »Kirche – Staat – Politik«* z. B. die Begriffe »Kirche«, »Staat«, »Politik«, »Religion« auf die Zielscheibe schreiben und sich eine zeitlang über die eigene Distanz und Nähe zu diesen »Institutionen« austauschen. Anschließend könnte man im Gruppenpuzzle die klassischen neutestamentlichen Texte zum Thema (Mk 12,13–17; Röm 13; Offb 13) erarbeiten, um dann in einer Schlußphase einer Doppelstunde, zur »Zielscheibe« zurückzukehren und zu überlegen, wo wohl Jesus, Paulus und der Verfasser der Johannesoffenbarung ihre Spielfiguren plaziert hätten.

»Bitte nicht schon wieder Genesis 1!«

Zu den unverzichtbaren Grundannahmen des jüdisch-christlichen Gottesglaubens gehört zweifellos der Glaube, daß Menschen, Tiere, Pflanzen und alles andere auf der Welt nicht Produkte eines willen- und ziellosen Zufalls, sondern gewollte Geschöpfe eines gütigen Schöpfergottes sind. So wichtig dieser Gedanke ist, so schwer ist er in einer zunehmend säkular werdenden Gesellschaft Kindern und Jugendlichen in einer ihnen verständlichen Sprache zu vermitteln. Die Lehrpläne für das Fach Religion versuchen dieses Problem in der Regel dadurch anzugehen, daß sie das Thema »Schöpfung« in verschiedenen Altersstufen immer wieder zum Pflichtstoff erklären, ohne allerdings diesen theologischen Topos in ausreichender Weise didaktisch aufzubereiten und zu elementarisieren.[5] Das Ergebnis dieses leicht mißglückenden Spiralcurriculums stellt sich, vor allem auch bei häufigem Lehrerwechsel,

in der Oberstufe des Gymnasiums dann oft so dar, daß Schülerinnen und Schüler auf die Information, der Lehrplan verlange eine genauere Behandlung der biblischen Schöpfungstexte, nur noch mit einem Aufschrei des Protestes reagieren: »Bitte nicht schon wieder Genesis 1!«

Nun läßt sich die angedeutete Lehrplanproblematik sicherlich nicht mit methodischen Spielereien lösen, manchmal gelingt es aber doch, durch methodische Variationen noch einmal einen neuen Zugang zu den vermeintlich so gut bekannten biblischen Schöpfungstexten zu eröffnen: Der oft überzogenen Schülerbehauptung, man kenne Genesis 1 in- und auswendig, läßt sich gut mit dem in der »ZEIT« vom 1. Januar 1993 abgedruckten und bei der »ZEIT«-Redaktion als Poster beziehbaren Piktoprogramm der jungen Kölner Künstlerin Juli Gudehus entgegenwirken.[6] Ich biete den Schülerinnen und Schülern zunächst den Anfang des Genesis 1-Piktogramms (Die Auflösung bleibt natürlich zunächst abgedeckt!) auf Overhead-Folie an und bitte sie, den »Text, den sie hundertmal behandelt haben« vorzulesen. Mir selbst würde für den Unterricht die Entzifferung des ersten Schöpfungstages genügen, die Schüler/innen wollen aber oft weiterlesen, bestellen sich u. U. selbst ein Poster.

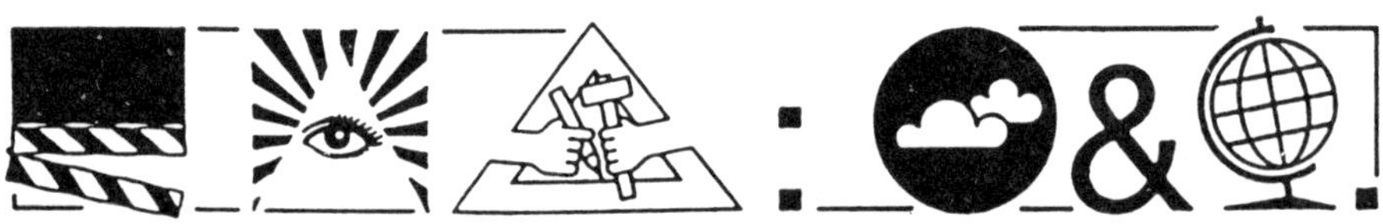

Eine andere Idee, zur Erarbeitung des theologischen Schlüsselbegriffs »Ebenbild Gottes«: Bitten Sie einen Schüler der Theater-AG, seine Mitschüler/innen in Anlehnung an Peter Handkes *»Publikumsbeschimpfung«* einmal so richtig zu beschimpfen, mit all den Vokabeln, die man sich z. B., durch die Programme »zappend«, an einem ganz normalen Fernsehabend notieren kann: »Ihr Saftsäcke, Ihr Nullen, Ihr Duckmäuser ...«[7] In einem nächsten Schritt versucht jede / jeder reihum zu einem Mitmenschen etwas Positives zu sagen: »Du bist ein Schatz ... ein dufter Typ ...« Die Erfahrung zeigt, daß uns dies wesentlich schwerer fällt als die Beschimpfung. Was bedeutet es auf diesem Hintergrund, wenn zu mir gesagt wird: »Du bist ein Ebenbild Gottes!«?

Tüfteleien und Ratespiele

Nicht nur Kinder, sondern auch Jugendliche und Erwachsene haben meist Freude an Rätseln und Tüfteleien und gewinnen über solch spielerische »Umwege« Interesse an Themen, die sie sonst eher kaltlassen würden. Drei Beispiele:

In der *11. Klasse* lassen sich Schülerinnen und Schüler manchmal schon dadurch für eine Beschäftigung mit der *Geschichte Israels* motivieren, daß die Lehrerin bzw. der Lehrer etwa 20–30 Begriffe und Namen, die in der Geschichte Israels eine Rolle spielen (also z. B. *Kyros, Moses, Reichsteilung, Tempelbau* ...) ungeordnet an die Tafel schreibt und die Schülerinnen und Schüler bittet, die Begriffe und Namen in Einzel- oder Partnerarbeit in die sachlogisch richtige Reihenfolge zu bringen. Da auch dem skeptischsten Schüler eigentlich einleuchten müßte, daß nach 10 Jahren Religionsunterricht im Sinne einer gymnasialen Allgemeinbildung ein gewisses Grundwissen vorhanden sein sollte, können die Schwierigkeiten, die erfahrungsgemäß bei dieser Aufgabe auftreten, den Anstoß geben, einerseits schon Gelerntes zu wiederholen und zu vertiefen und andererseits vorhandene Wissenslücken zu schließen. Es handelt sich also um den motivationstheoretisch klassischen Fall, daß an bereits bestehendes Wissen angeknüpft und dann etwas, aber nicht zuviel an Mehrwissen erwartet wird.[8]

Einen anderen motivierenden Einstieg in dieselbe Unterrichtseinheit ermöglicht ein kleines Ratespiel: Die zu suchenden Begriffe und Namen aus der Geschichte Israels werden auf Klebeetiketten geschrieben und diese auf den Rücken der Schüler/innen befestigt. Durch Befragen anderer Schüler/innen versucht jeder(r) herauszufinden, »wer oder was er / sie ist«. Es darf nur mit »Ja«, »Nein« oder einem ehrlichen »Ich weiß es nicht« geantwortet werden. Nach drei Fragen müssen die Partner gewechselt werden. Wer den Begriff auf seinem Rücken erraten hat, setzt sich auf seinen Platz.[9]

Bei der Behandlung der *Johannesapokalypse* – aber z. B. auch im Zusammenhang mit einer Unterrichtssequenz über okkulte Elemente in der Rockmusik (Man denke etwa an den bekannten Iron Maiden-Titel »The Number of the Beast«!) – kann der nicht ganz einfache Versuch, die Zahlensymbolik der in Offb 13,18 erwähnten Zahl »666« zu entschlüsseln, gerade auch auf eher mathematisch begabte Schülerinnen und Schüler eine große Faszination ausüben.[10]

666 – the number of the beast?

___ ___ ___ ___   ___ ___ ___

קסר נרון

___ + _ + ___ + ___ + ___ + ___ + ___ = ___

□ Ermitteln Sie aus der nebenstehend abgedruckten Tabelle, welchen Zahlenwerten die hebräischen Buchstaben entsprechen. Schreiben Sie den jeweiligen Zahlenwert unter den jeweiligen hebräischen Buchstaben.
□ Errechnen Sie jetzt die Summe der Zahlenwerte.
□ Schreiben Sie über die hebräischen Buchstaben die entsprechenden lateinischen (Groß-)Buchstaben (vgl. Spalte »Lautwert«)
□ Da Hebräisch von rechts nach links geschrieben wird und die Vokale ausgelassen werden, müssen Sie Ihre lateinischen (Groß-)Buchstaben jetzt noch einmal in der umgekehrten Reihenfolge aufschreiben und ein bißchen mit den Vokalen spielen, dann ergibt sich die griechische, aber auch für Deutschsprachige leicht verstehbare Lösung:

□□□ □□□□

(Eine Kleinigkeit ist vielleicht noch wichtig: Der hebräische Buchstabe »Waw« wird oft nicht als »W« gelesen, sondern als Vokalträger für den Buchstaben »O« verwendet.)

□ Für Fortgeschrittene: Schreiben Sie das griechische Wort für »wildes Tier« = ϑηϱίον bitte in hebräischen Buchstaben (Kleine Hilfestellung: Taw – Resch – Jod – Waw – Nun), und ermitteln Sie dann die Zahlenwerte der hebräischen Buchstaben sowie deren Summe. Es ergibt sich die Zahl: ....

□ Für Freunde der Spekulation: Im Laufe der Kirchengeschichte hat man immer wieder versucht, die Zahlensymbolik der Johannesapokalypse – auf unhistorische Art und Weise! – zu aktualisieren. Ein interessantes Beispiel ergibt sich, wenn Sie sich eine Tabelle anlegen, in der A = 100, B = 101, C = 102 usw. Wenn Sie dann die Buchstaben ermitteln, die den Ziffern 104, 107, 108, 111, 117 und 119 (Summe: 666) entsprechen und Sie die gefundenen Buchstaben in die richtige Reihenfolge bringen, erhalten Sie den Namen eines berühmt-berüchtigten Politikers des 20. Jahrhunderts: ....

□ Derartige hintergründige Zahlenspielereien, die in der Antike und speziell auch im Judentum sehr verbreitet waren, nennt man *Gematrie.*

Hebr. Buchstaben	Lautwert	Name des hebräisch. Buchstabens	Zahlwert
א	ʾ	Aleph	1
ב	b	Beth	2
ג	g	Gimel	3
ד	d	Daleth	4
ה	h	He	5
ו	w	Waw	6
ז	z	Zajin	7
ח	ḥ	Chet	8
ט	ṭ	Tet	9
י	j	Jod	10
כ/ך	k	Kaph	20
ל	l	Lamed	30
מ/ם	m	Mem	40
נ/ן	n	Nun	50
ס	s	Samech	60
ע	ʿ	Ajin	70
פ/ף	p	Pe	80
צ/ץ	ṣ	Sade	90
ק	k	Koph	100
ר	r	Resch	200
ש	ś/š	S(ch)in	300
ת	t	Taw	400

666 – the number of the beast? (Lösungsblatt)

N O R N   R S K

ק ס ר   נ ר ו ן

50 + 6 + 200 + 50 + 200 + 60 + 100 = 666

□ Ermitteln Sie aus der nebenstehend abgedruckten Tabelle, welchen Zahlenwerten die hebräischen Buchstaben entsprechen. Schreiben Sie den jeweiligen Zahlenwert unter den jeweiligen hebräischen Buchstaben.
□ Errechnen Sie jetzt die Summe der Zahlenwerte.
□ Schreiben Sie über die hebräischen Buchstaben die entsprechenden lateinischen (Groß-)Buchstaben (vgl. Spalte »Lautwert«)
□ Da Hebräisch von rechts nach links geschrieben wird und die Vokale ausgelassen werden, müssen Sie Ihre lateinischen (Groß-)Buchstaben jetzt noch einmal in der umgekehrten Reihenfolge aufschreiben und ein bißchen mit den Vokalen spielen, dann ergibt sich die griechische, aber auch für Deutschsprachige leicht verstehbare Lösung:

KSR NRON

(Eine Kleinigkeit ist vielleicht noch wichtig: Der hebräische Buchstabe »Waw« wird oft nicht als »W« gelesen, sondern als Vokalträger für den Buchstaben »O« verwendet.)

□ Für Fortgeschrittene: Schreiben Sie das griechische Wort für »wildes Tier« = ϑηϱίον bitte in hebräischen Buchstaben (Kleine Hilfestellung: Taw – Resch – Jod – Waw – Nun), und ermitteln Sie dann die Zahlenwerte der hebräischen Buchstaben sowie deren Summe. Es ergibt sich die Zahl: **666**

□ Für Freunde der Spekulation: Im Laufe der Kirchengeschichte hat man immer wieder versucht, die Zahlensymbolik der Johannesapokalypse – auf unhistorische Art und Weise! – zu aktualisieren. Ein interessantes Beispiel ergibt sich, wenn Sie sich eine Tabelle anlegen, in der A = 100, B = 101, C = 102 usw. Wenn Sie dann die Buchstaben ermitteln, die den Ziffern 104, 107, 108, 111, 117 und 119 (Summe: 666) entsprechen und Sie die gefundenen Buchstaben in die richtige Reihenfolge bringen, erhalten Sie den Namen eines berühmt-berüchtigten Politikers des 20. Jahrhunderts: **HITLER**

□ Derartige hintergründige Zahlenspielereien, die in der Antike und speziell auch im Judentum sehr verbreitet waren, nennt man *Gematrie*.

Heikle Themen – spielerisch angegangen

Bei Unterrichtseinheiten zum Themenkreis »*Liebe – Sexualität – Partnerschaft – Ehe*« fällt es Schülerinnen und Schülern oft nicht leicht, über eigene Erwartungen an das andere Geschlecht zu sprechen. Eine sehr hilfreiche methodische Idee habe ich im Materialdienst des Landesverbandes katholischer Religionslehrer an berufsbildenden Schulen in Niedersachsen (VKR)[11] gefunden: Die Schülerinnen und Schüler bringen Klebstoff, Scheren und leere Streichholzschachteln mit und basteln nach der folgenden Bastelanleitung in gemischt- oder gleichgeschlechtlichen Kleingruppen eine »*Beziehungskiste*«.

Wir basteln eine Beziehungskiste

A	I	R
B	J	S
C	K	T
D	L	U
E	M	V
F	N	W
G	O	Z
H	P	

Was ist für eine funktionierende Partnerbeziehung wichtig?
Tragen Sie (möglichst) zu jedem Buchstaben einen »Beziehungs-Baustein« (Beziehungskisten-Brett) ein!
Wählen Sie die 8 wichtigsten »Bausteine« / »Bretter« aus. (Falls Kleber und Schere vorhanden, können die »Bretter« [evtl. etwas vergrößert] auf eine Standard-Streichholzschachtel geklebt werden.)
Stellen Sie den anderen Ihre »Beziehungskiste« vor und begründen Sie Ihre Auswahl!
Was halten Sie eigentlich von dem Ausdruck »Beziehungskiste«?

Aus: Materialdienst des Verbandes Katholischer Religionslehrer Niedersachsen. Materialmappe 2/90: Liebe, Partnerschaft, Ehe

Nach meiner Erfahrung ist es sinnvoll, zuvor anhand von Heiratsannoncen über Kriterien für gelungene Partnerschaft zu sprechen, wobei der Trend meist dahin geht, daß die Schülerinnen und Schüler sich über die Texte der Zeitungsanzeigen eher amüsieren. Der Auftrag, »Beziehungskisten« zu basteln, stellt sie nun vor die Aufgabe, sich in spielerisch-ernster Form ihre eigenen Kriterien bewußtzumachen.

Nachdem die Gruppen sich im Plenum gegenseitig ihre »Beziehungskisten« vorgestellt und Unterschiede diskutiert haben, bietet der auf den meisten Streichholzschachteln zu findende Begriff »Liebe« in Oberstufenklassen eine gute Überleitung zu philosophisch-theologischen Texten über »Eros«, »Agape« und »Sexus«.[12]

Ein anderes spielerisches Element, das es erleichtert, ein persönliches Gespräch über das Thema *»Typisch Mann-Typisch Frau«* in Gang zu bringen, ist folgende Vorstellungsübung: »Stellen Sie sich vor, Sie bekommen von jemand, der Ihnen sympatisch ist, ein Geschenk. Welches Geschenk wäre Ihnen lieber? 1. Ein Gutschein über DM 25.–? 2. Ein schöner Blumenstrauß (im Gegenwert von DM 25.–)? 3. Ein Kriminalroman (im Gegenwert von DM 25.–)? 4. Ein Computerspiel (im Gegenwert von DM 25.–)?«

Die Auswertung dieser zunächst so unverfänglich erscheinenden Umfrage brachte in meinen Kursen eindeutig geschlechtsspezifische Ergebnisse und löste u. a. heftige Diskussionen über angeborene und erworbene Geschlechtsspezifika aus. Eine schöne Ergänzung zu dieser Übung ist Walt Disneys zur Zeit des spanischen Bürgerkriegs entstandener 8-Minuten-Trickfilm *»Ferdinand, der Stier«*, in dem es um einen Stier geht, dessen Ausbildung zum Kampfstier daran scheitert, daß Ferdinand Blumen bedeutend mehr schätzt als kämpferische Situationen. Das Motiv des Stieres könnte dann wiederum Anlaß zu einem religionsgeschichtlichen Exkurs zu matriarchalen und patriarchalen Religionen und Kulturen sein.[13]

Sowohl Fragen aus dem Bereich »Liebe – Sexualität – Partnerschaft – Ehe« als auch Fragen aus anderen heiklen und weniger heiklen Bereichen (z. B. »Freizeit«, »Kirche«, »Normen und Werte«) lassen sich mit einem Spiel namens *»Empathie«* oder *»Sensis«* auf eine sehr kommunikative Art und Weise angehen. Die Schülerinnen und Schüler schreiben auf Karten für sie interessante Entscheidungsfragen (also z. B. »Möchtest Du, bevor Du 25 bist, heiraten?« »Betest Du manchmal?« »Kannst Du Dir vorstellen, ein paar Jahre im Iran zu leben?«). Die Karten werden auf einen Stapel in die Mitte des Sitzkreises gelegt und reihum je eine Karte gezogen. In demselben Augenblick, in dem die Kandidatin oder der Kandidat ihre bzw. seine Entscheidung durch Hochheben einer »Ja« bzw. »Nein«-Karte bekanntgibt, legen sich auch die Mitschüler/innen auf ein vereinbartes Kommando durch Aufdekken von »Ja«- bzw. »Nein«-Karten darauf fest, was ihrer Meinung nach die Antwort der Mitschülerin bzw. des Mitschülers sein wird. Über die Differenzen zwischen Selbst- und Fremdeinschätzung (die auch auf einem »Empathiebogen« festgehalten werden können) sollte ein sensibles und ernsthaftes

Gespräch geführt werden; zum Schutz der Intimsphäre ist es dabei wichtig, daß jede und jeder die Möglichkeit bekommt, eine Fragekarte zurückzulegen und die nächste zu nehmen.

Wem diese Art des Selbsterfahrungsspiels[14] in seiner Lerngruppe zu riskant erscheint, könnte es vielleicht mit einer von *Ulrich Baer* als *»Meinungsspektrum«* bezeichneten Variante versuchen:[15] In der Mitte des Sitzkreises liegt ein großes Papierblatt mit einer provokanten These (z. B. »Massenmörder sollten mit der Todesstrafe bestraft werden.«). Jede Schülerin und jeder Schüler fertigt sich drei Karten an: eine Z-(= Zustimmungskarte), eine A-(= Ablehnungskarte) und eine Karte mit ihrem eigenen Vornamen. Nun sollen alle Teilnehmer/innen zunächst eine Einschätzung dazu abgeben, ob die Mehrheit der Lerngruppe der strittigen These voraussichtlich zustimmen oder sie ablehnen wird. Auf ein Zeichen hin legen dann alle ihre Z- oder ihre A-Karte offen vor sich hin. Anschließend nehmen jede und jeder die Namenskarte und plazieren sie, ähnlich wie bei der »Zielscheibenübung«, je nach dem, ob und wie stark sie persönlich die These befürworten oder ablehnen, in mehr oder weniger großer Entfernung vom Thesenblatt in der Mitte. Aus dem so zu Tage tretenden »Meinungsspektrum« dürfte sich in den allermeisten Fällen genügend Stoff für interessante Diskussionen ergeben.

Schulkamerad Nietzsche?

Im Rahmen der *Oberstufeneinheit »Gottesglaube / Atheismus«* bekommt die Auseinandersetzung mit den klassischen atheistischen Positionen des 19. Jahrhunderts gelegentlich einen recht pflichtgemäßen Charakter. Von heftigen Auseinandersetzungen geprägte Unterrichtssituationen, in denen Schülerinnen und Schüler sich mit den Argumenten von Feuerbach, Marx und Nietzsche identifizieren und die Religionslehrerin bzw. der Religionslehrer dann den theologischen Gegenpart einnehmen können, sind wohl die Ausnahme geworden. Jugendliche läßt heute oft nicht nur die christliche Position, sondern auch ihre atheistische Bestreitung kalt, und unsere Aufgabe ist es dann nicht selten, auch noch den advocatus bzw. die advocata diaboli spielen zu müssen. Besonders stark erlebe ich dies bei der Beschäftigung mit *Nietzsche.* Ich schildere eine typische Situation und einen »spielerischen Ausweg«, den ich weiterempfehlen kann:

Ein Schüler hat in der vorausgegangenen Doppelstunde die Biographie Nietzsches vorgestellt, anhand von Texten wurden die philosophischen Grundgedanken Nietzsches erarbeitet. Der vorherrschende Eindruck in der Klasse ist, daß Nietzsche »ein bißchen verrückt und überdreht« war, daß er im letzten Jahrhundert gelebt hat und mit uns eigentlich nichts zu tun hat. Ich steige in die nun folgende Stunde mit dem Bild zweier unterschiedlich gekleiderter Jugendlicher ein (vgl. das auf Seite 95 abgedruckte Arbeitsblatt, Overhead-Folie des Fotos rechts oben) und frage, halb scherzhaft: »Wie hätte wohl Nietzsche ausgesehen, wenn er heute gelebt hätte?« In der Regel finden sich sowohl Voten für den »ordentlich« als auch für den »punkig« angezogenen Jugendlichen, mit einem gewissen Trend zu der Aussage, daß Nietzsche wohl eher »flippig« gewesen wäre.

Als nächstes bietet die Lehrerin / der Lehrer dem Kurs auf Folie, Plakatkarton oder Kopien eine bunt gemischte Sammlung von zeitgenössischen Spontisprüchen, Werbeslogans und Redensarten an, mit der Bitte, in Gruppen weitere derartige Formulierungen zusammenzutragen.

Im folgenden Unterrichtsschritt erhalten die Schüler/innen dann das nebenstehende Arbeitsblatt – ohne die Eintragungen der rechten Seite! Der Arbeitsauftrag lautet, die gesammelten Alltagsassoziationen den in der vorausgegangenen Stunde erarbeiteten Grundgedanken Nietzsches zuzuordnen. Seite 95 zeigt, wie das Endergebnis aussehen könnte. Das fertiggestellte Arbeitsblatt hat in meinen Kursen oft eine heftige Diskussion darüber ausgelöst, ob sich nicht große Teile unserer Gesellschaft doch insgeheim oder auch ganz offensichtlich an Nietzsches Menschenbild orientieren …

Hört, hört! – Friedrich Nietzsche als Pädagoge

Wenn ein Ausländer unser Universitätswesen kennenlernen will, so fragt er zuerst mit Nachdruck: »Wie hängt bei euch der Student mit der Universität zusammen?« Wir antworten: »Durch das Ohr, als Hörer.« Der Ausländer erstaunt. »Nur durch das Ohr?« fragt er nochmals. »Nur durch das Ohr«, antworten wir nochmals. Der Student hört … Sehr häufig schreibt der Student zugleich, während er hört. Dies sind die Momente, in denen er an der Nabelschnur der Universität hängt. Er kann sich wählen, was er hören will, er braucht nicht zu glauben, was er hört, er kann das Ohr schließen, wenn er nicht hören mag. Dies ist die »akroamatische« Lehrmethode.

Der Lehrer aber spricht zu diesen hörenden Studenten. Was er sonst denkt und tut, ist durch eine ungeheure Kluft von der Wahrnehmung des Studenten abgeschieden. Häufig liest der Professor, während er spricht. Im allgemeinen will er möglichst viele solche Hörer haben, in der Not begnügt er sich mit wenigen, fast nie mit einem. Ein redender Mund und sehr viele Ohren, mit halbsoviel schreibenden Händen – das ist der äußerliche akademische Apparat, das ist die in Tätigkeit gesetzte Bildungsmaschine der Universität. Im übrigen ist der Inhaber dieses Mundes von den Besitzern der vielen Ohren getrennt und unabhängig: und diese doppelte Selbständigkeit preist man mit Hochgefühl als »akademische Freiheit«. Übrigens kann der eine – um diese Freiheit noch zu erhöhen – ungefähr reden, was er will, der andre ungefähr hören, was er will: nur daß hinter beiden Gruppen in bescheidener Entfernung der Staat mit einer gewissen gespannten Aufsehermiene steht, um von Zeit zu Zeit daran zu erinnern, das er Zweck, Ziel und Inbegriff der sonderbaren Sprech- und Hörprozedur sei.

Friedrich Nietzsche: »Über die Zukunft unserer Bildungsanstalten«, 1872. Mit orthographischen Angleichungen zitiert nach: Giorgio Colli / Mazzino Montinari: Friedrich Nietzsche, Nachgelassene Schriften 1870–1873. Kritische Gesamtausgabe Band III.2. Berlin New York 1973, S. 231f

Es gibt nicht nur keinen Gott, sondern auch sonst keinerlei Sinn des Lebens. Das Leben ist Un-Sinn. (Nihilismus)

»Ich glaube an gar nichts ... nur an mich selbst.«
»Legal, illegal, scheißegal.«
»No future.«
»Damit muß man sich halt abfinden ...« ...

Religion, Moral, Ethik, Geschichts- - und Fortschrittsdenken, Ideale ... – all das ist Heuchelei und Lüge, um von der Sinnlosigkeit abzulenken.

»Ihr wollt nur mein Bestes – das bekommt ihr aber nicht!«
»Demokratie ... Freiheit ... Chancengleichheit – wenn ich das Gesabbel schon höre ...«
»Alles Lüge!«
»Unsere Firmenphilosophie geht davon aus ...«
»Weihnachten – das Fest der Liebe« ...

Die Schwachen müssen untergehen, damit sich die Kraft des Lebens in den Starken entfalten kann (u. a. gegen die christliche Religion als eine »Verschwörung gegen das Leben«).

»Also, ich bin doch nicht Mutter Teresa ...«
»Die müssen schon selbst sehen, wie sie zurechtkommen ...«
»Jeder ist sich selbst der Nächste.«
»Ohne Ellenbogen bringt man es zu gar nichts.«
»Durchsetzungsfähigkeit und Power – das ist es, was unsere Führungskräfte brauchen.« ...

»Jenseits von Gut und Böse« soll der »Übermensch« seinen »Willen zur Macht« in rauschhafter Lebensfreude ausleben.

»Action ist angesagt. Ich schau', daß ich mir einen guten Tag mache und voll draufloslebe. Alles andere ist Larifari.«
»In vollen Zügen genießen ...«
»Sex and drugs and rock'n roll ...«
»Man gönnt sich ja sonst nichts.« ...

Gott – ein Elefant?

Eine weitere Idee, die hilft, die *Oberstufeneinheit »Gottesglaube / Atheismus«* für die Schülerinnen und Schüler zumindest an einigen Punkten anschaulicher und griffiger zu machen, verdanke ich meinem Kollegen aus dem Bereich des beruflichen Gymnasiums. Er schlägt vor, den auf Seite 97 abgebildeten Elefanten stark zu vergrößern und die Schüler/innen auf die einzelnen, bei größeren Gruppen gegebenenfalls noch einmal zu unterteilenden Puzzleteile Sätze oder Begriffe schreiben zu lassen, die ausdrücken, welche Assoziationen sie mit dem Wort »Gott« verbinden.[16] Wenn es der Lerngruppe schwerfällt, sich unter »Gott« überhaupt etwas vorzustellen, könnte man durch die Beschäftigung mit biblischen Gottesmetaphern, die zum Teil sehr gewagte Vergleiche anstellen,[17] Mut zu einem freien und unbefangenen Spiel mit Gedanken und Emotionen machen.

Im nächsten Unterrichtsschritt könnte man zunächst über das sprechen, was die Schülerinnen und Schüler auf die Puzzleteile geschrieben haben: Welche Gottesbilder kommen vor? Welche öfter? Welche gar nicht? Aus welchen Gründen?

Sodann werden die Puzzleteile zusammengefügt und es entsteht – vermutlich zur Überraschung aller – ein Elefant. Ist Gott vielleicht wie ein Elefant? Der zunächst sehr ungewöhnlich erscheinende Vergleich wird plausibler, wenn die Lehrerin oder der Lehrer nun das bekannte, in verschiedenen orientalischen Traditionen überlieferte Gleichnis *»Die Blinden und der Elefant«* vorliest.[18]

Während dieses Gleichnis in Klassen der Unterstufe vermutlich schon ausreichend gewürdigt ist, wenn deutlich wird, daß Gott mehr ist als unsere Vorstellung von Gott, ermöglicht dieser Text im Oberstufenunterricht wesentlich differenzierte Erkenntnisse. Nach *Hermann Nicklas* sollte bei der Auswertung deutlich werden, daß die Blinden

- »Neues nur begreifen können in Analogie zu schon Begriffenem,
- daß Streit entsteht, weil sie ihre Erfahrungen verabsolutieren und sich und andere damit festlegen,
- daß sie zur tieferen Einsicht nur gelangen können, wenn sie sich anderen Erfahrungen öffnen, aufeinander hören und voneinander lernen,
- daß es ihnen aber auch nicht gelingen kann, den Elefanten in seiner ganzen Größe und Vielfalt zu begreifen.«[19]

Ich könnte mir – um oder vor dem Elefanten versammelt – auch interessante Diskussionen darüber vorstellen, ob der biblische Gott wirklich als die Summe unserer Gottesvorstellungen gedacht werden kann, in welchem Verhältnis die Elefantenmetapher zur Selbstvorstellung Gottes im brennenden Dornbusch (Ex 3) oder der Erfahrung Gottes als »stillem, sanften Sausen« (1 Kön 19,12) steht und ob es angesichts des Bilderverbots (Ex 20,4) überhaupt legitim ist, sich dem Gott der Bibel auf metaphorischem Weg nähern zu wollen.

Die Blinden und der Elefant

Es war einmal eine Stadt, deren Bewohner alle blind waren. Die hatten vom Elefanten gehört und waren begierig, einen solchen einmal von Angesicht zu sehen. Sie lebten noch in diesem Wunsch, als eines Tages eine Karawane anlangte und vor der Stadt lagerte. In dieser Karawane befand sich ein Elefant. Als die Bewohner der Stadt hörten, daß ein Elefant dabei sei, beschlossen die Weisen und die Vernünftigen der Stadt, hinauszugehen und den Elefanten zu beschauen. Eine Anzahl verließen die Stadt und begaben sich zum Elefanten. Einer streckte die Hände aus, ergriff das Ohr des Elefanten und nahm etwas wie ein Schild war. Dieser bildete sich die Vorstellung, der Elefant sehe wie ein Schild aus. Ein anderer streckte die Hände aus, ergriff den Rüssel des Elefanten und nahm etwas wie eine Keule wahr. Dieser bildete sich die Vorstellung, der Elefant sehe wie eine Keule aus. Ein dritter streckte die Hände aus, ergriff das

Bein des Elefanten und nahm etwas wie eine Säule wahr. Dieser bildete sich die Vorstellung, der Elefant sehe wie eine Säule aus. Ein vierter streckte die Hände aus, ergriff den Rücken des Elefanten und nahm etwas wie einen Sitz wahr. Dieser bildete sich die Vorstellung, der Elefant sehe wie ein Sitz aus. Sie freuten sich alle und kehrten nach der Stadt zurück. Nachdem nun ein jeder in sein Quartier zurückgekehrt war, fragten die Leute: »Habt ihr den Elefanten gesehen?« Ein jeder antwortete ja. Sie fragten: »Wie sieht er aus? Was für eine Gestalt hat er?« Da sagte der eine in seinem Quartier: »Der Elefant sieht wie ein Schild aus.« Der andere im anderen Quartier: »Der Elefant sieht wie eine Keule aus.« Der dritte im dritten Quartier: »Der Elefant sieht wie eine Säule aus.« Der vierte im vierten Quartier: »Der Elefant sieht wie ein Sitz aus.« Und die Bewohner eines jeden Quartiers bildeten sich ihre Meinung nach dem, was sie hörten.

Als nun die Auffassungen miteinander in Berührung kamen, zeigte sich, daß sie einander entgegengesetzt waren. Da lehnte ein jeder den anderen ab und begann für seine Ansicht und um die Auffassung des anderen zu widerlegen, Beweise vorzubringen …

Planspiele – nichts für den Schulalltag?

Zum Schluß dieses Kapitels möchte ich noch auf eine größere Spielform hinweisen, die in der schulischen Religionspädagogik zu unrecht kaum Berücksichtigung findet, nämlich das interaktive Simulationsspiel, meist unter dem Begriff »Planspiel« bekannt.

Der historische Ursprung von Planspielen liegt im militärischen Bereich. Schon seit jeher organisieren Generäle und Offiziere in aller Welt Manöver und Sandkastenspiele, um strategische Probleme und Möglichkeiten zu simulieren und optimal auf den kriegerischen »Ernstfall« vorbereitet zu sein. So handelt es sich z. B. auch beim Schachspiel vermutlich um eine der frühesten Formen des militärischen Planspiels. »Diese Spielidee wurde dann auf ökonomische und administrative Bereiche übertragen. Investitionsentscheidungen, Katastrophenübungen zum Super-Gau, polizeilicher Umgang mit Bürgerinitiativen … werden bis heute immer wieder in Planspielen erprobt, um Erkenntnisse über schwache Stellen in der Verwaltung zu erhalten, um Personal zu schulen usw.«[20] In die Pädagogik fanden Plan- und Simulationsspiele hingegen erst relativ spät, in der 60er Jahren, Eingang, wobei aus zeitlichen und räumlichen Gründen von Anfang an die Verwendung im außerschulischen Bereich im Vordergrund stand. Ob man allerdings generell sagen kann, daß Planspiele »für den Schulalltag … kaum in Frage (kommen)«,[21] muß schon angesichts der Tatsache, daß sie inzwischen in der Didaktik des Faches Gemeinschaftskunde und auch des Faches Erdkunde einen relativ hohen Stellenwert einnehmen,[22] bezweifelt werden.[23]

Wie beim Rollenspiel geht es bei Planspielen darum, Alltagswirklichkeit in einer Modellsituation so zu simulieren, daß im Vorgriff auf reale Lebenssituationen ein ganzheitliches, erfahrungs- und handlungsorientiertes Lernen möglich wird.

Mein Kollege *Wolfgang Ziefle*, Fachleiter für Gemeinschaftskunde am Studienseminar Tübingen, hat mich nun insbesondere auf das von ihm vielfach im Oberstufenunterricht, aber auch in der Lehrerfortbildung eingesetzte *»Fischerspiel«* aufmerksam gemacht. Dieses Planspiel stellt aus verschiedenen Gründen für die alltägliche Klassenzimmersituation einen Glücksfall dar: Einerseits hat es einen hohen Komplexitäts- und Informationsgrad, der durch zahlreiche sozialwissenschaftliche und spieltheoretische Untersuchungen nachgewiesen ist;[24] andererseits sind die Spielbedingungen so zugespitzt, daß die Komplexität der Zusammenhänge auch in einer relativ kurzen Spielzeit deutlich wird.

Die Ausgangssituation des Fischerspiels, dessen genaue Regeln in einer Publikation der Landeszentrale für politische Bildung Baden-Württemberg genauer nachgelesen werden können,[25] ist die folgende:

Drei Gruppen von Fischern, im Spiel vertreten durch drei Tischgruppen, teilen sich gemeinsam einen See, der für sie die Grundlage ihrer wirtschaftlichen Existenz bildet. Jede Gruppe darf pro Fangsaison ihre Fangquote selbst festsetzen, zunächst ohne Rücksprache mit den anderen Fischergruppen, nach einer bestimmten Anzahl von Spielrunden sind Absprachen aber möglich und durchaus auch erwünscht. Ziel des Spiels ist es – bewußt offen formuliert –, »möglichst viele Fische zu fangen«. Da der Fischbestand im See sich nach jeder Fangsaison nach einem für die Spieler zunächst nicht offensichtlichen, mathematisch aber in sich schlüssigen Prinzip regeneriert, ist die Gefahr groß, daß jede Fischergruppe versucht, möglichst viel für sich selbst aus dem See herauszufischen, was jedoch ab einem bestimmten Punkt die gemeinsame Existenzgrundlage aller gefährdet: Das biologische Gleichgewicht kippt, der Fischbestand kann sich endgültig nicht mehr regenerieren.

Diese Spielsituation, die eine deutliche Analogie zur Struktur vieler unserer tatsächlichen Umweltprobleme aufweist (z. B. individuelle Nutzung des Autos, – globale Gefährdung durch Anwachsen des Ozonloches; individuelle Ernährungs- und Konsumgewohnheiten – Drohen einer globalen Klimakatastrophe durch Abholzen des tropischen Regenwaldes), wird in der Sozialpsychologie als sogenanntes *»ökologisch-soziales Dilemma«* beschrieben:

»Ökologisch-soziale Dilemmata sind ... durch zwei eng zusammenhängende Aspekte charakterisiert: Zum einen nutzen die Beteiligten eine natürliche, sich selbst regenerierende Ressource. Diese Ressource vermehrt sich nach Gesetzmäßigkeiten, die ihnen nicht von vornherein bekannt sind. Der Ausbeutung sind durch die Wachstumsfähigkeit der Ressource Grenzen gesetzt: Sie kann durch zu hohe Nutzung schwerwiegend, sogar irreparabel geschädigt werden. Hinzu kommt, daß der Gewinn durch Nutzung sofort entsteht, während Verluste durch Schädigung der Regenerierungsfähigkeit der Ressource erst mit erheblicher Zeitverzögerung eintreten. Allein schon diese zeitverzögerten Rückmeldungen auf eigene Handlungen machen die Situation für die Menschen schwer durchschaubar und provozieren unangemessenes Verhalten.

Zu diesem Problem tritt der zweite Aspekt: Der Gewinn aus der Nutzung der Ressourcen kommt jedem Individuum selbst zugute, wohingegen ein etwaiger Schaden durch Übernutzung alle am Geschehen Beteiligten gleichermaßen trifft. Kritischer noch: In der Regel übersteigt zumindest kurzfristig der Nutzen, den der einzelne erhält, den auf ihn zurückfallenden Anteil des Schadens, so daß gewisse für die Umwelt und die Gemeinschaft problematische Handlungen dem Individuum gerade in einer Konkurrenzsituation attraktiv erscheinen können. Man spricht in diesem Zusammenhang auch von einer ›sozialen Falle‹«.[26]

Das ökologisch-soziale Dilemma des Fischereikonflikts wurde von einer Freiburger Forschungsgruppe, gestützt durch Computersimulationen, mit zahlreichen Studenten- und Schülergrupen durchgespielt.[27] Ein Teil der Probanden entwickelte dabei nach einiger Zeit eine vernünftige, kooperative Strategie, bei anderen Spielern kam es aufgrund uneinsichtigen und egoistischen Verhaltens tatsächlich zu einer totalen Vernichtung des Fischbestands. Während des Spieles gaben die Spielerinnen und Spieler z. B. folgende charakteristische Äußerungen von sich, die in ähnlicher Weise auch bei der für die Klassenzimmersituation aufbereiteten Spielvariante zu erwarten sind:[28]

»Was machen wir da? Nützt mir nichts, wenn ich spare und der so kurzfristig denkt. Ob ich den überhaupt noch einholen kann, der hat jetzt viel mehr Fisch als ich.«

»Ich würde dafür plädieren, daß alle nicht soviel fischen, aber wenn die anderen ... Das ist ja immer so: Wenn die anderen Auto fahren, dann fahre ich auch Auto.«

»Jetzt gäb's die Möglichkeit zu moralischem Druck, indem ich 'runtergehe (mit der Fangquote). Oder man könnte die Eskalation auf die Spitze treiben, indem ich jetzt sag', rutscht mir alle den Buckel runter, und ich geh' auf die maximale Fangquote.«

»Ich geh 'runter, ich wollte ja ein Friedensangebot machen, sozusagen, ich fische null Prozent.«

»Stimmt! Ist ja 'ne viel höhere Ausbeute auf höherem Fischbestandsniveau! Ach Gott. Also, jetzt fangen wir mal an ...«

»Richtiges Erfolgserlebnis, nicht schlecht, es scheint sich ein gemeinsames Verständnis anzubahnen.«

Was können Schülerinnen und Schüler beim Fischerspiel lernen?

☐ Zunächst erfahren sie durch eigenes Handeln, an einem konkreten, vereinfachten Beispiel, was sie theoretisch sicher schon wußten: Das ökologische Gleichgewicht wird durch eigennütziges Handeln des einzelnen beeinflußt und gefährdet. Verblüffend mag für viele jedoch schon eine andere Einsicht sein, die sich am Ende des Spiels durch eine einfache mathematische Überlegung gewinnen läßt: Jede Fischergruppe, auch die, die ohne Rücksicht auf Umwelt und Mitspieler den See ausgeplündert hat, hätte mehr Fische gefangen, wenn sie mit den anderen Fischergruppen kooperiert hätte. Denn 5% von 140 Tonnen Fisch sind z. B. eben mehr als 25% von 10 Tonnen Fisch ...
Sucht man nach einem theologischen Anknüpfungspunkt, so läßt sich an diesem Beispiel sehr schön der *ökologische Sinn des Sabbatjahres* (vgl. Lev 25), aber z. B. auch *die Rationalität eines kooperativen Verhaltens* aufzeigen. Ist die von Schüler/innen und anderen oft so belächelte Haltung der Nächsten- oder gar Feindesliebe (vgl. Lev 19,18; Mk 12,31 parr; Ex 23,4f; Spr 24,17; Spr 25,21; Mt 5,43ff) am Ende doch nicht so dumm?[29]

☐ Die Schülerinnen und Schüler lernen bei diesem Spiel sehr viel über sich selbst, über ihre eigenen Motivationen und Gefühle, aber auch über das Denken und Fühlen der anderen Spieler/innen, und zwar sowohl der Mitspieler/innen der eigenen Fischergruppe als auch der konkurrierenden Fischergruppen. Dabei ergeben sich aus sozialpsychologischer Sicht durchaus verallgemeinerbare Tendenzen, die die Freiburger Forschergruppe so beschreibt:

»Verhält sich ein Mitspieler ... zurückhaltend und konstant, so wird er als berechenbar angesehen und weckt Vertrauen. Er kann sogar unsicheren Mitspielern als Vorbild dienen, indem sie sein Verhalten übernehmen. Dagegen werden solche Spieler, die sich Runde um Runde einen gegenüber den Mitspielern überhöhten Anteil an der Ausbeute sichern, unweigerlich als egoistisch, raffgierig, bestenfalls noch als dumm betrachtet. Sie fordern nicht selten Racheakte in Form ebenfalls hoher Fangquoten heraus. Dies hat verhängnisvolle Folgen für die im Spiel simulierte Umwelt. Der Fischbestand sinkt drastisch, zumeist wird das emotionale Klima ... rauher, und weitere hohe Fangquoten verschärfen den Konflikt. Typisch ist, daß in solchen Gruppen die Spieler ihre eigenen Absichten nicht als negativ ansehen. Die Schuld für das Desaster wird bei Mitspielern und deren vermeintlich negativen Absichten gesucht.«[30]

Entscheidende theologische Ansatzpunkte sind für mich in diesem Zusammenhang die *Frage nach den eigenen Lebenszielen* (Warum wollen wir eigentlich immer mehr? Warum will ich als der mit der ökologisch weißen Weste dastehen?), die Frage nach dem *Vertrauen oder Mißtrauen,* mit denen wir unseren Mitmenschen begegnen, das *Bedürfnis,* in kritischen Situationen *Sündenböcke für Fehlentwicklungen zu suchen,* und vor allem auch die Frage nach der *Bereitschaft, auf Rache und Vergeltung zu verzichten* und auch auf dem Hintergrund von Ungerechtigkeit *Schuld zu vergeben und einen Neuanfang zu versuchen.*

□ Die Schülerinnen und Schüler lernen, wie schwierig, aber auch wie wichtig es ist, mit anderen Menschen Vereinbarungen zu treffen, Verträge zu schließen – und sich vor allem auch langfristig daran zu halten. Sie lernen, politisch zu denken und verantwortlich und strategisch zugleich zu handeln:

Aus: Jamie Walker, Gewaltfreie Konfliktlösung im Klassenzimmer, hg. v. Pädagogischen Zentrum, Berlin 1991

»Was aber, wenn Vertrauen in den anderen nicht aufkommen kann, weil der sich systematisch unkooperativ, die Umwelt und seine Mitmenschen überfordernd verhält? Wenn es nicht am fehlenden oder fehlerhaften Umweltwissen liegt und eine bessere Einsicht in adäquate Zielstrukturen nicht rein kognitiv zu vermitteln ist? Dann sind die Kosten eines derartigen unkooperativen Verhaltens des anderen durch geeignete Maßnahmen zu erhöhen, beispielsweise durch das Öffentlichmachen eines derartigen Verhaltens, durch Kommunikation darüber, durch Verordnungen, durch den Einsatz von Tit for Tat-Strategien usw. Zu beachten ist, daß das globale Ziel der Umweltbewahrung und das instrumentelle Teilziel einer Veränderung des Verhaltens des anderen in Richtung auf Kooperativität dabei nicht aus dem Blickfeld gerät. Aufklärung über die Beweggründe des eigenen Verhaltens, zwischengeschaltetes, vertrauenbildendes Modellverhalten und andere Maßnahmen können in diesem Zusammenhang nützlich sein ...«[31]

In einer Spielsituation, in der eine Fischergruppe bewußt und zynisch die gegebenen Rahmenbedingungen auf Kosten der anderen und der Umwelt ausnutzt, stellt sich das Problem von möglichen Sanktionen und die Frage nach einer diese Sanktionen durchsetzenden Ordnungsmacht. Wolfgang Ziefle schlägt deshalb für den Gemeinschaftskundeunterricht vor, das Fischereikonfliktspiel zum Ausgangspunkt für die Behandlung von *Staats- und Vertragstheorien* (Grotius, Marx, Smith) zu machen.[32] Hier hätte natürlich auch der Religionsunterricht seinen Beitrag zu leisten. Man denke etwa an die lebensbeschützende Funktion der Tora oder Luthers Begründung weltlicher Obrigkeit. Im Zusammenhang mit einer *Einführung in die theologische Ethik in Klasse 11* könnte das Fischerspiel ein gutes Fallbeispiel für die Besprechung verschiedener Stufen des moralischen und religiösen Urteils abgeben.[33]

Für den Einsatz des Fischereispiels im Unterricht eignet sich natürlich am besten eine Doppelstunde: In der ersten Stunde können 10–15 Runden gespielt werden, in der zweiten Stunde kann ausgewertet und über das Ergebnis nachgedacht werden. Stehen nur Einzelstunden zur Verfügung, wäre es auch denkbar, die Auswertung vom eigentlichen Spiel zu trennen. Unter inhaltlichen Gesichtspunkten ist dies nicht weiter problematisch, weil sich der Spielverlauf anhand der notierten Fangquoten leicht rekonstruieren läßt, es ergibt sich aber unter Umständen eine ungünstige Situation, wenn das Spiel Emotionen (z. B. gegen rücksichtslose Fischergruppen oder aufgrund interner Konflikte innerhalb einer Fischergruppe) freisetzt, die dann nicht mehr artikuliert und reflektiert werden können.[34]

Sieht der Stundenplan nur Einzelstunden vor, sollte deshalb unbedingt versucht werden, durch Kooperation mit anderen Fächern die Bildung eines größeren Zeitblocks zu erhalten. Dieser Gedanke drängt sich beim Fischerspiel natürlich auch aus inhaltlichen Gründen auf, wobei sich insbesondere eine Zusammenarbeit mit den Fächern Gemeinschaftskunde, Biologie, Geographie, Mathematik, Ethik, Psychologie und Philosophie nahelegt.[35]

Ein Planspiel stellt ähnlich wie ein mit Schüler/innen vorbereiteter Schulgottesdienst, ein soziales Projekt oder eine von der Schule aus organisierte Fahrt zum Kirchentag ein Stück gemeinsame Erfahrung und gemeinsames Erleben dar – etwas, was gerade im Unterricht der Oberstufe oft zu kurz kommt. Selbst wenn ein Planspiel wie das Fischereispiel in der konkreten Unterrichtssituation nicht einer bestimmten Lehrplaneinheit zugeordnet werden könnte, bietet es eine Fülle von Aspekten, auf die im weiteren Verlauf eines zwei- oder dreijährigen Oberstufenunterrichts an geeigneter Stelle immer wieder Bezug genommen werden kann.[36]

Exkurs: Auf Fortbildungen lernen

Überlegt man, wie man Kolleginnen und Kollegen – Berufsanfängern, aber auch Kolleginnen und Kollegen, deren Ausbildung schon viele Jahre zurückliegt – helfen könnte, Ansätze, wie die in diesem Buch vorgestellten, weiterzuverfolgen, so spielt sicherlich die Gestaltung von Lehrerfortbildungen eine große Rolle. Gerade auch im Bereich der gymnasialen Oberstufe liegt hier nach meinen Erfahrungen und Beobachtungen manches im argen: Nicht selten bestehen Fortbildungen für die gymnasiale Oberstufe immer noch aus einer Abfolge von langdauernden Vorträgen, nur unterbrochen durch Essenspausen, eine Andacht oder einen gemütlichen Abend. Für zwei Tage dem Alltagstrott der Schule zu entfliehen, in den Tagungspausen alte Bekannte wiederzutreffen, neue Kolleginnen und Kollegen kennenzulernen, mit ihnen über die gehörten Vorträge in informellem Rahmen zu sprechen – das ist zweifellos schon sehr viel wert. Aber: verbessert es auch die Qualität unseres Unterrichts? Stehen Aufwand und Ergebnis in einem vertretbaren Verhältnis? Ähnelt solches Tagungsverhalten nicht allzu sehr dem von Schülerinnen und Schülern, für die sich nachweislich das Wesentliche an der Schule oft in den Pausen abspielt?[1] Meine Meinung zu referenten- und inhaltszentrierten Tagungen hat sich in den letzten Jahren immer deutlicher herausgebildet: Die Referenten mögen noch so berühmt, sympatisch und interessant sein, die Themen noch so aktuell und spannend, wenn es beim bloßen Zuhören und Nachfragen bleibt, sind derartige Fortbildungen im Hinblick auf die alltägliche Unterrichtspraxis ungefähr so ergiebig wie ein ausschließlich lehrer- und tafelzentrierter Unterricht im Hinblick auf die außerschulische Lebenswelt unserer Schülerinnen und Schüler. Und ich fürchte, zwischen beidem könnte sogar ein innerer Zusammenhang bestehen: Wer selbst immer nur frontale Lernsituationen erlebt hat, wird vermutlich auch als Lehrerin oder Lehrer vorwiegend frontal unterrichten![2]

Tomaschoff, Löwensteiner Cartoon-Service

Theologische und nicht-theologische Inhalte können sich Kolleginnen und Kollegen heutzutage, wenn sie nur wollen, relativ leicht durch gutgemachte Fachzeitschriften, Medien und Bücher erschließen. Einen Vortrag, der sowieso nur abgelesen wird, kann ich – mit wesentlich geringerem Zeitaufwand – auch selbst lesen: zu Hause, bei der Anreise oder auch in einer eigens dafür im Tagungsprogramm ausgewiesenen Lesephase. Mir würden auf Tagungen oft ein, zwei wirklich anregende, nicht allzu lange Einstiegsreferate und ein paar sorgfältig vorbereitete, kontrovers angelegte Thesenpapiere genügen. Im Vordergrund aber müßte, wenn unser Unterricht besser werden soll, die möglichst intensive, auf die eigene Unterrichtspraxis bezogene Kommunikation mit Kolleginnen und Kollegen, der kollegiale Austausch über konkrete Möglichkeiten und vor allem auch Schwierigkeiten der didaktischen Umsetzung von Inhalten stehen.

Aus: Mitteilungen der Evang. Landeskirche in Baden, 5/1994

Wie könnten solche Fortbildungen, bei denen Person und Praxis der Teilnehmerinnen und Teilnehmer stärkere Berücksichtigung finden, konkret aussehen?

Erstens denke ich, daß sich manches, was ich in den vorausgegangenen Kapiteln für den Oberstufenunterricht vorgeschlagen habe, auch für die Organisation und Gestaltung von Fortbildungsveranstaltungen nutzbar machen läßt; darüber hinaus findet sich in einschlägigen, aber oft nicht bekannten Publikationen eine Vielzahl weiterer methodischer Ideen, die gerade auch für die Arbeit mit Erwachsenen besonders gut geeignet sind.[3]

Zum zweiten kommt alles darauf an, daß das, was von den »Referentinnen« und »Referenten« vorbereitet wird, tatsächlich auch aus der Unterrichtspraxis erwachsen ist und daß es so präsentiert wird, daß die Tagungsteilnehmer dazu animiert werden, das, was vorgestellt wird, kritisch am Maßstab ihres eigenen Schulalltags zu prüfen und gemeinsam mit den »Referentinnen« und »Referenten« nach besseren, sach- und schülergerechten Lösungen zu suchen.[4] Inhaltlich mit Referaten überfrachtete Tagungsprogramme, Expertenbluff und ein stereotypes, aber nicht ernstgemeintes »Hat noch jemand Fragen?« sind die besten Mittel, um eine derartige Kommunikationssituation zu verhindern.

Drittens ist es nach meinem Eindruck oft befreiend und neue Horizonte eröffnend, wenn auf Tagungen nicht nur vorgetragen, zugehört und diskutiert, sondern auch etwas gemeinsam getan wird. Diese auch erwachsenenpädagogisch sinnvolle Handlungsorientierung kann z. B. so aussehen, daß Kolleginnen und Kollegen mit einem entsprechenden Erfahrungshintergrund mit den Teilnehmerinnen und Teilnehmern gemeinsam meditative, bibliodramatische[5] oder kreativ-künstlerische Arbeitsformen[6] ausprobieren. Oft ist es dann diese konkrete Erfahrung einer Methode, die Mut und Lust macht, selbst einmal etwas derartiges im Unterricht auszuprobieren oder im Rahmen einer längerfristig angelegten Ausbildung auf dem jeweiligen Gebiet größere Kompetenz zu erlangen.

Schließlich möchte ich noch auf zwei methodische Möglichkeiten, die wir in der Arbeit unseres Studienseminars erprobt haben, genauer eingehen. Es handelt sich zum einen um den Versuch, das Modell des *Lernzirkels*[7] auch auf die *Organisation von Studientagen* zu übertragen, zum anderen möchte ich auf das *Modell »Pädagogischer Fallbesprechungsgruppen«* verweisen, durch das es möglich wird, ohne allzugroße Hemmschwellen überwinden zu müssen, mit dem Angebot und den Chancen von Supervisionsgruppen vertraut zu machen:

An unserem Seminar ist es üblich geworden, daß die Referendarinnen und Referendare am Ende ihres ersten Ausbildungsjahres selbst einen *Studientag* organisieren. Dieses Mal wurde mit großer Mehrheit das Thema »Reformpädagogik« gewählt. Gleichzeitig wurde der Wunsch laut, »doch bitte keine langen Referate zu halten« und den Tag so zu planen, daß alle Teilnehmer/innen einen möglichst breitgefächerten Überblick über die Thematik bekommen können. Auf diesem Hintergrund wurde der Studientag nun folgendermaßen gestaltet:

Der Tag begann mit einer etwa 45minütigen Eröffnung im Plenum. Nach einer kurzen Begrüßung stellten verschiedene Expertinnen und Experten (Merzschule Stuttgart, Waldorfschule, Peter-Petersen-Schule Jena, Marchtaler Plan, Vertreter/innen von Modellprojekten an staatlichen Schulen) jeweils in wenigen Minuten die Besonderheit ihres jeweiligen reformpädagogischen Ansatzes vor. Dann verteilten sich die ca. 80 Referendare und Fachleiter für knapp drei Stunden auf einzelne, von den eingeladenen Gästen moderierte Arbeitsgruppen. Die Methode des Lern- oder in diesem Fall wohl besser: Studienzirkels kam nach der Mittagspause zur Anwendung: Statt die üblichen, schnell ermüdenden und wenig effektiven »Berichte aus den Gruppen« über sich ergehen zu lassen, hatten die Referendarinnen und Referendare eine Art »Didacta« vorbereitet. Die einzelnen Arbeitsgruppen hatten noch vor der Mittagspause zentrale Ergebnisse oder Fragen ihrer Gruppe auf Plakatkarton geschrieben, Strukturskizzen erstellt, Thesenpapiere verfaßt, die von den Expertinnen und Experten mitgebrachten Materialien ausgelegt. Am Nachmittag bestand nun die Möglichkeit, im Rahmen eines grob abgesteckten Zeitplans, von Gruppenraum zu Gruppenraum zu gehen und – wie bei einem »Markt der Möglichkeiten« – anhand der von der Gruppe bereitgestellten Gesprächsimpulse mit Vertreterinnen und Vertretern der jeweiligen Expertengruppen ins Gespräch zu kommen. Eine für den Abschluß des Tages geplante Podiumsdiskussion, in der die verschiedenen Aspekte gebündelt und auf einer grundsätzlicheren Ebene diskutiert werden sollten, mußte dieses Mal aus organisatorischen Gründen leider ausfallen – aber dennoch: die Resonanz aller Beteiligten war durchweg positiv, und vielleicht wäre ja ein solcher Studienzirkel auch eine gute Anregung für die Organisation mancher Fortbildungsveranstaltung.[8]

Der Schritt vom ersten zum zweiten Ausbildungsjahr ist für unsere Referendarinnen und Referendare oft insofern ein sehr bedeutsamer Schritt, als sie nun eigenverantwortlich Unterricht erteilen müssen und dabei nicht selten erstmals auch mit massiven *»Disziplinproblemen«*[9] konfrontiert werden. Die Erfahrung, daß Freundlichkeit und gute Unterrichtsvorbereitung gerade auch im störungsanfälligen Fach Religion oft nicht ausreichen, um eine sinnvolle Lernsituation aufrechtzuerhalten, ist für viele sehr ernüchternd und schmerzhaft und stürzt manche und manchen in sehr grundsätzliche Probleme mit der Lehrerrolle.

Nun ist diese Rollenproblematik eng und unauflöslich mit der sehr heiklen Frage nach der Veränderbarkeit von angeborenen oder erworbenen Persönlichkeitsmerkmalen verknüpft, so daß theoretische Reflexion und die Weitergabe von allgemeinen praktischen Überlebenstips[10] immer nur in sehr begrenztem Maße weiterhelfen werden. Gefordert wäre ein Angebot von Supervision, wie es heute in den meisten sozialen Berufen üblich ist, im Bereich der Schule allerdings noch meist der Privatinitiative einzelner überlassen bleibt.[11] Um unseren Referendarinnen und Referendaren zumindest auf die Möglichkeit von Supervision aufmerksam zu machen und ihnen zu verdeutlichen, was Supervisionssituationen von bloßen Diskussionssituationen unterscheidet, hat mein Kollege *Rolf Dürr*, Fachleiter für Pädagogik am Studienseminar Tübingen, meinen Fachdidaktikkursen in den vergangenen Jahren mit viel Erfolg sogenannte *»Fallbesprechungsgruppen«* nahegebracht. Die 2½stündigen Sitzungen stellten ein konkretes Problem einer Referendarin oder eines Referendars in den Mittelpunkt und bearbeiteten dieses Problem dann nach folgendem, je nach Gruppensituation natürlich zu variierenden Phasenmodell:[12]

1. Phase: Falldarstellung eines Gruppenmitglieds: Welches Problem schildert die Person und wie stellt sie es dar (Subjektiver Blickwinkel, spontan und assoziativ)? Die anderen Gruppenmitglieder hören zu, beobachten, registrieren eigene Reaktionen, Gedanken und Gefühle.

2. Phase: Rückmeldung aus der Gruppe: Wie wirkt der Bericht auf die anderen Teilnehmerinnen und Teilnehmer (Erweiterung des Blickwinkels durch die »Brille« der anderen)? Die Eindrücke und Sichtweisen werden kurz geschildert; es gibt keine Bewertungen und Diskussionen darüber.

3. Phase: Mitteilung äußerer Wahrnehmungen und Beobachtungen: Was fiel den anderen während des Berichtens auf (Beschreibung äußerer Umstände, z. B. Erzählweise, Stimme, Gestik)? Die berichtende Person wird mit ihrer Verhaltensweise konfrontiert.

4. Phase: Mitteilung innerer Wahrnehmungen: Wie haben die anderen die Darstellung selbst erlebt (Beschreibung der eigenen »Bilder« und Phantasien)? Die anderen Gruppenmitglieder berichten, wie es ihnen ergangen sein könnte, wie sie den Fall erlebt haben, wie sie selbst innerlich beteiligt sind.

5. Phase: Rückmeldung des berichtenden Gruppenmitglieds: Wie haben die äußeren und inneren Wahrnehmungen auf die berichtende Person gewirkt (Zustimmung, Ablehnung, Bejahung von Teilaspekten, Auslösung von bestimmten Gefühlen)? Die Person, die den Fall eingebracht hat, äußert sich zu den Mitteilungen aus der Gruppe.

6. Phase: Durcharbeiten des Falles: Was kann konkret getan werden? (Vertiefung von Einzelaspekten, Deutungen, diagnostische Schlüsse, institutionelle, gesellschaftliche und politische Zusammenhänge)? Die Gruppenmitglieder äußern Vorschläge, welche Möglichkeiten es zur Bewältigung der Probleme gibt.

7. Phase: Klärung und Einübung: Was kann in der Gruppe getan werden, um das Problem als »vorweggenommene Handlung« zu lösen? (Die eigentliche Bewältigung / Realisierung / Lösung geschieht »vor Ort«, nicht aber in der Gruppe!). Diese siebte Phase besteht vor allem aus Übungen, Rollen- oder Simulationsspielen und anderen Interaktionsmethoden.

8. Phase: Abschluß: Wie hilfreich hat das berichtende Gruppenmitglied die Arbeit in der Gruppe erlebt, was möchte es noch mitteilen? Abschließend erfolgt ein sog. »Blitzlicht« (kurze Mitteilung) der anderen Gruppenmitglieder über ihre Sichtweisen oder momentane Befindlichkeit. Es versteht sich von selbst, daß die Arbeit in den Gruppen vertraulich ist und daß Wertschätzung, Akzeptanz, Einfühlung und Offenheit förderliche Verhaltensweisen sind.

Der Vorteil dieses Modells besteht für mein Empfinden darin, daß es sich durch seinen klaren und transparenten, für alle Beteiligten leicht nachvollziehbaren Aufbau auch für pädagogische Selbsthilfegruppen eignet, die – ohne weitergehenden therapeutischen Anspruch – ihren gemeinsamen Berufsalltag nachvollziehen und reflektieren und die in Lehrer/innengruppen ja vorhandene eigene professionelle Kompetenz nutzbar machen wollen. Ich könnte mir gut vorstellen, daß dieses Modell sowohl für junge Kolleginnen und Kollegen, die das erste Mal mit der Spannung von pädagogischen Idealen und schulischem Alltag konfrontiert werden, als auch für ältere, von zunehmenden beruflichen Ansprüchen, schwieriger werdenden Schülern und Eltern, einem schlechten Sozialprestige und wachsenden Legitimationsproblemen des Faches Religion geplagte Kolleginnen und Kollegen hilfreich sein könnte.

Aus: Pädagogik 6/94

Eine Lehrerfortbildungsveranstaltung könnte den Anstoß geben, Gruppen von etwa 10 Lehrerinnen und Lehrern könnten mit Hilfe des Fallbesprechungsmodells eigene Erfahrungen sammeln, nach einiger Zeit könnte das Hinzuziehen von professionell ausgebildeten Supervisoren neue Impulse setzen und eine kritische Zwischenbilanz des Gruppenprozesses ermöglichen.

Fächerverbindend lernen

Interdisziplinär, fächerübergreifend, fächerverbindend, über das Fach hinaus?

Einer der wichtigsten Impulse für die methodische Neugestaltung schulischen Lernens geht zur Zeit sicherlich von der teils euphorischen, teils skeptisch-zurückweisend, auf jeden Fall aber sehr heftig geführten Diskussion um die Möglichkeiten einer interdisziplinär angelegten und fächerübergreifenden Gestaltung von Unterricht aus. Die *Argumente für Interdisziplinarität und fächerübergreifendes Lernen* sind dabei sehr gewichtig und scheinen – zumindest auf den ersten Blick – kaum Widerspruch zuzulassen:

□ Die Welt, in der wir leben, präsentiert sich uns als ein immer komplexer werdendes, vieldimensionales, vielfach vernetztes Gebilde von Wirklichkeitsebenen, das sich mit dem Schematismus herkömmlichen Fächerdenkens nicht mehr adäquat erfassen läßt.

□ Insbesondere Kinder und Jugendliche haben ein Anrecht, in die Welt um sie herum nicht nur durch die Brille von Schulfächern, sondern auf der Grundlage von ganzheitlichen, im Alltag verankerten Lebenserfahrungen eingeführt zu werden. Fachinhalte müssen in größere Zusammenhänge gestellt, Kenntnisse und Fertigkeiten in ein umfassenderes Orientierungswissen eingebettet werden.

□ Die Zerstückelung des Schulalltags in nicht aufeinander abgestimmte Stoffblöcke à 45 Minuten läßt sich lernpädagogisch nur schwer begründen: »Kaum ein Erwachsener wäre imstande, eine nennenswerte geistige Arbeit in einer solchen Zeitplan-Zerstückelung auszuführen. Keine der Lehrerinnen und Lehrer wäre bereit, für sich selber die Integrationsleistung zu erbringen, die den Schülern Tag für Tag zugemutet wird. Es ist damit die Kurzatmigkeit, ja Oberflächlichkeit geradezu programmiert, das Durchmogeln, das Kalkül des Aufpassens und Abschaltens, mit dem die Schüler einen solchen Vormittag bewältigen.«[1]

□ Der berufliche Alltag nicht nur von den Führungskräften erfordert heutzutage zunehmend die Ausbildung von sogenannten »Schlüsselqualifikationen« wie Kooperationsbereitschaft, vielperspektivischem, vernetztem Denken, Kreativität, Eigenverantwortung, Problemlösungskompetenz, Entscheidungsfreude[2] – Fähigkeiten, die der übliche lehrer- und stoffzentrierte Fachunterricht viel zu wenig fördert.

□ Auch in der Wissenschaft bekommt die Suche nach interdisziplinären Problemlösungsansätzen, die sich nicht mit den Kategorien und Perspektiven der etablierten Universitätsdisziplinen begnügen, immer größere Bedeutung.[3]

□ Fächerverbindendes Lernen kann dazu beitragen, scheinbar »objektives« Sachwissen, Fakten und Informationen, auf ihre politischen, sozialen und weltanschaulichen Implikationen hin zu befragen, und dadurch Kinder und Jugendliche in einer Zeit schwindenden Wertkonsenses frühzeitig zur Übernahme von demokratischer Eigen- und Mitverantwortung anhalten.[4]

© Marie Marcks, Heidelberg

□ Die Vorbereitung fächerübergreifenden Unterrichts, zumal wenn er die Form von Projektunterricht annimmt,[5] zwingt Lehrerinnen und Lehrer zu intensiven Gesprächen über die Inhalte, Prioritäten und Methoden der beteiligten Fächer, zur Auseinandersetzung mit den individuellen Besonderheiten bisher vielleicht nur oberflächlich wahrgenommener Kolleginnen und Kollegen, zur Formulierung und Umsetzung gemeinsamer Konzeptionen und Bildungsziele – ein Vorgang, der den Schülerinnen und Schülern deutlich machen kann, daß die Lehrerinnen und Lehrer ihrer Schule nicht nur orientierungslose Einzelkämpfer sind, sondern gemeinsame Bildungs- und Erziehungsperspektiven verfolgen.

Die Liste der Argumente für fächerverbindenden und fächerübergreifenden Unterricht[6] ließe sich fortsetzen, bedürfte vor allem auch anthropologisch-philosophischer, schultheoretischer und wissenschaftsgeschichtlicher Differenzierungen.[7] Die lange Tradition reformpädagogischer Innovationsversuche müßte genau aufgearbeitet werden, die jeweiligen Rahmenbedingungen, Erfolge und Mißerfolge wären sorgfältig zu analysieren.[8] Insbesondere für das Gymnasium wäre zu bedenken, inwieweit diese Schulart sowohl eine möglichst ganzheitliche, die Individualität des einzelnen fördernde Persönlichkeitsbildung als auch eine auf soliden Fachkenntnissen beruhende Sachkompetenz im Blick haben muß.[9] Fächerübergreifende, handlungs- und projektorientierte Lernverfahren werden mühsam-übendes, lehrgangorientiertes Lernen nicht einfach ersetzen können. Sowohl innerhalb als auch außerhalb der Schule setzt Interdisziplinarität solides Fachwissen voraus. Sowenig der beschränkte Blick einer einzelnen Fachwissenschaft ausreicht, um die Lebensprobleme unserer komplizierten Welt adäquat zu erfassen und die anstehenden Überlebensprobleme unseres Planeten auf erfolgversprechende, gerechte und humane Art und Weise zu meistern, sowenig hilft ein sich in Oberflächlichkeiten und Allgemeinplätzen verlierender Dilettantismus, der vergißt, daß die moderne Ausdifferenzierung und Spezialisierung der einzelnen wissenschaftlichen Disziplinen auch als neuzeitliche Errungenschaften gesehen werden müssen.[10]

Schulreformen bedürfen eines langen, legislaturperiodenübergreifenden Atems und sind vermutlich auch nicht kostenneutral zu gestalten. Vor allem müssen sie aber auch von den Lehrerinnen und Lehrern an der schulischen Basis gewollt sein und von ihnen mit Engagement mitgetragen werden. Vom Sinn und der grundsätzlichen Notwendigkeit fächerübergreifenden Lernens überzeugt, erscheint es mir deshalb besonders wichtig, auch die sich im Schulalltag ergebenden Widerstände und Schwierigkeiten realistisch wahrzunehmen. Nach meinen Erfahrungen müssen fächerübergreifende Projekte unter den gegebenen schulischen Bedingungen u. a. mit folgenden *Problemen* rechnen:

□ Eine nur flüchtige, oberflächliche Abstimmung von Unterrichtsinhalten und Fachperspektiven vermittelt den Schülerinnen und Schülern oft zu Recht den Eindruck, in verschiedenen Fächern würde »immer wieder dasselbe« behandelt. Die Folge kann dann unter Umständen sein, daß Schülerinnen und Schüler sich für den Rest ihrer Schulzeit mit einem wichtigen Thema wie z. B. »Juden in Deutschland« nie wieder beschäftigen wollen.

□ Eine sorgfältige, auch didaktisch reflektierte Vorbereitung fächerverbindenden Unterrichts, die über eine bloße Zusammenstellung und Reihung von Inhaltsaspekten hinausgeht, ist, zumindest bei gymnasialen Ansprüchen, äußerst zeitintensiv und kann von einer sowieso schon überlasteten Kollegenschaft nur durch erhebliche Mehrarbeit geleistet werden.

□ Die Faszination, die in einer Lehrergruppe aufkommen kann, die sich ein fächerübergreifendes Thema erarbeitet, läßt sich durch die Weitergabe von Materialpaketen nicht ohne weiteres auf andere Lehrergruppen übertragen. Und die Begeisterung und das Engagement, die im Idealfall bei Kolleginnen und Kollegen durch gemeinsame fächerverbindende Unterrichtsvorbereitung aufkommen können, müssen nicht unbedingt eine gründlichere Elementarisierung und ein Mehr an Schülerorientierung zur Folge haben.

□ Der Effekt des Neuen und Ungewöhnlichen, von dem gegenwärtig noch viele fächerübergreifende Projekte leben, wird sich, wenn diese Lernform zum schulischen Alltag gehört, bis zu einem gewissen Grad abnutzen. Gelegentlich ist bereits von Klassen zu hören, die »nicht schon wieder kreativ« sein wollen und sich nach »ganz normalem« Unterricht sehnen.

□ Die Vorbereitung fächerübergreifenden Unterrichts unterliegt gruppendynamischen Gesetzen: Durch Aus- und Fortbildung nur unzureichend auf Teamarbeit vorbereitete Kolleginnen und Kollegen müssen sich z. B. damit auseinandersetzen, daß es menschlich ist, die interessantesten und motivierendsten Unterrichtselemente für sich selbst sichern zu wollen, daß einzelne Kolleginnen und Kollegen dazu neigen, Leiter-, Opfer- oder Verhindererrollen einzunehmen, daß manche sich an Absprachen halten, andere wieder nicht, daß die durch fächerübergreifende Projekte ausgelöste Öffentlichkeitswirkung mancher Kollegin und manchem Kollegen mindestens ebenso wichtig zu sein scheint wie die pädagogische Redlichkeit.

□ Fächer, für die langfristiges, aufbauendes Lernen besonders wichtig ist (z. B. Mathematik, Fremdsprachen, Naturwissenschaften), stehen in Gefahr, in der Schule bei fächerübergreifenden Projekten entweder gar nicht berücksichtigt oder von den sogenannten »Diskussionsfächern« funktionalisiert zu werden. Bei Themen wie »Atomkraft« oder »Gentechnik« ist dann oft das genaue Verständnis naturwissenschaftlicher Abläufe weniger wichtig als die Gestaltung einer Ausstellung, eine Passantenbefragung oder die Organisation einer Expertendiskussion über ethisch-politische Gesichtspunkte; an Fremdsprachen interessieren die Vertreterinnen und Vertreter der anderen Fächer meist mehr die landeskundlichen Aspekte als die Feinheiten grammatikalischer und lexikalischer Strukturen. Auch die Fächer Musik und Bildende Kunst werden oft in ihren fachspezifischen Anliegen nicht ernstgenommen, sondern zur quasi-ästhetischen Umrahmung und Verzierung eines von anderen Interessen bestimmten Programms mißbraucht.[11]

□ Trotz aller Bemühungen, Lehrpläne so zu konzipieren, daß die den Lehrerinnen und Lehrern vorgegebene Stundenzahl es erlaubt, den vorgesehenen Pflichtstoff eines Faches ohne Zeitdruck durchzunehmen, stellt sich für viele Kolleginnen und Kollegen nach wie vor die Frage, ob fächerübergreifende Projekte im Hinblick auf den zu behandelnden Lehrplan- oder gar Abiturstoff nicht »verschenkte Zeit« sind.

All diese – berechtigen – Einwände sollten nicht davon abhalten, aus pädagogischen Gründen immer wieder Versuche mit fächerübergreifendem

Lernen anzustellen und aus den gemachten Erfahrungen, nicht zuletzt auch für uns selbst, zu lernen. Ich möchte deshalb ein Modell vorstellen, das von Fachleitern der Studienseminare Esslingen und Tübingen erarbeitet wurde, an dem sechs Fächer beteiligt waren und das mir – im Unterschied zu vielen anderen fächerverbindenden Unternehmungen – den besonderen Vorzug zu haben scheint, daß es sich auch den organisatorischen Schwierigkeiten eines ganz normalen Stundenplans stellt.[12]

Organisationsmodell Gruppenpuzzle

Gegenstand unseres fächerverbindenden Projektes, an dem sich die Fächer Gemeinschaftskunde, Geschichte, Deutsch, Religion, Musik und Bildende Kunst beteiligten, war, ausgehend vom *»Herbst 1989«*, die *»Innere Auflösung und der Zusammenbruch der DDR«*.[13] Es handelt sich bei diesem Thema zweifellos um eines der großen Themen, wenn nicht sogar um *das* zentrale Thema der deutschen Nachkriegsgeschichte, und als wir uns in den Jahren 1990–1993 in einer Vielzahl von Werkstattseminaren um eine Antwort bemühten, war uns allen klar, daß wir uns mit einem in jedem Fall sehr vorläufigen, ersten Antwortversuch begnügen mußten.[14] Ebenso deutlich wurde uns jedoch auch, daß unser Thema insofern für fächerverbindendes Lernen ein ideales Thema war, als es völlig vermessen wäre, die Ereignisse, die 1989 zum überraschenden Zusammenbruch der Deutschen Demokratischen Republik führten, nur aus der Perspektive und mit den Hilfsmitteln eines einzelnen Faches darstellen zu wollen. Fächerverbindendes Lernen braucht ein fächerübergreifendes Thema, das so komplex und vielschichtig ist, daß die Kompetenz der Einzelfächer mit Notwendigkeit an ihre Grenzen gerät.

Auf die inhaltliche Erschließung unseres Themas, bei der wir vor allem auch mit den Kategorien »Subjektivität« und »Öffentlichkeit« arbeiteten, möchte ich an dieser Stelle nicht näher eingehen;[15] ich beschränke mich auf die Darstellung des auch auf andere Projekte übertragbaren Organisationsmodells:

Ausgangspunkt war für uns der fiktive, eher ungünstig strukturierte Stundenplan einer 11. Gymnasialklasse, und die Überlegung, daß unser auf etwa zwei Wochen angelegtes fächerübergreifendes Arbeiten die Kolleginnen und Kollegen der anderen, nicht beteiligten Fächer möglichst wenig bei der Durchführung ihres normalen Fachunterrichts beeinträchtigen sollte.

Klasse 11 y: Fiktiver Stundenplan

	Mo	Di	Mi	Do	Fr	Sa
1	D			D		D
2	G		Gk			D
3		Re	D			Bk
4						Bk
5	Gk				G	
6		Mu			Mu	
7						
8				Re		

D	4 (3)	= 13 (12) Wo.-Std. x 2
G	2	= ≤26 (24) Std.
Gk	2	
Rel	2	
Mu	2	
Bk	1	

Der fiktive Stundenplan zeigt, daß uns für das Projekt insgesamt 24 bzw. 26 Wochenstunden zur Verfügung standen, und in diesen 24 bzw. 26 Wochenstunden sollten unsere 11. Klassen in einem Wechsel von Experten- und Stammgruppen (= Integrationsgruppen) nach dem oben bereits ausführlicher dargestellten Modell des Gruppenpuzzles arbeiten.[16] Zu diesem Zweck hatten wir als Fachleiter für die Lehrerinnen und Lehrer dieser 11. Klassen Gruppenpuzzle-Materialien (»Expertenmappen« für die Schülerinnen und Schüler und »Lehrer/innenmappen« mit weiteren Materialien) zusammengestellt.

Dem eigentlichen Projekt voraus ging in einzelnen Fächern eine Vorbereitungsphase im Fachunterricht. So gab es im Fach Deutsch eine Einführung und einen Lektüreauftrag zu Christa Wolfs Roman »Nachdenken über Christa T.«, ausgehend vom Gemeinschaftskundeunterricht wurde eine Umfrage über unterschiedliche Mentalitäten in Ost und West durchgeführt, im Fach Geschichte bereiteten die Schülerinnen und Schüler anhand von Dias einen ersten, schlaglichtartigen Überblick zu den einzelnen Stationen der DDR-Geschichte vor.

Der eigentliche Auftakt zu unserem fächerübergreifenden Projekt, das an vier sehr verschiedenartigen Gymnasien im Raum Stuttgart / Tübingen erprobt wurde, fand dann bei einer ganztägigen Projekteröffnung außerhalb der Schule (z. B. in einem kirchlichen Gemeindehaus) in einem vom üblichen Schulbetrieb ungestörten, auch gesellig gestalteten Rahmen (z. B. mit gemeinsamen Mittagessen) statt. Da dieser Eröffnungstag in einem gewissen, allerdings auch sonst vorkommenden Maße, den Stundenplan der nicht beteiligten Fächer berührte, versuchten wir, dafür möglichst einen Wochentag auszuwählen, an dem für die am Projekt beteiligten Fächer vom regulären Stundenplan her sowieso schon mehrere Stunden Unterricht vorgesehen waren. Der Eröffnungstag diente zum einen der inhaltlichen Einführung in das Thema, zum anderen der Klärung organisatorisch-methodischer Fragen. Mein Kollege *Thomas Kopfermann* hat die wesentlichen Punkte dieses Tages folgendermaßen zusammengefaßt:

»Ziele des Eröffnungstages sind:

□ die reale politische Situation Herbst 1989 anschaulich machen (Medium: Video-Aufzeichnung der Alexanderplatz-Demonstration)

□ daraus fächerverbindende, perspektiveneröffnende Fragestellungen und Kategorien (der Sache, nicht unbedingt dem Wortlaut nach: *Subjektivität und Öffentlichkeit*) erarbeiten

□ organisatorische Vereinbarungen und Klärungen, damit verbunden auch die methodische Reflexion

□ Bildung der Stamm- und Expertengruppen. Von diesen Zielen her bestimmt sich der Ablauf des Eröffnungstages.

Inhaltlich steht am Anfang eine kurze Veranschaulichung des Themas ›Deutsche Frage und Europa‹ (Stationen der deutschen Teilung, Wiedervereinigung, Perspektiven für Europa); verantwortlich: Fach Geschichte mit Lehrer und vorbereiteten Schülern. Eine begrenzte Auswahl an Dias kann der Veranschaulichung dienen; begleitend könnte ein Diagramm als Wandzeitung o. ä. entworfen werden über Stadien der politischen, kulturellen, kirchenpolitischen Entwicklung Deutschlands, das sukzessive während des gesamten Projekts ergänzt und komplettiert wird. Diesem objektiven Pol wird ein eher ›subjektiver‹ gegenübergestellt, der den Mentalitäten gewidmet ist: Vorbereitete Schüler stellen die Ergebnisse einer Mini-Umfrage vor, in der Daten zur Mentalität in Ost und West erhoben wurden; verantwortlich: Fach Gemeinschaftskunde, Teilaspekte der Befragung könnten sein: ›Selbstkonzepte‹ Jugendlicher in Ost und West, Rechtsextremismus, Zukunft Deutschlands und Europas (politische und soziale Aspekte, Demokratievorstellungen) etc. Hier wird das ›nostra res agitur‹ initiiert. Es geht darum, im Ansatz das Involviertsein jedes einzelnen erfahrbar zu machen (evtl. auch durch Rollenprojektionen: *Wenn ich ein ostdeutscher Jugendlicher gleichen Alters wäre ...?*). Diese subjektive Perspektive sollte in zwei Fragerichtungen objektiviert werden:

□ Wer hat und wodurch wurde die Revolution bewirkt?

□ Wie kam es zu unterschiedlichen Mentalitäten?

Zu diesen Grundfragen bekommen die Projektteilnehmer weiteres Anschauungsmaterial durch Video-Aufzeichnung der Alexanderplatz-Dokumentation (›Kundgebung der Kunst- und Kulturschaffenden in Berlin (Ost) am 4. November 1989‹), die – natürlich nur in Ausschnitten – vorgeführt wird. Hier sollten nun Leitperspektiven für die Experten- und Stammgruppenarbeit weiter konkretisiert werden, etwa in folgende Richtungen:

□ Erkennbarkeit und Identifizierbarkeit unterschiedlicher Mentalitäten, Sichtweisen, rhetorischer Muster;

□ Anteil von Politik, Kultur, Kirche, aber auch Wirtschaft, Außenpolitik, an der Wende;

□ Situationen und Vorgeschichte der Wende; hätte es früher Wendepunkte geben können (z. B. 17. Juni 1953)? Bedeutung des Zeitraums 1968 bis 1976;

□ Folgen der Wende und der Wiedervereinigung für die politische und soziale sowie geistige Situation der Bundesrepublik Deutschland und für die Zukunft Europas.

Neben dieser inhaltlichen Entfaltung des Gesamtthemas, innerhalb derer sich Schülerinteressen erst bilden und artikulieren können, hat der Einführungstag die organisatorischen Voraussetzungen für das Gruppenpuzzle zu leisten. Jeder Fachvertreter (Lehrerin / Lehrer, evtl. auch interessierte Schüler) stellt in einer Info-Börse mit den Experten-Mappen und evtl. weiteren Materialien (Hörbeispiele in Musik; Bilder in Kunst; Medien, Handapparat etc.) das eigene Fach vor. ›Info-Börse‹ bedeutet dabei, daß nicht Referate gehalten werden, sondern ›Stationen‹ je Fach aufgebaut werden, an denen die Schüler selbstständig sich informieren, nachfragen, sich über ihre noch vagen Interessen klar werden können. Danach trägt sich jede Schülerin, jeder Schüler in einen öffentlich aushängenden Gruppenplan ein, der als Organisations-Tafel während des Projekts zur wechselseitigen Orientierung (Gruppenzusammensetzung, Räume etc.) aushängt.

Gruppenplan

Experten-Gruppen	Stamm-gruppe I Raum:	Stamm-gruppe II Raum:	Stamm-gruppe III Raum:	Stamm-gruppe IV Raum:	Stamm-gruppe V Raum:	Stamm-gruppe VI Raum:
Geschichte R:						
Gemein-schafts-kunde R:						
Deutsch R:						
Musik R:						
Bildende Kunst R:						
Religion R:						
Namen	[Dresden]	[Leipzig]	[Schwerin]	...	...	...

Am Ende des Eröffnungstages treffen sich die Stammgruppen, geben sich einen Namen (eintragen in Organisationstafel!) und besprechen mit einem der anwesenden Lehrer zusammenfassend kurz die Besonderheiten des Arbeitsverfahrens, das Rollenverständnis etc.

Folgende methodische und ›gruppendynamische‹ Punkte sollten klar werden:
□ Selbstständigkeit, Eigenverantwortlichkeit, wenig Kontrolle durch Lehrer, individuelle Zuständigkeit für Ergebnisse und Ergebnisvermittlung;
□ Schüler unterrichten Schüler; veränderte Schüler- und Lehrerrolle;
□ Arbeit im Team, Zuverlässigkeit in Vorbereitung und Arbeitsverteilung aller Team-Mitglieder;
□ Ziel- und Produktorientierung (gegenseitiges Unterrichten, d. h. Verantwortlichkeit gerade als Teil der erst später wieder zusammentretenden Stammgruppe; Produktgestaltung und Präsentation);
□ Engagement aller, gegenseitiges Vertrauen.«[17]

Das Herzstück des Projekts war die zweiwöchige Gruppenpuzzlephase, bei der die Schülerinnen und Schüler in einem mehrmaligen Wechsel von Experten- und Stammgruppen eine Antwort auf die Frage suchten, aus welchen Gründen es im Herbst 1989 zum Zusammenbruch der Deutschen Demokratischen Republik kam. Auch in Schulen, die unter räumlich sehr beengten Bedingungen arbeiten mußten, haben wir für die relativ kleinen Gruppen genügend Arbeitsräume gefunden. In einer Art Projekt-Zentrale, einem möglichst zentral gelegenen Raum, waren alle organisatorischen und sonstigen Hilfsmittel zugänglich: Organisations- und Gruppenplan, Entwicklungs-Diagramm zu Stadien der DDR-Geschichte, Handapparate, weitere Medien u. a. Hier hielten sich auch die betreuenden Lehrerinnen und Lehrer abrufbereit auf; auf jeden Fall war immer die Kollegin bzw. der Kollege der im Stundenplan vorgesehenen Stunde präsent. Der Erfolg unseres Projekts war an allen vier Versuchsschulen unübersehbar: Die in die Eigenverantwortlichkeit und Selbstständigkeit entlassenen Schülerinnen und Schüler gaben dem Prozeß eine Produktivität und Dynamik, die selbst die größten Optimisten unter uns noch überraschte. Große Bedeutung hatte dabei sicherlich der schon am Öffnungstag vereinbarte Projektabschluß, an dem die Stammgruppen ihre Ergebnisse in einer Darstellungsform ihrer Wahl präsentieren sollten. An manchen Schulen war dieser Projektabschluß halbtägig, an anderen ganztägig. Einige Stammgruppen beschränkten sich auf die Erstellung von Wandzeitungen und Thesenpapieren, andere organisierten selbständig oder mit Hilfe der Lehrerinnen und Lehrer Podiumsdiskussionen, Sketche oder revueartige Verarbeitungen der Thematik. Einige Klassen wählten einen klasseninternen Abschluß, andere wollten ihre Ergebnisse auch Parallelklassen oder der weiteren Schulöffentlichkeit vorstellen. Auch eine methodische Reflexion des ganzen Prozesses und eine rückblickende, im übrigen fast durchweg positiv ausfallende Kritik des Projekts gehörten an allen Versuchsschulen zum Projektabschluß. Viele Schülerinnen und Schüler betonten dabei, daß die neue Arbeitsweise für sie zunächst sehr ungewohnt gewesen wäre und daß sie deshalb sehr geschätzt hätten, daß wir ihnen außer den Expertenmappen auch sogenannte »Methodische Geländer« an die Hand gegeben hätten. Sie seien deshalb hier abgedruckt; die Anrede »Sie« bezieht sich auf die Schülerinnen und Schüler unserer 11. Klassen:[18]

Methodische »Geländer«

Arbeitsraster

Sie arbeiten an einem schwierigen, »verwickelten« Thema. Deshalb sind die Materialien der Expertenmappen auch nicht alle ganz einfach zu lesen. Vieles müssen Sie sich erst nach und nach erarbeiten: Verstehen geht oft nicht mit einem Blick.

Lesen Sie sich deshalb die folgenden allgemeinen Arbeitshilfen erst genau durch, und wenden Sie sie dann bei der Lektüre an. Betrachten Sie bitte dieses Arbeitsraster als eine Art Geländer, an dem Sie sich methodisch festhalten können. Je mehr Sie »durchblicken«, desto weniger werden Sie es brauchen.

1. Lesen Sie sich die gesamte Expertenmappe in Ruhe durch. Markieren Sie mit Bleistift Stellen, die Sie beim ersten Lesen nicht verstehen (X).
2. Gehen Sie die X-Stellen noch einmal oberflächlich durch. Entscheiden Sie, ob Ihnen der dargestellte Sachverhalt nicht klar ist (F = Frage, fraglich) oder ob Sie eine Jahreszahl oder einen Begriff, ein Fremdwort o. ä. nachschlagen müssen (?).
3. Lesen Sie die Materialien noch einmal, und versehen Sie Sie mit Anmerkungen:
   - wichtige Begriffe markieren
   - textinterne Verweise (z. B. der gleiche Gedanke in Zeile 3 und Zeile 51 o. ä.)
   - Markieren wesentlicher Textstellen, die unmittelbar Bezug zu Subjektivität / Öffentlichkeit haben.
   - Verweise zwischen einzelnen Texten, Textstellen und Materialien (z. B. ähnliche oder kontroverse Themen, gleiche Motive und Formulierungen, wechselseitige Ergänzungen etc.).
4. Tauschen Sie Ihre Textanmerkungen und Fragen an die Texte untereinander in der Gruppe aus.
5. Bilden Sie gemeinsam und bei der Einzellektüre Problem*felder*, Fragen*komplexe*, d. h. bündeln Sie Ihre Ergebnisse über die Grenzen des Einzeltextes hinaus.
6. Bedenken Sie bei der Betrachtung einzelner Texte, daß Sie historische und ästhetische Quellen vor sich haben, die u. U. nicht gleichermaßen objektiv sind, vielleicht gar nicht objektiv sein wollen. Beachten Sie also die Textsorte, mit der ein bestimmter Inhalt abgehandelt wird:
   - Zeitungsmeldung, Zeitungskommentar, Glosse
   - Gedicht
   - Essay, Vortrag
   - Interview
7. Formulieren Sie für die »Unterrichtung« der Stammgruppe präzise und begrifflich klare Thesen und Fragestellungen, die den Zusammenhang zum Gesamtthema und zu den Leitbegriffen »Subjektivität« und »Öffentlichkeit« deutlich machen (evtl. auch als Problem, etwa: »An dieser Stelle ist uns ein Zusammenhang unklar«).
8. Überlegen Sie sich Mittel, wie Sie ihre Thesen und Ergebnisse in der Stammgruppe möglichst anregend, anschaulich und »spannend« vermitteln können.

Gruppenorganisation

1. Legen Sie sich bitte für Sammlung und Aufbewahrung aller schriftlichen Gruppenergebnisse eine Gruppenmappe an. Notieren Sie auf der Titelseite das Fach ihrer Expertengruppe und die Namen der Mitglieder.
   Legen Sie in der Gruppenmappe alle Protokolle, Ideenzettel, selbstgefundene Materialien, Bilder etc. ab.
2. Bestimmen Sie bitte reihum für jede Gruppensitzung (oder, wenn es Ihnen praktischer erscheint, für alle Gruppensitzungen eines Tages) einen Gruppenleiter und einen Protokollanten.
   Es hat sich bewährt, wenn der Protokollant des ersten Tages oder der ersten Sitzung der Gruppenleiter der folgenden Sitzung oder des folgenden Tages ist.
3. Der Protokollant schreibt ein knappes Ergebnisprotokoll (u. U. nur in Stichworten, aber klar gegliedert), notiert Hausaufgaben, Extraaufgaben, offene Fragen und Probleme. Er liest die Ergebnisse zu Beginn der folgenden Sitzung/des folgenden Tages vor.
4. Der Gruppenleiter leitet die Gruppendiskussion und bereitet sie vor. Dazu liest er die vereinbarten Texte / Materialien besonders gründlich, schlägt unbekannte Begriffe und Unverständliches nach, formuliert Leitfragen und Kernprobleme, die die Gruppendiskussion bestimmen sollen.
   Er achtet in der Gruppendiskussion darauf,
   - daß immer wieder der Bezug zum fächerverbindenden Generalthema (1989 – Wendepunkt; Subjektivität und Öffentlichkeit) hergestellt wird;
   - daß immer wieder überlegt wird, wie die Ergebnisse in der Stammgruppe weitervermittelt (Medien, Formulierungen, Fragestellungen) resp. am Ende des Projekts präsentiert werden.
5. Je nach Bedarf können zwischen den Expertengruppen Gruppenbeobachter ausgetauscht werden, um von anderen Expertengruppen Informationen, Anregungen etc. zu holen.
6. Wenn Sie während der Expertenarbeit in eine Sackgasse geraten, wenden Sie sich an Ihren Fachlehrer oder den gerade in der »Zentrale« anwesenden Lehrer.

Präsentationsvorschläge

(für die Stammgruppen-Unterrichtung und für den Projektabschluß)

- Thesenpapiere
- Skizzen, Modelle etc. auf Folien
- fiktive Interviews (mit Politikern, Künstlern)
- Collagen
- Statistiken
- Filmausschnitte mit Transkription und Begleit-AA
- Karikaturen
- Wandzeitung
- Rundfunkfeature
- Text-Bild-Musik-Collage
- Podiumsdiskussion
- Imitation von Fernsehsendungen: Pro und Contra (Emil Obermann), Der heiße Stuhl

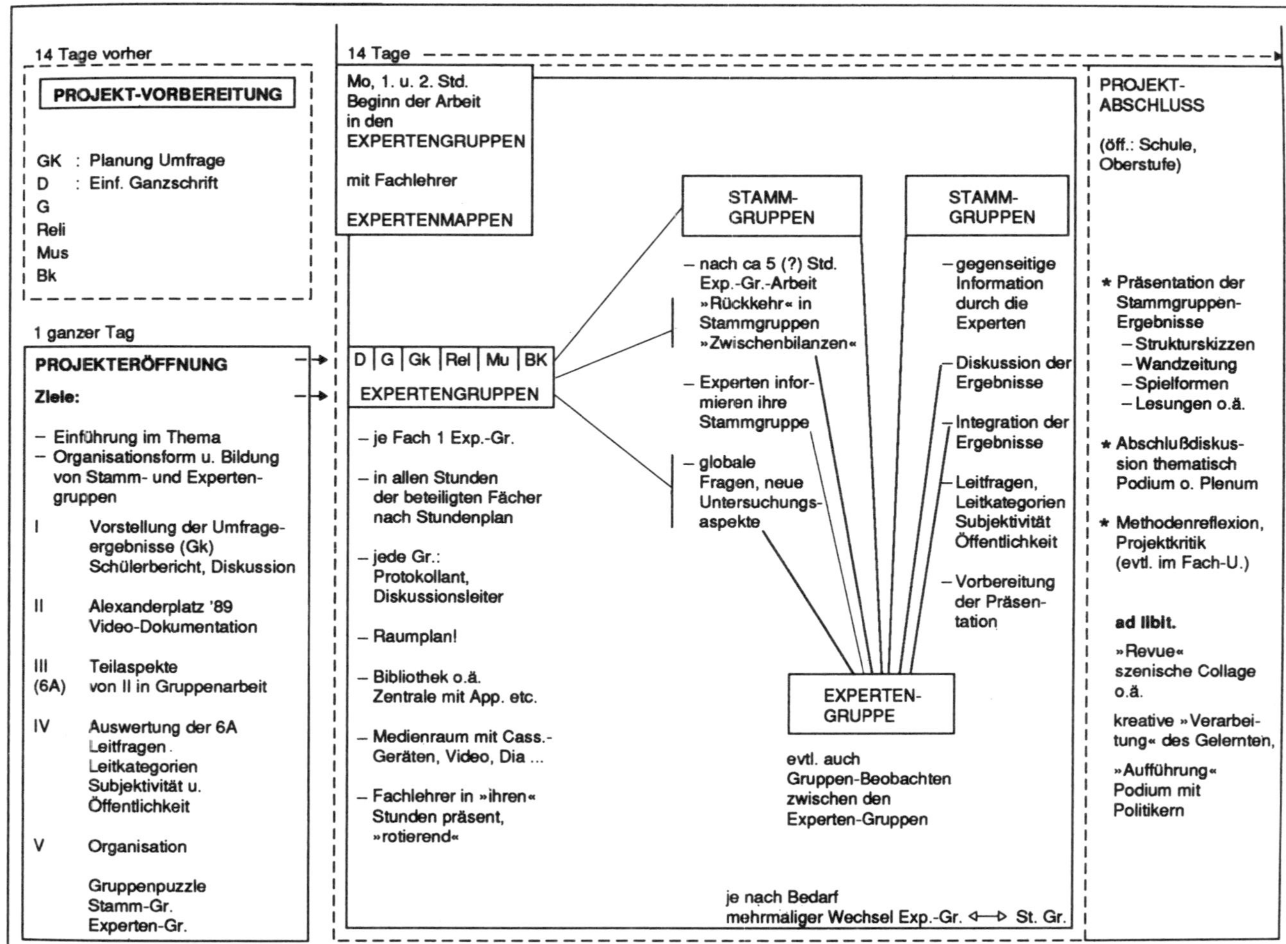
14 Tage vorher
PROJEKT-VORBEREITUNG
GK : Planung Umfrage
D : Einf. Ganzschrift
G
Reli
Mus
Bk
1 ganzer Tag
PROJEKTERÖFFNUNG
Ziele:
– Einführung im Thema
– Organisationsform u. Bildung von Stamm- und Experten-gruppen
I Vorstellung der Umfrage-ergebnisse (Gk) Schülerbericht, Diskussion
II Alexanderplatz '89 Video-Dokumentation
III (6A) Teilaspekte von II in Gruppenarbeit
IV Auswertung der 6A Leitfragen. Leitkategorien Subjektivität u. Öffentlichkeit
V Organisation
Gruppenpuzzle Stamm-Gr. Experten-Gr.
14 Tage
Mo, 1. u. 2. Std. Beginn der Arbeit in den EXPERTENGRUPPEN
mit Fachlehrer
EXPERTENMAPPEN
D | G | Gk | Rel | Mu | BK
EXPERTENGRUPPEN
– je Fach 1 Exp.-Gr.
– in allen Stunden der beteiligten Fächer nach Stundenplan
– jede Gr.: Protokollant, Diskussionsleiter
– Raumplan!
– Bibliothek o.ä. Zentrale mit App. etc.
– Medienraum mit Cass.-Geräten, Video, Dia ...
– Fachlehrer in »ihren« Stunden präsent, »rotierend«
STAMM-GRUPPEN
– nach ca 5 (?) Std. Exp.-Gr.-Arbeit »Rückkehr« in Stammgruppen »Zwischenbilanzen«
– Experten informieren ihre Stammgruppe
– globale Fragen, neue Untersuchungs-aspekte
STAMM-GRUPPEN
– gegenseitige Information durch die Experten
– Diskussion der Ergebnisse
– Integration der Ergebnisse
– Leitfragen, Leitkategorien Subjektivität Öffentlichkeit
– Vorbereitung der Präsen-tation
EXPERTEN-GRUPPE
evtl. auch Gruppen-Beobachten zwischen den Experten-Gruppen
je nach Bedarf mehrmaliger Wechsel Exp.-Gr. ◁—▷ St. Gr.
PROJEKT-ABSCHLUSS
(öff.: Schule, Oberstufe)
* Präsentation der Stammgruppen-Ergebnisse
– Strukturskizzen
– Wandzeitung
– Spielformen
– Lesungen o.ä.
* Abschlußdiskus-sion thematisch Podium o. Plenum
* Methodenreflexion, Projektkritik (evtl. im Fach-U.)
ad libit.
»Revue« szenische Collage o.ä.
kreative »Verarbei-tung« des Gelernten,
»Aufführung« Podium mit Politikern

Zu den besonderen Schwierigkeiten des Faches Religion

Von einem speziellen organisatorischen Problem unseres DDR-Projektes war bislang noch nicht die Rede. Die Papiere unseres Projektes sprachen stets ganz allgemein von »Religion«, obwohl Religionslehre an unseren öffentlichen Schulen doch in aller Regel sowohl in »evangelischer« als auch in »katholischer« Ausrichtung angeboten wird. Nun hatte dies Gründe, die im Gegenstand unseres Projekts begründet lagen: Während die evangelische Kirche bei der inneren Auflösung und dem Zusammenbruch der Deutschen Demokratischen Republik zweifellos eine zentrale, wenngleich auch nicht unumstrittene Rolle spielte, gehörten der katholischen Kirche auf dem Gebiet der ehemaligen DDR nur etwa 7% der Bevölkerung an, so daß man diesen Aspekt kirchlichen Lebens mit einem gewissen Recht vernachlässigen konnte. Religion bedeutete im Zusammenhang mit unserem Projekt also »Evangelische Religion«, und die wurde von mir vertreten. Wäre unser Thema aber der 8. Mai 1945 gewesen, hätte vermutlich von der Sache her auch ein katholischer Kollege hinzugezogen werden müssen;[19] beim Thema »Menschenrechte« hätte man zusätzlich sicherlich auch an die Vertreterin oder den Vertreter des Faches Ethik denken müssen. Das heißt: Wenn das Fach Religion sich an fächerübergreifenden Themen beteiligt, treten gewisse Komplikationen auf, zumindest aber erhöht sich die Anzahl der beteiligten Kolleginnen und Kollegen, die miteinander Absprachen treffen müssen.

Doch auch bei unserem einfacher gelagerten Fall machten sich unvorhergesehene Tücken bemerkbar: Die Beteiligung des Faches Religion hat nämlich gravierende Auswirkungen auf den Unterricht der gesamten Klassenstufe. Will ich z. B. unser DDR-Projekt mit einer 11. Klasse durchführen, in der 12 Schülerinnen und Schüler den evangelischen Religionsunterricht besuchen, 8 Schülerinnen und Schüler den katholischen Religionsunterricht und 6 Schülerinnen und Schüler das Fach Ethik, so muß ich meinen katholischen Kollegen und meinen Ethikkollegen bitten, 8 bzw. 6 Schülerinnen und Schüler für den Zeitraum von zwei bis drei Wochen aus seinem Unterricht zu beurlauben. In dieser Zeit fehlt in den Fächern Katholische Religion und Ethik dann ein Drittel der Lerngruppe, es kann kein »normaler« Unterricht stattfinden oder die beurlaubten Schülerinnen und Schüler müssen Stoff nacharbeiten.

Da auch nicht erwartet werden kann, daß fächerübergreifende Themen mit Rücksicht auf das Fach Religion nur klassenstufenweise zum gleichen Zeitpunkt stattfinden, muß festgehalten werden, daß das Fach Religion, das in vielen Lehrplänen auch noch beansprucht, zu möglichst vielen fächerübergreifenden Themen etwas beitragen zu wollen, gleichzeitig das Fach ist, das aus organisatorischer Sicht die meisten Umstände macht.[20] Sollte sich der Trend zum fächerverbindenden Unterricht an unseren Schulen tatsächlich durchsetzen, wäre es dringend notwendig, die Frage der Konfessionalität des Religionsunterrichts auch noch einmal unter diesem Gesichtspunkt sorgfältig zu prüfen. Können und müssen nicht zumindest die Lehrpläne der Fächer Evangelische Religion, Katholische Religion und Ethik besser aufeinander abgestimmt werden? Wäre für die Fächer Evangelische und Katholische Religion nicht über weite Strecken ein gemeinsamer Lehrplan denkbar? Könnte die in der EKD-Denkschrift »Identität und Verständigung« vorgeschlagene Fächergruppe Religion / Ethik[21] vielleicht neue organisatorische Möglichkeiten eröffnen? Oder müssen die Probleme, die die Konfessionalität des Religionsunterrichts mit sich bringt, doch ganz einfach von der einzelnen Kollegin und dem einzelnen Kollegen pragmatisch von Fall zu Fall gelöst werden?

So ärgerlich diese organisatorischen Schwierigkeiten auch sein mögen, viel bedenklicher ist ein anderes Problem, das sich im Zusammenhang mit fächerübergreifenden Themen für das Fach Religion abzeichnet. Wie etwa der in großer Eile erstellte baden-württembergische Gymnasiallehrplan von 1994 belegt,[22] fällt es dem Fach Evangelische Religion äußerst schwer, seine spezifischen Inhalte und Themen gerade auch im Zusammenspiel mit den anderen Schulfächern auf überzeugende Weise darzulegen. Insbesondere die Abgrenzung zu benachbarten Schulfächern wie Deutsch, Geschichte, Gemeinschaftskunde, Erdkunde macht große Mühe. Bei der Zusammenarbeit mit anderen Kollegen hat der Religionskollege nicht selten den Eindruck, daß für ihn eigentlich nur ein paar unliebsame Bibelstellen und schwer vermittelbare theologische Formeln übrigbleiben. Blättert man in neueren Schulbüchern und den entsprechenden didaktischen Zeitschriften der anderen Fächer, fällt auf, daß sich die anderen Fächer verstärkt problemorientierten Themen und auch neueren methodischen Ansätzen zuwenden, die bisher typisch für das Fach Religion waren. Kam der Religionslehrer vor 10 oder 15 Jahren bei seinen Klassen noch gut an, wenn er von den anderen Fächern ausgesparte und »vergessene« Inhalte behandelte (z. B. Fragen der Ökologie und der Einen Welt, Drogenproblematik, zwischenmenschliche Probleme u.ä.) und dabei vielleicht auch noch in der Schule sonst wenig bekannte Methoden der außerschulischen Bildungsarbeit benutzte, so droht er beim heutigen Stand der Schulpädagogik in den Augen von Kollegen, Eltern und Schülern überflüssig zu werden – eine Grundlagenkrise, die von den zuständigen kirchlichen Gremien (vielleicht auch, weil oft der Einblick in die Entwicklung der anderen Fächer fehlt) noch gar nicht in ihrer vollen Tragweite wahrgenommen wird.[23]

Ein Beispiel: »*Wir sind Gottes Geschöpfe: Menschen – Tiere – Pflanzen*« – so lautet in Baden-Württemberg im Fach Evangelische Religion eine Wahlpflichteinheit für Klasse 5. Sicherlich ein gutes Thema für diese Alterstufe. 10–11jährige sind für Tiergeschichten immer zu haben ... Doch, was ist der spezifische Beitrag des Faches Religion? Der baden-württembergische Grundschullehrplan setzt in den Klassen 1–4 jeweils längere Unterrichtseinheiten zum Thema »Pflanzen und Tiere« an, im Biologielehrplan der Klasse 5 gibt es eine durchaus »ganzheitlich« konzipierte 14stündige Unterrichtseinheit »Säugetiere«, in einem neuen Deutschlesebuch findet sich ein 50seitiges Kapitel »Tiere – vertraut und fremd«,[24] ein Sprachbuch für Klasse 5 enthält hervorragende projektorientierte Materialien zum Thema,[25] in einem großen Schulbuchverlag erscheint ein eigenes Leseheft »Mensch und Tier« ...[26] Bietet das Fach Religion außer der nicht weiter aufgeschlüsselten und auch in Unterrichtseinheiten der folgenden Schuljahre immer wiederkehrenden Chiffre »Schöpfung« irgendetwas, was die anderen Fächer nicht auch schon angesprochen hätten? Bleibt es der Genialität und dem Charisma des einzelnen Religionskollegen überlassen, das religionspädagogische Proprium hier so herauszuarbeiten, daß es sowohl Fünftkläßlern als auch zunehmend kirchenkritischen Kollegen einleuchtet? Zeigen die oft hektisch zusammengefügten Religionsbücher den Weg?

Das Bild des Religionslehrers in der Öffentlichkeit ?

Das Opfer

Ein gleichbleibend schmerzhaft hoher Geräuschpegel muß nicht zwingend von der Einflugschneise des nahen Großflughafens herrühren. Vielleicht ist einfach nur Religionsstunde. Und vorn steht ein hilfloses fusselbärtiges Männlein in Socken und Sandalen, rudert wild mit den Armen und sagt: »Ich finde das jetzt aber überhaupt nicht gut, daß ihr euch so wenig am Unterricht beteiligt.« Er hätte nämlich Spannendes zu erzählen – gähn. Dreht er sich zur Tafel um, beginnen hinter ihm umgehend die 27. offiziellen Rülps-Weltmeisterschaften, an denen sich sogar vermeintliche Streberinnen mit großem Eifer beteiligen. Und wenn Mr. Loser dann wirklich ganz doll böse und menschlich enttäuscht ist, bleibt ihm ja auch wirklich keine andere Wahl, als die Übeltäter mit einem Eintrag ins Klassenbuch schwer zu bestrafen – schade nur, daß es sich beim besten Willen nicht finden läßt.

Illustration: Papan; Texte: Jan Gritz; aus einem Werbeposter der Jugendzeitschrift »Young Miss«

Unterwegs (Deutsch-Lesebuch, Stuttgart 1992ff)
5. Schuljahr: Träumen ... Mädchen und Jungen ... Tiere und Menschen ... Kinder anderswo ... Auf dem Meer der Phantasie ... 6. Schuljahr: Fremd sein ... Zusammen leben ... Bäume ... Mit dem Kopf in den Wolken ... 7. Schuljahr: Ich bin ich ... Freundschaften ... Vater arbeitet, Mutter arbeitet ... Natur und Mensch ... Indien – eine fremde Welt ... Helden? ... 8. Schuljahr: Daß du mich liebst ... Widerstehen ... Frauenleben, Arbeitsleben ... Automobile Gesellschaft ... Begegnungen mit anderen Welten ... Hexen

Lesen – Darstellen – Begreifen (Deutsch-Lesebuch, Berlin 1991ff)
5. Schuljahr: Miteinander leben ... Leben in technischer Welt ... Tiere – vertraut und fremd ... Gibt es das wirklich? (Märchen, Fabeln, Legenden) ... 6. Schuljahr: Einander verstehen ... Entdeckungsfahrt in die Vergangenheit (Sagen) ... Technik im Alltag: Auto und Eisenbahn ... Leben mit Tieren ... Medien und Freizeit ... 7. Schuljahr: Schule ... Erfahrungen in der Fremde? ... Die Welt im Bild ... Feindliche Natur? ... Ist das wahr? ... 8. Schuljahr: So sein – so werden ... Man kann es auch anders sehen ... Technik beeinflußt unsere Erfahrung ... Bedrohte Natur ... 9. Schuljahr: Du bist mein, ich bin dein ... Technik in unserer Verantwortung ... Rechte = Gerechtigkeit?

Ethik 5/6 (Berlin 1995)
Ich verändere mich – Zusammenleben im Alltag – Entscheiden und Handeln – Menschen, die unsere Hilfe benötigen – Nachdenken übers Glücklichsein – Medienwelten – Gewalt als Lösung von Konflikten? – Fremd und abgelehnt? – Verantwortung für die Mitwelt – Feste verstehen lernen – Juden, Christen und Muslime haben eine gemeinsame Geschichte – Für Eine Welt mit mehr Gerechtigkeit

Ethik 7/8 (Berlin 1996)
Als Mensch in diese Welt gestellt – Vom Erwachsenwerden – Liebe, Freundschaft, Sexualität – Konflikte lösen – Sich begegnen – Voneinander lernen – Verantwortlich handeln – Arm/Reich – Menschenbilder – Nach dem Sinn fragen – Weltbilder im Angebot – Mensch und Natur – Religionen

Geschichte mit Pfiff
8/1991: Blick zu den Sternen (Astrologie und Astronomie) – 5/1993: Palästina/ Israel – 8/1993: Schreiber, Magister, Pädagogen – 9/1993: Götter, Gräber, Pharaonen – 2/1994: Fasching, Fastnacht, Karneval – 8/1994: Der Stein der Weisen (Alchimie) – 11/1994: Iran – zwischen Schah und Ayatollah – 12/1994: Die Welt der Apostel – 1/1995: »Ötzi« und seine Welt – 2/1995: Die Tage des Raj (Indien) – 4/1995: Flucht und Vertreibung – 5/1995: Renaissance und Glaubenskriege – 8/1995: Die Herren von Ninive – 1/1996: Die Welt des Propheten

Politik und Unterricht
(Herausgeber: Landeszentrale für politische Bildung Baden-Württemberg)
3/1990: Vorurteile und Feindbilder – 4/1990: Drogen und Süchte – 2/1993: Alt und Jung – 4/1993: Wirtschaftsethik – 1/1994: Migration – 2/1994: Politischer Widerstand gegen die NS-Diktatur – 3/1994: (Auto-)Mobilität – 4/1994: Jugend und Recht –

1/1995: Internationale Klimapolitik – 3/1995: Politische Symbole – 4/1995: Umweltkonflikte in der Geschichte – 1/1996: Moderne Zeiten (Lebenswelten, Der Götze Mammon, Fremdwort »Engagement«, Mensch und Technik) – 2/1996: Neue Methoden

Geschichte lernen – Geschichtsunterricht heute
1/1989: Islam – 3/1989: Krieg und Kriegserfahrungen – 5/1989: Handlungsorientierter Unterricht – 7/1989: Haushalt (Benachteiligung von Frauen) – 1/1990: Arbeit – 5/1990: Sinne und Gefühle – 7/1991: Kriminalität – 9/1991: Geschichte spielen – 11/1991: Kindheit und Jugend im Nationalsozialismus – 1/1992: Gesundheit und Krankheit – 5/1993: Migration – 7/1993: Juden – 11/1993: Frühe Hochkulturen – 3/1994: Frauengeschichte – 11/1995: Glaube und Religion – 3/1996: Lieder im Geschichtsunterricht

Praxis Geographie
3/1990: Bevölkerungsentwicklung und Bevölkerungswachstum – 8/1990: Weltwirtschaft – 9/1991: Freizeit – 12/1991: Lernen mit allen Sinnen – 8/1992: Verkehr – 12/1992: Religionen prägen Räume – 1/1993: Welt-Ende oder -Wende? – 3/1993: Alltag in Indien – 1/1994: Indianer – 9/1994: Migration in Europa – 2/1995: Landschaftsökologie und Umwelterziehung – 4/1995: Global denken: Menschheit wohin? – 7-8/1995: Interkulturelles Lernen – 4/1996: Welt verstehen durch Perspektivenwechsel – 7-8/1996: Neue Wege in der Umweltbildung

Eine Welt in der Schule
Seit 1994 vierteljährliche Beilage für die Klassen 5–10 u. a. zu den Zeitschriften »Praxis Deutsch«, »Geographie heute«, »Unterricht Biologie« und »Pädagogik«

Psychologie heute – Das Bild vom Menschen
6/1991: Weniger ist mehr: Askese als neue Lebensform? – 11/1991: Das Schalck-Syndrom: Wie wir alle lügen, klauen und betrügen – 1/1992: Und wann waren Sie zuletzt glücklich? Entdecken Sie den Flow – 3/1992: Glauben Sie, was Sie wollen! – 4/1993: Können Sie verzeihen? Warum Unversöhnlichkeit krank macht – 6/1993: Wir Egoisten: Wie Selbstverwirklichung zur Falle wird – 1/1994: Wem nützen Feindbilder – 2/1994: Dem Leben Gestalt geben: Wie wir unsere persönliche Geschichte erschaffen – 4/1994: Wir Fernsehmenschen: Wie uns das Medium verändert – 5/1994: Umweltbewußt? Ja, aber ... Was uns hindert, ökologisch zu handeln – 7/1994: New Age: Der falsche Weg zum besseren Leben – 8/1994: Sie sind dran! Warum Sie sich um andere kümmern sollten – 10/1994: Was gibt unserem Leben Sinn? – 12/1994: Liebe – die Zukunft eines altmodischen Gefühls – 7/1995: Was Gott ist, bestimme ich! Religion als Selbsterfahrung – 12/1995: Geborgenheit – 3/1996: Die Angst vor den anderen – 4/1996: Weg mit dem Ärger! Ein Lernprogramm für Gelassenheit

P. M. Perspektive (Magazin Peter Moosleitner)
5/1991: Geld – 7/1991: Das Alte Ägypten – 4/1992: Naturvölker – 1/1993: Blick in die Zukunft – 4/1993: Mann und Frau – 10/1993: Versunkene Kulturen – 1/1994: Mensch und Gewalt – 4/1994: Mensch und Computer – 1/1995: Germanen – 4/1995: Das geheimnisvolle Universum – 7/1995: Indianer – 10/1995: Die Welt der Religionen

Bei den Schulbüchern verweisen die Stichworte auf Kapitel bzw. Themenkreise; bei den Zeitschriften bezieht sich die Nummer vor dem Schrägstrich auf die Heftnummer bzw. den Monat, in dem das jeweilige Themenheft erschienen ist.

Vonnöten wäre nach meiner Einschätzung eine langfristig angelegte, überregionale und, wenn irgendmöglich, natürlich ökumenische Lehrplanarbeit, bei der sich erfahrene Praktiker, Vertreter von Ausbildungsseminaren, Vertreter religionspädagogischer Institute und Religionspädagogen der Hochschulen ohne Zeit- und Profilierungsdruck bemühen, in einem Wechselspiel von Theorie und Praxis christliche Inhalte und Anliegen so zu elementarisieren, daß die Kolleginnen und Kollegen sich bei der Vorbereitung und Gestaltung ihres Religionsunterrichtes nicht allein gelassen fühlen.[27]

Doch am Schluß dieses Kapitels soll nicht die kritische und problematisierende Rückfrage, sondern eine konkrete und erprobte Unterrichtsidee für Schülerinnen und Schüler ab Klasse 10 stehen. Da allzu aufwendige fächerübergreifende Modelle Kolleginnen und Kollegen manchmal nur abschrekken, möchte ich am Beispiel einer Komposition Arnold Schönbergs deutlich machen, daß auch ein »ganz normaler« fachgebundener Religionsunterricht fachüberschreitende Perspektiven im Blick haben kann und muß.

Zum Beispiel: Arnold Schönberg, Ein Überlebender aus Warschau[28]

Gelegentlich stößt man bei der Suche nach Unterrichtsmaterialien auf ein Medium, das in seiner Intensität und Aussagekraft so aus der Menge des sonst üblichen herausragt, daß die Frage nach dem Unterricht plötzlich ganz in den Hintergrund tritt und man selbst von der Sache, um die es geht, zutiefst betroffen und bewegt ist. Wenn sich dieses Medium dann – in einem erneuten Anlauf – auch noch unter didaktischen Gesichtspunkten als geeignet erweist, handelt es sich um einen wirklich glücklichen Fund, den man anderen Kolleginnen und Kollegen nicht vorenthalten sollte.[29]

Mir ist es so gegangen mit einem nur 6–8minütigen Musikstück von Arnold Schönberg, dem ein Augenzeugenbericht eines Juden aus dem Warschauer Ghetto zugrunde liegt: »A Survivor from Warsaw« / »Ein Überlebender aus Warschau«, opus 46, komponiert 1947, uraufgeführt 1948 in Albuquerque / New Mexico (USA).

Der Komponist

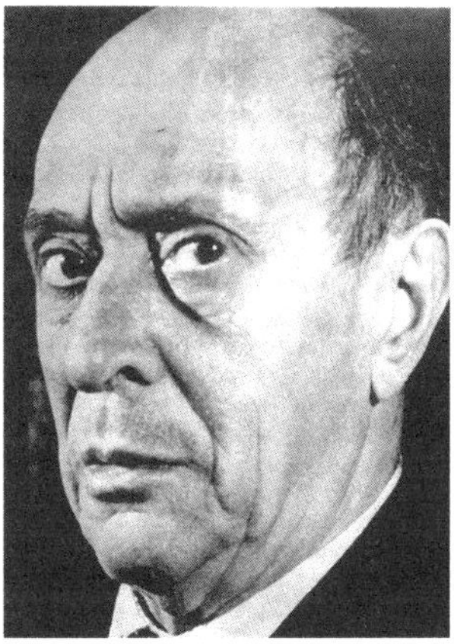

Arnold Schönberg (1874–1951) ist allgemein bekannt als der Begründer der Zwölftonmusik.[30] Er war Jude, wuchs in Wien in einer katholisch geprägten Umgebung auf und trat unter dem Einfluß von Freunden als 18jähriger Bankangestellter zum Protestantismus über. Nicht zuletzt unter dem Eindruck antijüdischer Entwicklungen beschäftigte sich Schönberg dann jedoch spätestens in den 20er Jahren wieder verstärkt mit der jüdischen Religion. Es entstand das Drama »Der biblische Weg« und das Opernfragment »Moses und Aron« (1930–1932).[31] 1925 übernahm Schönberg eine Meisterklasse für Komposition an der Preußischen Akademie der Künste in Berlin. 1933, von den Nationalsozialisten als »Rassejude« entlassen, emigrierte er nach Paris und vollzog dort in kleinem Kreis die Rückkehr zur jüdischen Glaubensgemeinschaft. Von Paris flüchtete Schönberg in die USA, lehrte dort an verschiedenen Hochschulen und wurde 1940 amerikanischer Staatsbürger.

Wie vielen anderen wurde Schönberg erst nach dem Zusammenbruch Hitler-Deutschlands das ganze Ausmaß der Brutalität und Menschenverachtung des Nationalsozialismus bewußt. Nach einem schweren Herzinfarkt, kaum noch zur Arbeit fähig, mußte er sich mit der Folterung und Ermordung von jüdischen Verwandten und Freunden auseinandersetzen. Auf diesem Hintergrund verarbeitete er 1947 den Bericht eines polnischen Juden über das Massaker im Warschauer Ghetto zu einer Komposition »für Sprecher, Männerchor und Orchester«.

Foto Arnold Schönberg: dpa

Arnold Schönberg: A Survivor from Warsaw (Opus 46, 1947)

I cannot remember everything, I must have been unconscious most of the time; I remember only the grandiose moment when they started to sing, as if prearranged, the old prayer they had neglected for so many years – the forgotten creed! But I have no recollection how I got underground to live in the sewers of Warsaw so long a time.

The day began as usual. Revaille when it still was dark – get out, whether you slept or whether worries kept you awake the whole night: you had been separated from your children, from your wife, from your parents, you don't know what happened to them; how could you sleep? They shouted again: »Get out! The sergeant will be furious!« They came out; some very slowly, the old ones, the sick men, some with nervous agility. They fear the sergeant. They hurry as much as they can. In vain! Much too much noise, much too much commotion and not fast enough! The Feldwebel shouts: »Achtung! Stillgestanden! Na wird's mal oder soll ich mit dem Gewehrkolben nachhelfen? Na jut; wenn ihr's durchaus haben wollt!« The sergeant and his subordinates hit everyone: young or old, strong or sick, guilty or innocent. – It was painful to hear the groaning and moaning. I heard it, though I had been hit very hard, so hard that I could not help falling down. We all on the ground who could not stand up were then beaten over the head.

I must have been unconscious ... The next thing I knew, was a soldier saying: »They are all dead!« Whereupon the sergeant ordered to do away with us. There I lay half conscious. It had become very still – fear and pain – Then I heard the sergeant shouting: »Abzählen!« They started slowly and irregularly: one, two, three, four – »Achtung!« The sergeant shouted again: »Rascher! Nochmal von vorn anfangen! In einer Minute will ich wissen, wieviele ich zur Gaskammer abliefere! Abzählen!« They began again, first slowly: one, two, three, four ... became faster and faster, so fast that it finally sounded like a stampede of wild horses and all of a sudden, in the middle of it, they began singing the Shema Yisroel.

Schema Jisrael Adonai elohenu Adonai ächad. Weahavta eth Adonai elohächa bechol levavcha uvechol naf-shecha uvechol meodächa. Wehaju haddevarim haeläh ashär anochi mezavvcha hajjom al levavächa. Weshinnantam levanächa vedibbarta bam, beshivtecha bevetächa uvelächtecha baddäräch uveshachbecha uvekumächa.

Zitiert nach Zimmerschmied (Hg.): Perspektiven neuer Musik, S. 129f.

Arnold Schönberg: Ein Überlebender aus Warschau (Opus 46, 1947)

Ich kann mich nicht mehr an alles erinnern, ich muß bewußtlos gewesen sein die meiste Zeit; ich erinnere mich nur an den grandiosen Augenblick, als alle wie verabredet das alte Gebet zu singen begannen, das sie so viele Jahre vernachlässigt hatten – das vergessene Bekenntnis! Aber ich habe keine Erinnerung mehr daran, wie ich in den Untergrund gelangt bin, um in der Kanalisation von Warschau so lange zu leben.

Der Tag begann wie gewöhnlich. Wecken, als es noch dunkel war – »Rausgehen« – ob man schlief oder vor Hunger die ganze Nacht wach lag: man war getrennt von seinen Kindern, von seiner Frau, von seinen Eltern, man wußte nicht, was mit ihnen geschah: wie hätte man da schlafen können? Sie schrien wieder: »Kommt raus! Der Feldwebel wird wütend!« Sie kamen heraus, manche sehr langsam, die Alten und Kranken, manche mit nervöser Hast. Sie fürchten den Feldwebel. Sie beeilen sich so gut sie können. Umsonst! Viel zu viel Lärm, viel zu viel Erregung und nicht schnell genug! Der Feldwebel schreit: »Achtung! Stillgestanden! Na wird's mal (bald?) oder soll ich mit dem Gewehrkolben nachhelfen? Na jut; wenn ihr's durchaus haben wollt!« Der Feldwebel und seine Helfer schlagen jeden: jung oder alt, gesund oder krank, schuldig oder unschuldig – es war qualvoll, das Stöhnen und Jammern zu hören. Ich hörte es, obwohl ich so heftig geschlagen war, daß ich zusammenbrach. Wir alle auf dem Boden, die nicht aufstehen konnten, wurden dann auf den Kopf geschlagen.

Ich muß bewußtlos gewesen sein. Das nächste, was ich wußte, war, daß ein Soldat sagte: »Sie sind alle tot!«, worauf der Feldwebel uns wegschaffen ließ. Da lag ich nun abseits, nur halb bei Bewußtsein. Es war ganz still geworden – Angst und Furcht – Dann hörte ich den Feldwebel schreien: »Abzählen!« Sie fingen langsam an und unregelmäßig: 1, 2, 3, 4 – »Achtung!« Der Feldwebel schrie wieder: »Rascher! Nochmal von vorn anfangen! In einer Minute will ich wissen, wieviele ich zur Gaskammer abliefere! Abzählen!« Sie fingen wieder an, zuerst langsam: 1, 2, 3, 4 ... wurden schneller und schneller, so schnell, daß es sich schließlich anhörte wie ein Galopp wilder Pferde, und plötzlich – mittendrin – begannen sie das Schma Jisrael zu singen.

Höre, Israel, der Herr ist unser Gott, der Herr allein. Und du sollst den Herrn, deinen Gott, liebhaben von ganzem Herzen, von ganzer Seele und mit all deiner Kraft. Und diese Worte, die ich dir heute gebiete, sollst du zu Herzen nehmen und sollst sie deinen Kindern einschärfen und davon reden, wenn du in deinem Haus sitzt oder unterwegs bist, wenn du dich niederlegst oder aufstehst.

Das Warschauer Ghetto

Der Augenzeugenbericht, der Schönberg vorlag, schildert in wenigen, aber eindrücklichen Worten eine Situation während der Zerstörung des Warschauer Ghettos durch die Deutschen. Wie war es dazu gekommen?[32]

Nachdem die deutschen Truppen im September 1939 Polen besetzt hatten, wurde das Land aufgeteilt in Gebiete, die dem Deutschen Reich eingegliedert wurden (Danzig-Westpreußen, Gau Wartheland, Ostoberschlesien) und in das bewußt mit einem Sonderstatus versehene sogenannte »Generalgouvernement«. In Polen lebten damals vier Mal mehr Juden als im Reichsgebiet von 1933, und nach einem Plan des Chefs der Sicherheitspolizei Heydrich sollten alle dem Reich eingegliederten Gebiete und später auch das Reich selbst »judenfrei« gemacht werden.

Im »Generalgouvernement« entstanden darum eine Vielzahl von Arbeitslagern und Großghettos. Alle jüdischen Männer und auch viele Frauen wurden zur Zwangsarbeit verpflichtet. Auf diese Weise wurden im Oktober 1940 mitten in Warschau alle Juden des Distrikts auf einer Fläche von vier Quadratkilometern zusammengedrängt. Sie mußten mit eigenen Händen eine Mauer um dieses Gebiet ziehen. Anfang 1941 lebten fast eine halbe Million auf engstem Raum, streng von deutschen Soldaten bewacht. Jedes Haus beherbergte im Durchschnitt fast 400 Personen, in jedem Raum lebten durchschnittlich 13 Personen. Jeden Monat starben Tausende der Eingeschlossenen an Hunger und Seuchen.

Im Ghetto entstand unter diesen extremen Bedingungen eine Lebensgemeinschaft besonderer Art: Das einzige Transportmittel waren Fahrrad-Rikschas, mit denen sich viele ihr kärgliches Brot verdienten. Es wurden 2000 Mieter- und Hofkommitees gegründet, die u. a. Suppenküchen einrichteten. Da für die 40000 Schulkinder keine Schulen erlaubt waren, bildete man heimlich Lerngruppen, die als Werkstätten oder Suppenküchen getarnt waren. Trotz des Verbots der Synagogengottesdienste trafen sich kleine Gruppen und hielten an religiösen Bräuchen fest.

Im Winter 1941/42 änderten die Nationalsozialisten ihre Politik der Konzentration in Ghettos. Am 20. Januar 1942 fiel in Berlin bei der »Wannsee-Konferenz« die Entscheidung über die sogenannte »Endlösung der Judenfrage«. Ab dem 22. Juli 1942 begann die »Umsiedlung« der Ghettobewohner in das Vernichtungslager Treblinka. Tag um Tag hatte die jüdische Selbstverwaltung, der »Judenrat«, 6000–9000 Menschen bereitzustellen. Unter den ersten Transporten am 5. August war auch der Leiter des jüdischen Waisenhauses, Dr. Henryk Goldszmit, alias Janusz Korczak, der mit 200 Waisenkindern in den Tod ging und zum Symbol für den Leidensweg der Warschauer Juden wurde.

Als bis zum Frühjahr 1943 die Zahl der noch in Warschau verbliebenen, meist arbeitsfähigen Juden auf 60000 gesunken war, kam es zwischen dem 19. April und dem 16. Mai 1943 zu einem erbitterten bewaffneten Aufstand. Seit Oktober 1942 hatte sich eine Widerstandsbewegung in 22 Kampfgruppen unter Mordechai Anielewicz organisiert. Die jüdischen Widerstandskämpfer errichteten einige hundert Erdbunker, beschafften sich heimlich kleinere Mengen Waffen und Sprengstoff und gingen zunächst gegen die jüdische Ordnungspolizei und gegen die mit den Deutschen Kollaborierenden vor. Als SS-Brigadeführer Stroop bei der Erfüllung seines Auftrags, das Ghetto zu räumen, auf massiven Widerstand stieß, mußte er Straße um Straße niederbrennen. Den Verteidigern kam in ihrem – freilich aussichtslosen Kampf – ihre genaue Kenntnis des Warschauer Kanalsystems zugute. Am 16. Mai konnte General Stroop dennoch melden: »Das ehemalige jüdische Wohnviertel Warschau besteht nicht mehr.«[33]

»Wir lebten vom Verkauf aller Werte und Dinge, die nicht absolut notwendig waren. Wenn man Geld hatte, konnte man sich über Wasser halten. Die Polen brachten Lebensmittel ins Getto und kauften dort ihrerseits all die Dinge, die die Juden mitgebracht hatten: Stoffe, Schmuck, Pelze usw. 1941 wurde dann eine Bekanntmachung herausgegeben, daß alle Pelze, selbst Besatz, abgegeben werden mußten. Aber selbst für Geld konnte man zum Beispiel kein Brot kaufen. Man bekam ein winziges Stück ungenießbares Brot für die Woche zugewiesen. Wir kauften eine Art Kren, aus dem wir einen dicken Brei machten, um uns zu ernähren.

Täglich sahen wir Hunderte Tote auf der Straße liegen, wenn wir am Morgen aus dem Haus gingen, meist Verhungerte. Sie waren mit Zeitungen zugedeckt. Die Familien hatten sie über Nacht auf die Straße geschafft, denn sie konnten die Beerdigung nicht bezahlen. Der offizielle Beerdigungswagen sammelte sie dann, und sie wurden alle zusammen beerdigt. Von 1940 bis 1941 starben zirka 800 Menschen täglich, in jedem Alter. Viele, viele wurden auch zu Tode geschlagen. Wenn man einen alten Bekannten traf, dessen Hände und Beine stark geschwollen waren, konnte man sicher sein, daß er am Verhungern war und nur noch ein paar Tage zu leben hatte. Wenn Eltern starben und Kinder allein zurückblieben, wurden sie in einem alten, ungeheizten Gebäude untergebracht. Keiner sorgte für sie, und die, die nicht an der ausbrechenden Typhusepidemie zugrunde gingen, wurden vergast.

1942 starb mein Bruder im Getto. Die vielen Aufregungen hatten sein Herz angegriffen, und er überlebte sie nicht. Im Juli begannen die Massendeportierungen. Zu dieser Zeit wurde der Teil des Gettos, in dem unsere Wohnung lag, vom eigentlichen Getto abgetrennt. Wir mußten unsere Wohnung verlassen und eine neue Bleibe suchen. Das war sehr schwierig, denn das eigentliche Getto wurde kleiner, und wir wußten nicht, wohin wir gehen sollten. Meine Mutter, die krank im Krankenhaus war, kam nicht mehr mit uns, und mein kleiner, nun vierjähriger Bruder starb an einer schweren Krankheit.«

Quelle: Augenzeugenbericht Ludwig Bronislaw Barkowski aus: Voruntersuchung gegen Ludwig Hahn, 147 Js 16/69, Staatsanwaltschaft Hamburg, Blatt 25595 / 25606. Zit. nach Günther Schwarberg: Das Getto, Göttingen 1989, S. 204.

Die Grenzen der Stadt Warschau und die Umrisse der 14 km langen Ghettomauern bei ihrer Errichtung im Oktober 1940 und – als schwarze Flächen – die sehr viel kleineren Gebiete, auf die das Ghetto nach den umfangreichen Deportationen zwischen Juli und September 1942 zusammengeschrumpft war. Von den ursprünglichen 450 000 Ghettobewohnern lebten im September 1942 noch etwa 130 000 dort. Zu Beginn des Aufstandes am 19. April 1943 waren es noch etwa 60 000 Menschen.

DER WARSCHAUER GETTOAUFSTAND, 19. APRIL 1943

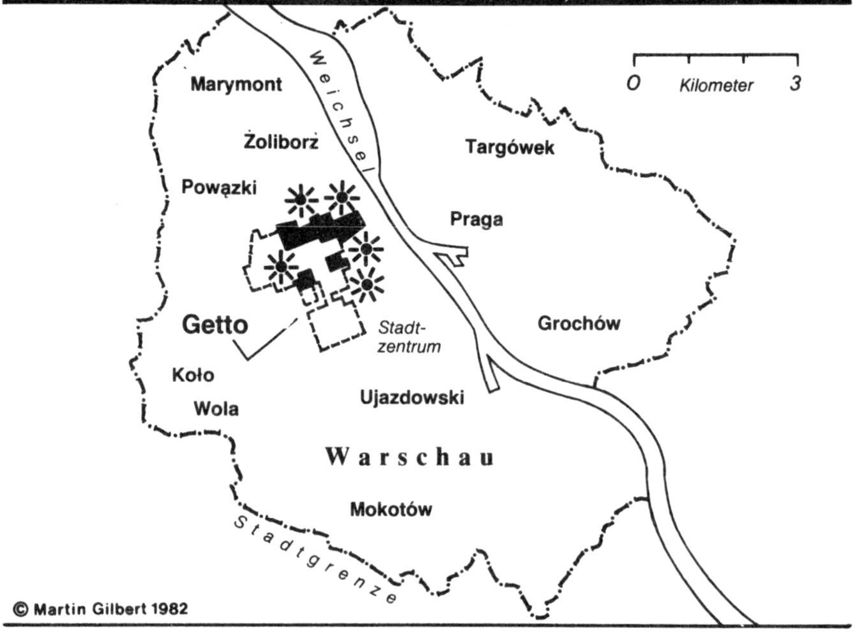

Am 16. Mai 1943 meldete der SS- und Polizeiführer im Distrikt Warschau, SS-Brigadeführer und Generalmajor Jürgen Stroop, an seinen Vorgesetzten, SS-Obergruppenführer General Krüger in Krakau:

»Das ehemalige jüdische Wohnviertel Warschau besteht nicht mehr. Mit der Sprengung der Warschauer Synagoge wurde die Großaktion um 20 Uhr 15 beendet.

Gesamtzahl der erfaßten und nachweislich vernichteten Juden beträgt insgesamt 56 065.«

In einem Nachbericht von SS-General Stroop vom 24. Mai 1943 werden die Opfer noch näher aufgeschlüsselt:

»Von den 56 065 insgesamt erfaßten Juden sind ca. 7 000 im Zuge der Großaktion im ehemaligen Wohnbezirk selbst vernichtet. Durch Transport nach T.(reblinka) II wurden 6 929 vernichtet (d. h. vergast). Über die

Zahl 56065 hinaus sind schätzungsweise 5000–6000 Juden bei Sprengungen und durch Feuer vernichtet worden. (...)

Bis auf acht Gebäude (Polizeiunterkunft, Krankenhaus und vorgesehene Unterkunft für Werkschutz) ist das ehemalige Ghetto vollständig zerstört. Soweit nicht Sprengungen durchgeführt wurden, stehen nur noch die Brandmauern. Aus den Ruinen sind aber noch Steine und Schrott in unübersehbarer Menge zu verwenden.«

Wir wissen außerdem, daß von den gefangen genommenen Juden aus dem Warschauer Ghetto 15000 den Weg ins Tötungszentrum Lublin antraten, der Rest verschwand in Todes-Arbeitslagern; nur wenige konnten fliehen und sich retten. Die Verluste der Deutschen und ihrer Kollaborateure gab Stroop mit 16 Toten und 85 Verwundeten an.

»Räumung« des Warschauer Ghettos durch die SS. Das Bild stammt aus dem »Erfolgsbericht« von SS-Brigadeführer und Generalmajor Jürgen Stroop an seinen Vorgesetzten, SS-Obergruppenführer General Krüger in Krakau. Foto: © Keystone Pressedienst GmbH, Hamburg

Die Komposition

Bei der Beschaffung einer Tonaufnahme von Schönbergs opus 46 wird sicherlich der / die Musiklehrer(in) weiterhelfen können. Ansonsten sind zur Zeit im Schallplattenhandel verschiedene Aufnahmen des Werks sowohl auf Compact-Disc (CD) als auch auf Langspielplatte (LP) erhältlich.[34] Auch für Laien verständliche musikwissenschaftliche Analysen der Schönbergschen Komposition finden sich in Schulbüchern für den Musikunterricht in der Sekundarstufe I und in einem musikdidaktischen Aufsatzband, die vermutlich in vielen Schulbibliotheken zu finden sein werden:

Banjo. Musik 7–10. Erweiterte Ausgabe für Realschulen und Gymnasien. Hg. von Dieter Clauß u. a. Stuttgart 1981, S. 158–161.

Resonanzen. Sekundarstufe I. Arbeitsbuch für den Musikunterricht. Hg. von Meinolf Neuhäuser u. a. Frankfurt/M. Berlin München, ²1977, S. 281–310 und S. 357–360.

Wilfried Gruhn: Arnold Schönberg: Ein Überlebender aus Warschau. In: Dieter Zimmerschied (Hg.), *Perspektiven neuer Musik.* Material und didaktische Information. Mainz 1974, S. 128–152.

Es mag deshalb an dieser Stelle eine allgemeine musikalische Charakteristik genügen:

Schönberg hat den ihm vorliegenden Augenzeugenbericht aus dem Warschauer Ghetto zu einem Oratorium in englischer Sprache verarbeitet. Die Befehle und Kommandos des deutschen Feldwebels werden dabei auf Deutsch gesprochen bzw. gebrüllt. Der Sprechgesang mündet in das, musikalisch deutlich abgesetzte, in hebräischer Sprache gesungene Sch'ma Jisrael. *Willi Reich*, der eine wichtige Biographie über Schönberg verfaßt hat, beschreibt opus 46 folgendermaßen:

»Diese Erzählung (sc. des Überlebenden aus Warschau) benützte Schönberg ganz wörtlich. Sie wird von einem Sprecher vorgetragen, nach Art des typisch Schönbergschen Sprechgesangs. Das Orchester leitet zunächst ein. Mit einigen kurzen, sehr knappen Motiven wird die militärische Stimmung angedeutet. Das tragische Element ist sofort da: in der Ökonomie des Satzes, in der Unerbittlichkeit der Komposition selbst. So bleibt es auch, wenn das Orchester den Sprecher begleitet, aber es wäre ein Irrtum, darin nur eine programmatische, ›beschreibende‹ Musik zu sehen: die musikalische Konstruktion ist durchaus autonom. Die Zwölftontechnik wird hier ganz streng und radikal gehandhabt und führt zu ganz neuen Variationsprinzipien, die ich, mangels eines besseren Ausdrucks, »athematisch« nennen möchte. In dem Augenblick, wo das Zählen anfängt, kommt es zu einer gewaltigen Steigerung: ein Crescendo vom Pianissimo zum dreifachen Forte, verbunden mit einer starken Tempobeschleunigung. Dann ertönt plötzlich das Gebet: einstimmiger Männerchor im Einklang mit einer Posaune: ein streng geformter Cantus firmus, vom Orchester in reicher Polyphonie umspielt. Die Coda ist sehr kurz, und das ganze bricht mit einem machtvollen Orchestertutti zusammen. – Man bleibt verwirrt, denn man hat so viel in so kurzer Zeit gehört ... «[35]

Bei der Uraufführung 1948 in Albuquerque wurde der »Überlebende aus Warschau« zweimal hintereinander aufgeführt: »Nach dem ersten Mal verharrten die 1500 Zuhörer in erschüttertem Schweigen; nach dem zweiten nahm der Beifall stürmische Formen an.«[36] 1949, bei der Premiere in Paris, reagierte ein Zuschauer spontan mit folgenden Worten:

»Man hat ganze Bände, lange Aufsätze, viele Artikel über diese Probleme geschrieben, aber Schönberg hat in acht Minuten weit mehr ausgedrückt, als es bis jetzt irgend jemand vermocht hat.«[37]

Das Sch'ma Jisrael

Formaler und inhaltlicher Höhepunkt der Schönbergschen Komposition ist der eindrucksvolle Cantus firmus des Sch'ma Jisrael. Der erste Satz, den eine Oberstufenschülerin nach dem Anhören des Werks in eine minutenlange Stille hinein äußerte, war: »Der Schluß läßt mich nicht los ... So selbstbewußt und trotzig hatte ich mir dieses Gebet nicht vorgestellt.«

Das Sch'ma Jisrael,[38] nachzulesen in Deuteronomium 6,4–9,[39] ist das Gebet und Glaubensbekenntnis des Judentums überhaupt. Es ruft zum Glauben an den einen, nicht austauschbaren, alleinigen Gott. Jeder erwachsene Jude ist gehalten, es täglich morgens und abends zu beten. Es ist fester Bestandteil jedes Synagogengottesdienstes. Jedes jüdische Kind lernt das Sch'ma Jisrael auf hebräisch, sobald es sprechen kann. Jesus bezeichnet es neben dem Gebot der Nächstenliebe (Lev 19,18) als höchstes Gebot (vgl. Mk 12,28–34 par). Rabbi Akiba, der von den Römern im Zusammenhang mit dem Bar Kochba-Aufstand 135 n. Chr. hingerichtet wurde, soll als letztes Wort den Schlüsselbegriff des Sch'ma Jisrael gehaucht haben: אחד / »echad« = »einer«. Das Sch'ma ist Juden deshalb auch als letztes Wort in der Sterbestunde empfohlen. Und schließlich ist, hergeleitet aus Dtn 6,8f, das Sch'ma Jisrael sowohl in den Kapseln der Tefillin als auch in der Mesusa enthalten.[40]

4 שְׁמַע יִשְׂרָאֵל יְהוָה אֱלֹהֵינוּ יְהוָה אֶחָד׃
5 וְאָהַבְתָּ אֵת יְהוָה אֱלֹהֶיךָ בְּכָל־לְבָבְךָ
וּבְכָל־נַפְשְׁךָ וּבְכָל־מְאֹדֶךָ׃ 6 וְהָיוּ
הַדְּבָרִים הָאֵלֶּה אֲשֶׁר אָנֹכִי מְצַוְּךָ הַיּוֹם
עַל־לְבָבֶךָ׃ 7 וְשִׁנַּנְתָּם לְבָנֶיךָ וְדִבַּרְתָּ בָּם
בְּשִׁבְתְּךָ בְּבֵיתֶךָ וּבְלֶכְתְּךָ בַדֶּרֶךְ וּבְשָׁכְבְּךָ
וּבְקוּמֶךָ׃ 8 וּקְשַׁרְתָּם לְאוֹת עַל־יָדֶךָ וְהָיוּ
לְטֹטָפֹת בֵּין עֵינֶיךָ׃ 9 וּכְתַבְתָּם עַל־מְזֻזוֹת
בֵּיתֶךָ וּבִשְׁעָרֶיךָ׃

Höre Israel! Der Ewige ist unser Gott; der Ewige ist Einer.
Und du sollst den Ewigen, deinen Gott, lieben mit ganzem Herzen, mit ganzer Seele und mit ganzer Kraft.
Und es sollen diese Worte, die ich dir heute gebiete, an deinem Herzen sein;
und du sollst sie deinen Kindern einschärfen und von ihnen reden,
wenn du in deinem Haus weilst und wenn du auf dem Weg gehst,
wenn du dich niederlegst und wenn du aufstehst.
Und knüpfe sie zur Marke an deine Hand, und sie seien zum Denkzeichen zwischen deinen Augen;
und schreibe sie an die Pfosten deines Hauses und an deine Tore.

Dtn 6,4–9 (Übersetzung H. Torczyner)

Die **Tefillin**, Gebetsriemen. »Binde sie als Zeichen auf deine Hand, laß sie als Stirnbänder zwischen deinen Augen sein.« Diese Weisungen aus dem Schema wollen nur besagen, daß der Menschen Tun und Denken durch ihre Liebe zu Gott gelenkt werden. Man nahm das Geheiß jedoch auch buchstäblich, und aus diesem zweiten Verständnis gingen die Tefillin, die Gebetsriemen bzw. Phylakterien als gegenständliche Symbole hervor. Ein kleines würfelförmiges ledernes Behältnis, in dem sich Pergamentstreifen mit ausgewählten Toresprüchen, darunter auch das Schema – alles Worte von Gottes Liebe – befinden, wird an einem Lederriemen befestigt. Diesen schlingt man so um den linken Oberarm, daß der kleine würfelförmige Behälter unmittelbar neben dem Herzen liegt[41]. Das freie Endstück des Riemens wickelt man abwärts um Arm und Hand. Eine zweite Lederkapsel, deren Riemen der Kopfgröße angepaßt ist, legt man in ähnlicher Weise an den Kopf. Sein Wort, Seine Liebe umfassen den Kopf (Sitz des Denkvermögens), das Herz (nach uralter Anschauung Quell alles Wollens) und die Hand (das ausführende Werkzeug des Handelns). Gottes Wort setzt dem Menschen Schranken, zugleich aber richtet es ihn auf.

Foto: Alfred Burchartz, Nürtingen

Tefillin trägt man weder am Sabbat noch an Feiertagen, weil diese Tage von selbst schon genug an Gottes Nahesein gemahnen. Zu viele Symbole könnten den Sinn verdunkeln, dem sie dienen sollen, und zum Selbstzweck werden statt zum Lenker der Gedanken. Das soll vermieden werden.

Die **Mesusa** (Türpfosten). »Schreibe sie an die Pfosten deines Hauses und in deine Tore!« (5. Mose 6; 9). Gottes Liebe soll unseren Ein- und Ausgang behüten. An den Türpfosten wird eine kleine Schriftrolle, die Mesusa, angebracht, auf der einige der Textstellen, einschließlich des Schema, stehen, die auch in den Tefillin festgehalten sind. So wurde das Schema denen, die aus dem Hause gehen, zum Abschiedsgruß und zur letzten Ermahnung, auf daß sie ihr Leben nach Seinen Idealen ausrichten möchten. Das Schema ist dann zugleich aber auch das, was den Heimkehrenden als erster Gruß empfängt und ihm nahelegt, sein Haus und sein Denken und Tun der Weisung Gottes in der Tora zu unterstellen.

Wie die Toraschriftrolle sind auch die Schriftrollen der Tefillin und der Mesusa aus Pergament und müssen wie jene von strenggläubigen Männern, die ihr Leben dieser heiligen Kunst weihen, mit der Hand beschriftet werden. Daneben stellen diese Schreiber, unter Beachtung genauer Regeln, auch die ledernen Behälter und Riemen der Tefillin her. Die Anfertigung des Behälters, in dem die Mesusa untergebracht wird, unterliegt keinerlei Sondervorschriften, so daß man sie seit einiger Zeit in ganz neuartigen kunstvollen Schmuckformen herstellt. Leo Trepp: Die Juden. Volk, Geschichte, Religion. Reinbek 1987, S. 175f

Curriculare Bezüge

Für Schülerinnen und Schüler – ich denke besonders an die Klassenstufen 10–13 des Gymnasiums – kann die Beschäftigung mit Schönbergs Komposition in vielfacher Hinsicht ein Gewinn sein. Zum einen setzen sowohl der Augenzeugenbericht als auch seine musikalische Verarbeitung durch Schönberg ein hohes Maß an Emotionalität frei. Da dies jedoch, zumindest im schulischen Unterricht, kein Wert an sich selbst sein kann, ist es zum anderen ebenso wichtig, daß sich bei dem hier vorgestellten Unterrichtsmedium mehrere sach- und informationsbezogene Ebenen miteinander verschränken und somit auch eine rationale Reflexion und Diskussion in Gang gesetzt werden kann. So ermöglicht die Behandlung von Schönbergs Werk u. a. die Auseinandersetzung mit

□ einem wichtigen und tragischen Kapitel der neueren jüdisch-christlichen Geschichte (Drittes Reich, nationalsozialistischer Rassismus, Warschauer Ghetto)

□ wesentlichen Elementen jüdischen Glaubens und jüdischer Frömmigkeit (Sch'ma Jisrael, Tefillin, Mesusa)

□ einem eindrucksvollen Beispiel für die mögliche Verankerung und Bewährung biblischen Gottesglaubens im Alltag

□ der theologisch grundlegenden, die Theozideeproblematik berührenden Frage nach der Berechtigung und der Perspektive biblischen Gottesglaubens unter den Bedingungen offensichtlicher Unmenschlichkeit und sinnlosen Leids

□ der lebensgeschichtlichen Frage nach dem Stellenwert von Idealen und Hoffnungen für die persönliche Lebensgestaltung (Frage des Widerstands und des Märtyrertods; zweifache Konversion Schönbergs)

□ der ästhetischen Frage, ob und wie Verbrechen und Greueltaten wie die des Nationalsozialismus im Medium von Musik und Sprache angemessen verarbeitet werden können

□ der handlungsorientierten Frage nach den Konsequenzen für unser privates und politisches Handeln angesichts von Rechtsradikalismus, politischer Indifferenz und Fremdenfeindlichkeit in der Gegenwart.

Als Unterrichtseinheiten, in deren Rahmen Schönbergs »Überlebender aus Warschau« behandelt werden könnte, bieten sich u. a. an:
- Judenvernichtung im Nationalsozialismus
- Religion des Judentums
- Hiob: Wie kann Gott das zulassen?
- Gottesglaube / Atheismus
- Leid und Tod
- Die Frage nach dem Sinn
- Einführung in die Bibel
- Rassismus

Für fächerübergreifende Projekte legt sich vor allem die Kooperation mit Geschichte (Thema »Nationalsozialismus«), Musik (Thema: »Musik der Gegenwart«), aber zum Beispiel auch mit dem Fach Deutsch (Gedichte von Paul Celan und Nelly Sachs; kreative Schreibversuche) nahe.

Auf dem Hintergrund der aktuellen Fremdenfeindlichkeit in Deutschland ist auch an außerplanmäßige Kurzeinheiten oder einzelne Unterrichtsstunden anläßlich des Jahrestages der Reichspogromnacht, des Aufstandes im Warschauer Ghetto oder der Befreiung des Konzentrationslagers Auschwitz zu denken.

Bundeskanzler Willy Brandt kniet am 7. Dezember 1970 vor dem Ehrenmal für die Toten des Warschauer Ghettos. Am selben Tag wird die Aussöhnung mit Polen mit dem deutsch-polnischen Abkommen besiegelt. Foto: dpa

Unterrichtsskizze

Ich selbst habe Schönbergs Komposition kürzlich in einer *11. Klasse* im Kontext der Unterrichtseinheit *»Einführung in die Bibel«* als Beispiel für einen jüdischen und zugleich musikalischen Zugang zur Bibel vorgestellt. Dabei haben sich folgende Unterrichtsschritte als sinnvoll erwiesen:

1. Hinführung zum Stundenthema / Wiederholung von Vorwissen

□ die Lehrerin / der Lehrer stellt das Stundenthema vor und schreibt es an die Tafel: *Ein jüdisch-musikalischer Zugang zur Bibel*

□ anhand von OHP-Folien (vgl. S. 138) oder Anschauungsmaterialien (Medienkoffer »Judentum«) im fragend-entwickelten Verfahren Wiederholung oder Erarbeitung der Bedeutung und Funktion von Tefillin und Mesusa

□ die Frage nach dem Inhalt von Tefillin-Kapseln und Mesusa leitet über zu Dtn 6,4–9

□ eventuell stichwortartiger Tafelanschrieb zur Erklärung von Tefillin und Mesusa

2. Lektüre und erste Besprechung von Dtn 6,4–9

□ Lektüre von Dtn 6,4–9 in der Bibel

□ die Schüler/innen identifizieren Dtn 6,8f als Begründung für Tefillin und Mesusa

□ die Lehrerin / der Lehrer erklärt die zentrale Bedeutung des Sch'ma Jisrael für das Judentum und fragt nach der zentralen Aussage des Textes

□ die Schüler/innen nehmen die Verse 4 und 5 als Bekenntnis zum absoluten Monotheismus und als Aufruf zur völligen Hingabe an Gott wahr, können die große Bedeutung des Sch'ma für Juden an dieser Stelle in aller Regel jedoch emotional noch nicht nachvollziehen

□ eventuell stichwortartiger Tafelanschrieb zur Bedeutung des Sch'ma Jisrael

3. Erarbeitung oder Wiederholung von Informationen zum Warschauer Ghetto

□ Lehrerimpuls: »Ehe wir nun zu unserem musikalischen Zugang zur Bibel kommen, müssen wir noch eine Vorinformation klären … Es geht in dem Musikstück, das ich euch gleich vorstellen werde, um die Situation im Warschauer Ghetto. Was wißt ihr denn darüber?«

□ Schüler/innen tragen Vorwissen zusammen; Lehrer/in ergänzt, gestützt durch OHP-Folien (vgl. die in Anm. 32 genannte Literatur)

□ eventuell vertiefte Behandlung der Situation im Warschauer Ghetto anhand von Texten

□ stichwortartige Ergebnissicherung

4. Konfrontation mit dem Augenzeugenbericht
□ stille Lektüre des Augenzeugenberichts (evtl. zuerst nur englischer Text)
□ ausreichend Zeit für spontane Reaktionen und Rückfragen, bewußte Zurückhaltung der Lehrerin / des Lehrers

5. Problematisierung
□ Lehrer/in: »Nun soll es ja um einen musikalischen Zugang zur Bibel gehen ... Könnt ihr euch vorstellen, wie man all das in Musik umsetzen könnte?«
□ die Schüler entwickeln Ideen (z. B.: »Also auf jeden Fall müßte es irgendwie schräg sein, so daß es einen aufwühlt ...« – »Ich würde das Gebet am Schluß irgendwie anders gestalten als das andere ...«) – eventuell zusätzlicher Impuls durch die Frage, ob es überhaupt zulässig und möglich ist, Erfahrungen wie die im Augenzeugenbericht beschriebenen musikalisch zu verarbeiten

6. Vorstellung von Arnold Schönberg und seines opus 46
□ Lehrer/in erkundigt sich nach Vorkenntnissen über Arnold Schönberg
□ ergänzende Information zu Biographie und Lebenswerk durch den Lehrer / die Lehrerin (gestützt durch OHP-Folie mit Foto von Schönberg)
□ eventuell stichwortartige Notizen zu Schönberg an der Tafel, auf jeden Fall Ergänzung der Überschrift durch den Zusatz: *Arnold Schönberg, Ein Überlebender aus Warschau (1947)*

7. Anhören von Schönbergs »Ein Überlebender aus Warschau«

8. Rundgespräch mit offenem Ausgang: Austausch von Eindrücken und Gedanken
□ nach dem Anhören der Musik ist es wichtig, die Stille und Betroffenheit bewußt auszuhalten
□ Äußerungen der Schüler/innen sind behutsam und situationsgerecht aufzugreifen
□ erst dann vorsichtige Impulse des Lehrers / der Lehrerin, rückgebunden an die Unterrichtsschritte 1–6, z. B.: Hinweis auf die Reaktionen der Zuhörer bei Uraufführung und Pariser Premiere:
»Ist das eine Möglichkeit, all das musikalisch darzustellen?« – »Versteht ihr jetzt besser, welche Bedeutung das Sch'ma Jisrael für einen Juden hat?« – »Kennt ihr auch solche Situationen, in denen ein Text, den man ganz gut zu kennen meint, plötzlich eine ganz neue Bedeutung bekommt?« – »Könnt ihr jetzt besser nachvollziehen, warum Schönberg wieder zum Judentum übergetreten ist?« – »Wenn ihr diesen Zugang zur Bibel jetzt einmal mit dem vergleicht, was wir über die historisch-kritische Methode der Bibelauslegung erarbeitet haben ... Wie ist das für euch?«

9. Eventuell nochmaliges Anhören des »Überlebenden aus Warschau«

Bei zügiger Unterrichtsgestaltung und guten Vorkenntnissen auf seiten der Schülerinnen und Schüler ist diese Abfolge von Unterrichtsschritten unter Umständen in einer einzigen Schulstunde möglich. Wenn die Klasse wenig Vorkenntnisse mitbringt, ist im Interesse eines von Hektik freien Unterrichtsablaufs in jedem Fall eine Doppelstunde bzw. eine Aufteilung des Stoffs auf zwei einzelne Unterrichtsstunden angebracht.

Alternative Unterrichts-Vorschläge
Der hier vorgestellte lehrgangsartige Unterrichtsablauf ist sicherlich nur einer von vielen denkbaren. Auf einige weitere Möglichkeiten möchte ich abschließend zumindest noch hinweisen:

A. Hirsch Glik: »Sog nit kejnmol«
In manchen Klassen mag die Kollegin / der Kollege das Bedürfnis verspüren, der ernsten und unter Umständen auch deprimierenden Grundstimmung, die mit der Schönbergschen Komposition zwangsläufig verbunden ist, einen positiven, ermutigenden Impuls entgegenzustellen. Sicherlich besteht hier die Gefahr, unangenehme Realitäten affirmativ umzudeuten. Als in der Sache selbst begründeter Gegenakzent würde es sich aber z. B. anbieten, ein auf Ermutigung und Mobilisierung ausgerichtetes Lied wie *»Sog nit kejnmol«* in die Unterrichtsplanung miteinzubeziehen. Dieses jiddische Lied wurde von dem dreiundzwanzigjährigen Partisanenkämpfer Hirsch Glik[42] unter dem Eindruck der Warschauer Ereignisse im Ghetto von Wilna geschrieben und galt allgemein als die Hymne des jüdischen Widerstands. Bei einer Hospitation in einer 9. Klasse habe ich miterlebt, wie ein Kollege, der auch Musik unterrichtet, dieses Lied am Anfang und Ende der Stunde selbst mit Akkordeonbegleitung vorgetragen und seiner Unterrichtsplanung auf überzeugende Weise die Bedeutung und Funktion der Sprachen Jiddisch, Englisch, Deutsch und Hebräisch in den Kompositionen von Glik und Schönberg zugrundegelegt hat.

Aufnahme des deutschen Feldwebels Heinrich Jöst aus dem Warschauer Ghetto, 1941

Sog nit kejnmol, as du gejsst dem leztn Weg,
Chotsch Himlen blajene farschteln bloje Teg.
Kumen wet noch unser ojssgebenkte Scho,
Ss'wet a Pojkton unser Trot: mir senen do!

Fun grinem Palmenland bis wajtn Land fun Schnej,
Mir kumen on mit unser Pajn, mit unser Wej,
Un wu gefaln is a Schpriz fun unser Blut,
Schprozn wet dort unser G'wure, unser Mut.

Ss'wet die Morgensun bagildn uns dem Hajnt,
Un der Nechtn wet farschwindn mitn Fajnd.
Nor ojb farsamen wet di Sun un der Kajor,
Wi a Parol sol sajn doss Lid fun Dor zu Dor.

Dos Lid geschribn is mit Blut un nit mit Blaj.
Ss' is kejn Lid fun a Foigl ojf der Fraj,
Doss hot a Folk zwischn falndike Went,
Doss Lid gesungen mit Naganess in de Hent.

To sog nit kejnmol, as du gejsst dem leztn Weg,
Chotsch Himlen blajene farschteln bloje Teg.
Kumen wet noch unser ojssgebenkte Scho,
Ss'wet a Pojkton unser Trot: mir senen do!

Sage niemals, daß du den letzten Weg gehst,
Wenn auch bleierner Himmel den blauen Tag verdeckt.
Kommen wird noch unsere erträumte Stunde,
Dröhnen wird noch unser Schritt: Wir sind da!

Von dem grünen Palmenland bis zum fernen Land
des Schnees
Kommen wir mit unserer Pein, mit unserem Weh,
Und wo ein Tropfen von unserem Blut geflossen ist,
Wird unser Heldentum sprießen, unser Mut.

Es wird die Morgensonne uns das Heute vergolden,
Und das Gestern wird verschwinden mit dem Feind.
Und wenn die Sonne und das Frührot ihre Pflicht versäumen,
Soll das Lied die Parole sein von Geschlecht zu Geschlecht.

Das Lied ist geschrieben mit Blut und nicht mit Blei.
Es ist kein Lied eines Vogels in der Freiheit,
Es hat ein Volk zwischen einstürzenden Wänden
Dieses Lied gesungen mit Pistolen in den Händen.

Sage niemals, daß du den letzten Weg gehst,
Wenn auch bleierner Himmel den blauen Tag verdeckt.
Kommen wird noch unsere erträumte Stunde,
Dröhnen wird noch unser Schritt: Wir sind da!

Quelle: Hai und Topsy Frankl, Wenn der Rabbi singt. (GTB 721). Gütersloher Verlagshaus, Gütersloh 1996. Aufnahmen dieses Liedes sind auf vielen Schallplatten mit jiddischen Liedern zugänglich (z. B. von der Gruppe »Zupfgeigenhansel«)

Hirsch Glik, Dichter und Partisan, wurde 1920 in Wilna, Litauen, geboren. Bei der Besetzung durch die Deutschen im Zweiten Weltkrieg kam er in das Konzentrationslager Waisse Wake. Dort schrieb er eine Reihe von Gedichten, die ihm später einen Preis des Wilnaer Ghettos einbrachten. 1943 wurden alle Juden aus dem KZ Waisse Wake in das Wilnaer Ghetto gebracht, von wo aus Glik sich den Partisanen anschloß. In dieser Zeit, inspiriert durch den Aufstand im Warschauer Ghetto, schrieb er das obenstehende Lied. Es wurde sofort zur Hymne des jüdischen Widerstandes, später ein Symbol und Andenken an die jüdischen Partisanenbrigaden in Polen und den baltischen Staaten.

Hirsch Glik wurde nach der Liquidation des Wilnaer Ghettos erneut von der Gestapo verhaftet und in ein KZ nach Estland gebracht. Dort gelang ihm die Flucht in die naheliegenden Wälder. Er fiel kurze Zeit später im Kampf gegen deutsche Truppen im Alter von 23 Jahren.

B. »Gruppenpuzzle«

Sehr gut geeignet ist Schönbergs »Überlebender in Warschau« sicherlich auch für eine Erarbeitung nach der Methode »Gruppenpuzzle«, und zwar sowohl im Fachunterricht als auch in Kooperation mit anderen Fächern.

Denkbar wäre in einer Klasse mit 20 Schülerinnen und Schülern nach einer kurzen Einführung durch die beteiligten Lehrerinnen und Lehrer z. B. die Bildung von vier Expertengruppen à fünf Personen zu folgenden Themenaspekten:

□ Expertengruppe I:
Bedeutung des Sch'ma Jisrael in der jüdischen Religion
Material: Kopien der Seiten 137ff dieses Buches, Bibel und Lexikonartikel (vgl. Anmerkung 38)

□ Expertengruppe II:
Das Warschauer Ghetto und der Warschauer Aufstand aus historischer Sicht
Material: Kopien der Seiten 132ff dieses Buches, Geschichtsbuch und Dokumentationsbildband (z. B. Heydecker oder Schwarberg, vgl. Anmerkung 32)

□ Expertengruppe III:
Überblick über Biographie und Lebenswerk Arnold Schönbergs
Material: Lexikonartikel über Schönberg, Musikbuch, rororo-Monographie von Eberhard Freitag (vgl. Anmerkung 30), Beratung durch Musiklehrer

□ Expertengruppe IV:
Entstehung, Aufbau und Rezeption des Schönbergschen opus 46
Material: Kopien der Seiten 129ff und 135f dieses Buches, eventuell Passagen aus den Musikbüchern

Jeweils fünf Expertinnen und Experten erarbeiten sich dann anhand der hier abgedruckten sowie weiterer Materialien ihr Puzzlestück der Thematik.

In einer zweiten Arbeitsphase werden fünf Diskussionsgruppen gebildet, wobei die Zusammensetzung so sein muß, daß jede der vier Expertengruppen jeweils eine Vertreterin / einen Vertreter in jede der fünf Diskussionsgruppen entsendet. Aufgabe der Diskussionsgruppen ist der wechselseitige Austausch und, wenn möglich, auch schon eine erste Integration dessen, was in den Expertengruppen erarbeitet wurde.

Erst in einem dritten Schritt, vermutlich zu Beginn einer zweiten Unterrichtsstunde, käme es dann zu einem gemeinsamen Anhören der Schönbergschen Komposition sowie einer vertiefenden bzw. weiterführenden Diskussion im Plenum.

C. »Gruppenpuzzle«-Variante: Expertengruppe Janusz Korczak

Anstelle der Expertengruppe IV oder ergänzend zu ihr kann sich eine weitere Gruppe der Person und dem Schicksal von Janusz Korczak und der von ihm betreuten zweihundert Waisenkinder im Warschauer Ghetto zuwenden. Am Schicksal der Kinder wird die Brutalität der Vernichtungsaktionen besonders anschaulich. Wie sehr die mit Janusz Korczak in den Tod ziehenden Waisenkinder Symbol für das Schicksal aller getöteten polnischen Kinder sind, läßt sich z. B. am Schicksal der Kinder aus dem Raum Zamosc zeigen. Im Zuge einer »Umsiedlungsmaßnahme« im Distrikt Lublin – dort sollten deutsche Bauern als »Bollwerk« gegen den Osten angesiedelt werden – wurden im Kreis Zamosc 110 000 Polen vertrieben, unter ihnen 30 000 Kinder. In »Umsiedlungs- und Arbeitslagern« trennten die deutschen Aufseher die zur Arbeit eingesetzten Eltern von ihren Kindern. 4 500 Kinder im Alter von zwei bis 14 Jahren wurden zum Zwecke der »Eindeutschung« nach Deutschland verschleppt.

Material: Auszüge aus verfügbaren Biographien Janusz Korczaks[43]

D. Theologische Vertiefung

Für eine vertiefte theologische Reflexion (Gottesbild, Theodizeefrage, Hiobproblematik) verweise ich auf den bekannten und an vielen Orten abgedruckten Text »Jossel Rackower spricht mit Gott«.[44] Es handelt sich bei diesem erschütternden Monolog, wie ich erst jüngst gelernt habe, allerdings nicht um ein historisches Dokument, das im brennenden Warschauer Ghetto geschrieben und dann in einer Flasche der Nachwelt überliefert wurde, sondern um ein literarisches Produkt, das der jüdische Journalist, Schriftsteller, Filmemacher, Geschäftsmann, Lehrer und Geheimagent Zvi Kolitz 1946 für die jüdische Gemeinde in Argentinien verfaßt hat. Der Text erschien, wie Paul Badde, Redakteur der Frankfurter Allgemeinen Zeitung jetzt herausgefunden hat, zuerst am 25. September 1946 in Buenos Aires, und zwar in jiddischer Sprache in »El Diario Israelita / Di jiddische Tsaitung«. Die Überschrift lautete: »JOSL RAKOVERS VENDUNG TSU GOT – Derzehlung speziell far di Jiddische Tsaitung fun TSVI KOLITS«.[45]

Zielorientiert lernen

Dialektisch denken lernen

Nachdem in diesem Buch bisher auf vielfältige Weise dafür geworben wurde, Religionsunterricht offener, schülerfreundlicher und kommunikativer zu gestalten, mag es manche und manchen irritieren, daß es im letzten Kapitel nun um ein anscheinend so engherziges und lehrerzentriertes Thema wie »Zielorientiertes Lernen« gehen soll. Steht lernzielorientiertes Lernen nicht in einem unauflösbaren Widerspruch zum bisher Ausgeführten?

Ich habe aus einer sehr anregenden Dissertation von *Ludwig Duncker*[1] gelernt, daß der unübersehbare Gegensatz von »Erfahrung« und »Methode« sich durch die gesamte Geschichte der Pädagogik zieht und in den Grundstrukturen der Institution Schule verankert ist.

So formuliert z. B. schon Luther in seiner Schrift *»An die Ratsherren aller Städte deutschen Landes, daß sie christliche Schulen aufrichten sollen«:*

□ »Wenn es nun auch keine Seele gäbe und man der Schulen und Sprachen gar nicht bedürfte um der Schrift und um Gottes willen, so wäre doch allein der folgende Grund völlig ausreichend, um die allerbesten Schulen für Knaben und Mädchen an allen Orten einzurichten: Die Welt bedarf, um auch nur ihren weltlichen Stand äußerlich zu erhalten, guter, fähiger Männer und Frauen, damit die Männer Land und Leute recht regieren und die Frauen Haus, Kinder und Gesinde recht erziehen und bewahren können ... Wenn man sie aber lehrte und erzöge in Schulen oder wo sonst gebildete und gesittete Lehrer und Lehrerinnen sind, welche die Sprache und andere Wissenschaften sowie Geschichte lehren, dann würden sie die Geschehnisse und Sprüche aller Welt hören, wie es dieser Stadt, diesem Reich, diesem Fürst, diesem Mann, dieser Frau ergangen ist. So könnten sie sich in kurzer Zeit das Leben und Treiben geradezu der ganzen Welt von Anfang an, die Überlegungen und Pläne, das Gelingen und Mißlingen vorstellen wie in einem Spiegel. Daraus könnten sie sich dann ihr Urteil bilden und sich im Lauf der Welt einrichten mit Gottesfurcht, zudem verständig und klug werden aufgrund dieser Geschichtserzählungen und auch andere danach beraten und regieren. *Die Erziehung aber, die man daheim ohne solche Schulen vornimmt, die will uns weise machen durch eigene Erfahrung. Ehe das geschieht, sind wir hundertmal tot und haben unser Leben lang alles unbedacht gehandhabt, denn zu eigener Erfahrung gehört viel Zeit.*«[2]

Es nützt, wie Duncker überzeugend darlegt, wenig, wenn die pädagogische Diskussion so geführt wird, daß die schulische Grundspannung von Erfahrung und Methode in immer wieder neuer Form so stilisiert wird, als müsse man das eine Element bekämpfen und möglichst abschaffen, um dem anderen zur Entfaltung zu verhelfen, als ginge es also z. B. um folgende Alternativen:

»Wissenschaftsorientierung	vs.	lebenspraktische Orientierung
geschlossenes Curriculum	vs.	offenes Curriculum
programmiertes Lernen	vs.	entdeckendes Lernen
fachorientierter Unterricht	vs.	situationsorientierter Unterricht
lernzielorientierter Unterricht	vs.	schülerorientierter Unterricht
kursartiger Unterricht (Lehrgang)	vs.	Projektunterricht«[3]

Was wir brauchen, ist nach Duncker eine dialektisch denkende, notwendige Spannungen aushaltende Schulpädagogik, die sich vor ideologischen Verkürzungen und didaktischen Monismen hütet und die Bewährtes und als richtig Erkanntes nicht einfach mit der nächsten pädagogischen Mode über Bord wirft. Mit dieser Sichtweise steht er in einer guten und renommierten Tradition:[4]

□ »Immer wieder gewahren wir den gleichen Vorgang: auf dem Plan erscheint irgendein neues pädagogisches Motiv – ein Kunstgriff, eine Methode, eine Einrichtung – und wirbt Anhänger; aber diese Werbung begnügt sich nicht damit, den sachlichen Sinn, die innere Notwendigkeit, die bildende Wirkung darzutun, die dem Vorgeschlagenen *im Rahmen* der gesamten Bildungsarbeit, *im Zusammenwirken* mit anders begründeten und anders gerichteten Maßnahmen der Erziehung zukommt, sondern sie glaubt es dadurch in einem höheren Sinn beglaubigen und gegen Widerspruch sichern zu sollen, daß es sich über die ganze Breite des pädagogischen Feldes streckt, das heißt zum – ›Bildungsideal‹ aufbläht«. *Theodor Litt (1927)*

□ »Die klare Einsicht in die dialektische Struktur des pädagogischen Bereiches ist es, deren Mangel ich in zahlreichen Beiträgen zu pädagogischen Problemen unserer Tage glaube zu beobachten zu können. Diese unzureichenden Lösungsversuche und die ihnen zugrunde liegenden Denkansätze sind alle durch eine je besondere Einseitigkeit, Einpoligkeit gekennzeichnet; sie bemühen sich, die Probleme von *einem* – bewußt oder unbewußt – fixierten Standpunkt aus anzugehen und zu bewältigen«.

Wolfgang Klafki (1966)

□ »In der Tat bringt eine Übertreibung die andere hervor. Auf jede neu auftauchende Schwierigkeit antwortet man mit einem totalen Konzept.«

Hartmut von Hentig (1973)

Und selbst in einer der neuesten religionspädagogischen Kontroversen, in der Dietrich Zilleßen zunächst einen Gegensatz zwischen »Resultatsdidaktik« und »Erfahrensdidaktik«, zwischen »technokratischer Haltung« und »menschlicher Bewegung«, zwischen Reproduktions- und »Abbild«-Didaktik einerseits und dialogisch-anarchischen Lernarrangements andererseits, aufbaut, steht selbst bei ihm am Schluß der Überlegungen dann doch die weise und richtige Einsicht:

»Es geht nicht darum, auf jede Resultatsdidaktik zu verzichten. Der Erfahrungsprozeß muß zu Resultaten kommen. Dabei gilt es, die unterschiedlichen Voraussetzungen des Unterrichts, der Schüler und ihrer Lebenswelten zu beachten. Aber Resultatsdidaktik kann nur ein Element von Erfahrensdidaktik, von Prozeßdidaktik sein, nicht umgekehrt.«[5]

»Na, Jungs, machen wir'n Faß auf? Jazz? Film? Palaver über Mann und Weib?« – »Könnten Sie uns heute nicht mal ausnahmsweise die Kiste mit der Religion erklären?«

Lernziele, nein danke?

Wenn ich mich an meine eigene Referendarzeit erinnere, ging es mir bei meiner ersten Begegnung mit Lernzielen nicht anders als den meisten meiner heutigen Referendarinnen und Referendare auch: Lernziele sind wie Tafel, Kreide, Glockenzeichen und das Notenbuch des Lehrers etwas, das ganz eng mit der Institution Schule verbunden ist, etwas, das es außerhalb der Institution Schule – zumindest in dieser spezifischen Form – gar nicht gibt, etwas, auf das man als Mensch mit gesundem Menschenverstand deshalb eigentlich auch verzichten zu können meint.

Aber auch im Gespräch mit Mentorinnen und Mentoren merke ich gelegentlich, daß Lernzielformulierungen für viele nicht gerade im Zentrum des Interesses stehen. Muß man den sowieso schon geplagten Berufsanfänger auch noch mit solch schikanösen Formulierungskunststücken plagen? Ist die Zeit der curricularen Lernzieleuphorie nicht längst vorbei? Welche Kollegin und welcher Kollege mit 23 Wochenstunden formuliert im Berufsalltag für seinen Unterricht denn noch Lernziele?

In jüngster Zeit bekommen die Gegner von Lernzielen schließlich auch noch Unterstützung von manch einem, der für Offenen Unterricht, Freiarbeit, handlungs- und produktionsorientierte Prozesse eintritt. Lernzielorientierte Unterrichtsplanung gerät in diesem Zusammenhang schnell in die Ecke eines enggeführten, routinemäßig ablaufenden Lektionenbetriebs, der auf die Bedürfnisse und Widerstände der Schülerinnen und Schüler nur wenig Rücksicht nimmt.

Wenn ich mich in die Fachliteratur zum Thema »Lernziele« einlese,[6] kann ich die verbreitete Skepsis gegenüber Lernzielen gut nachvollziehen. Da gab es tatsächlich einmal die Idee eines programmierten Unterrichts, bis hin zu dem Gedanken, man könne Lehrerinnen und Lehrer nach dem Lernerfolg der Klasse, sprich: nach dem Erreichen bzw. Nichterreichen von Lernzielen, bezahlen. Aber auch, wenn man von derlei Skurrilitäten absieht: Vieles, was in den 70er Jahren über Lernziele geschrieben wurde, empfinde auch ich heute als allzu formalistisch, allzu aufwendig, allzusehr von der – gerade auch für den Religionsunterricht verhängnisvollen – Vorstellung getragen, pädagogische Situationen seien bis ins kleinste Detail hinein vorhersehbar und planbar.

Wird in der Schulpraxis also zu Recht manches auf kleiner Flamme gekocht, so kann es grundsätzlich dennoch kein Zurück hinter die »curriculare Wende« geben. Ein flüchtiger Blick auf einen beliebigen Lehrplan der 50er Jahre[7] erinnert an den guten Sinn von Lernzielen: Die Formulierung von Lernzielen macht Unterricht überhaupt erst diskutierbar, ermöglicht das verantwortliche Abwägen von Alternativen, ist ein kritisches Korrektiv gegenüber unklaren, unhinterfragten und autoritären Vorgaben. Wer an das Phänomen »Unterricht« mit Hilfe von Lernzielen herangeht, kann nicht mehr einfach sagen: »Das muß man aber ganz anders machen ...« Er muß es auch begründen, warum er meint, es so und nicht anders machen zu müssen.

Es geht beim Thema »Lernziele« darum, daß wir uns bemühen, das, was wir bei der Planung und Gestaltung des Unterrichts sowieso schon tun, bewußtzumachen. So wie wir alle ständig nach Regeln und Mustern handeln, ohne diese Regeln und Muster deshalb auch schon formulieren zu können,[8] so verfolgt auch jede Lehrerin und jeder Lehrer immer schon bestimmte Ziele, auch wenn sie sie gar nicht formulieren können, und auch, wenn sie vielleicht davon überzeugt sind, dezidierte Gegnerinnen und Gegner von derartigen didaktischen Spielereien zu sein. Eine solide und schülerorientierte Unterrichtsplanung steht und fällt mit dem Nachdenken über die Ziele, die man mit seinem Unterricht erreichen will. Nur pädagogische Genies machen intuitiv alles richtig (oder glauben vielleicht auch nur, es zu tun), für »normale« Lehrerinnen und Lehrer gilt das Bonmot, das der ansonsten eher umstrittene Altmeister der Lernzielforschung Robert Mager formuliert hat: »Wer nicht weiß, wo er eigentlich hinwill, darf sich nicht wundern, wenn er plötzlich irgendwo ist, wo er nie hinwollte.«[9]

Es war einmal ein Seepferdchen, das eines Tages seine sieben Taler nahm und in die Ferne galoppierte, sein Glück zu suchen. Es war noch gar nicht weit gekommen, da traf es einen Aal, der zu ihm sagte:

»Psst. Hallo, Kumpel. Wo willst du hin?«

»Ich bin unterwegs, mein Glück zu suchen,« antwortete das Seepferdchen stolz.

»Da hast du's ja gut getroffen,« sagte der Aal, »für vier Taler kannst du diese schnelle Flosse haben, damit kannst du viel schneller vorwärts kommen.«

»Ei, das ist ja prima,« sagte das Seepferdchen, bezahlte, zog die Flosse an und glitt mit doppelter Geschwindigkeit von dannen. Bald kam es zu einem Schwamm, der es ansprach:

»Psst. Hallo, Kumpel. Wo willst du hin?«

Ich bin unterwegs, mein Glück zu suchen,« antwortete das Seepferdchen.

»Da hast du's ja gut getroffen,« sagte der Schwamm, »für ein kleines Trinkgeld überlasse ich dir dieses Boot mit Düsenantrieb; damit könntest du viel schneller reisen.«

Da kaufte das Seepferdchen das Boot mit seinem letzten Geld und sauste mit fünffacher Geschwindigkeit durch das Meer. Bald traf es einen Haifisch, der zu ihm sagte:

»Psst. Hallo, Kumpel. Wo willst du hin?«

»Ich bin unterwegs, mein Glück zu suchen,« antwortete das Seepferdchen.

»Da hast du's ja gut getroffen. Wenn du diese kleine Abkürzung machen willst,« sagte der Haifisch und zeigte auf seinen geöffneten Rachen, »sparst du eine Menge Zeit.«

»Ei, vielen Dank,« sagte das Seepferdchen und sauste in das Innere des Haifisches, um dort verschlungen zu werden.

Die Moral dieser Geschichte: wenn man nicht genau weiß, wohin man will, landet man leicht da, wo man gar nicht hin wollte.

Robert F. Mager: Lernziele und Programmierter Unterricht. Weinheim Berlin Basel 1965, S. XVII

Vom »Sitz im Leben« einer sinnvollen Arbeit mit Lernzielen

Wenn Referendarinnen und Referendare ihre ersten Unterrichtsentwürfe anfertigen, fällt auf, daß die Formulierung der Lernziele – auch im Kontext sonst sehr origineller und fundierter didaktischer Überlegungen – oft einen eher nachlässigen Eindruck hinterlassen und manchmal auf dem Hintergrund der sonstigen Ausführungen geradezu wie ein völlig disparater Fremdkörper wirken. Überlege ich mir, wie es zu diesem Phänomen kommen kann, fallen mir wiederum Szenen aus meiner eigenen Referendarzeit ein:

Es ist spät am Abend. Morgen kommt der Fachleiter zum Beratungsbesuch. Sehr müde und etwas nervös sitzt der Referendar an der Schreibmaschine bzw. am Computer und legt letzte Hand an seinen Unterrichtsentwurf. Nach oft tagelanger Suche von Texten, Bildern und anderen Medien, nach langwierigen Planungs- und Entscheidungsprozessen steht die Stunde endlich. Das Arbeitsblatt ist fertig, auch die Verlaufsplanung und der Unterrichtsentwurf sind so weit klar. Der Referendar ist halbwegs zufrieden und freut sich schon auf sein Bett. Doch da fällt ihm ein: »Oje, und jetzt muß ich noch die Lernziele formulieren ...«

Dieser »Sitz im Leben« mag etwas überspitzt dargestellt sein, doch ich will damit deutlich machen: Wenn Lernziele unter solchen Umständen formuliert werden, kann man im Grunde gleich darauf verzichten! Entweder es handelt sich um eine reine Fleißarbeit, um den Fachleiter oder den Mentor zufriedenzustellen, oder aber es stellt sich viel zu spät heraus, daß die geplante Stunde ihre didaktischen Tücken und Ungereimtheiten hat. Ein sinnvoller Umgang mit Lernzielen setzt voraus, daß man sich ihrer in einer viel früheren Phase der Unterrichtsvorbereitung bedient, und zwar, um Materialien und Ideen unter didaktischen Gesichtspunkten zu sichten und zu strukturieren. Ich bin sehr dafür, die Unterrichtsplanung mit einer kreativen und auch durchaus intuitiven Arbeitsphase zu beginnen, doch schon im nächsten Schritt sollte man sich um zunächst vorläufige, probeweise Lernzielformulierungen bemühen. Nimmt man diese Formulierungsversuche ernst, dann werden auch die erfahrene Kollegin und der erfahrene Kollege dazu wesentlich mehr als fünf oder zehn Minuten benötigen. An den Lernzielformulierungen lassen sich nämlich Anlage und Struktur der Unterrichtsplanung ablesen, es werden Besonderheiten, Akzente, Stärken und Schwächen einer Unterrichtskonzeption deutlich. Da es wohl eher die Ausnahme sein wird, daß einem Kollegen gleich im ersten Anlauf die optimale Organisationsmöglichkeit eines Lernprozesses einfällt, wird die Formulierung von Lernzielen immer ein mehr oder weniger langwieriges Ausprobieren und Suchen sein. Je nach Zeitdruck wird dieses Ausprobieren und Suchen von Fall zu Fall unterschiedlich intensiv sein, aber das sollte nicht darüber hinwegtäuschen, daß die Mühe, die man sich mit der Artikulation und Reflexion von Lernzielen macht, letztlich nur ein Spiegelbild der Unterrichtsvorbereitung überhaupt ist. Bei einem Kollegen, der ein volles Deputat hat und vielleicht auch noch Wert auf außerunterrichtliche Aktivitäten legt, wird dabei sicherlich nicht jede Stunde gleich gut vorbereitet sein können.

Da eine Hauptschwierigkeit bei der Planung von Religionsunterricht im Unterschied zu vielen anderen Schulfächern gerade auch darin besteht, einen Unterrichtsinhalt überhaupt erst einmal einzugrenzen, zu strukturieren und zu elementarisieren, frage ich mich in diesem Zusammenhang immer wieder, ob die Lehrpläne, Schulbücher und Unterrichtsmodelle unseres Faches wirklich sorgfältig genug ausgearbeitet sind, um die Kolleginnen und Kollegen in der Praxis tatsächlich zu entlasten. Vieles wird allzu schnell und kaum erprobt auf den Markt geworfen, und die scheinbar so situationsoffen und dynamisch wirkende Rede von sogenannten »Bausteinen« täuscht oft nur darüber hinweg, daß bei mancheinem Baustein niemand sagen könnte, was damit in einem konkreten Unterrichtsgeschehen eigentlich mit welcher didaktischen Absicht erreicht werden soll. So liefern nicht wenige Unterrichtsmodelle erschreckende Belege dafür, wie schwer es der Religionspädagogik insgesamt fällt, ihre spezifischen Inhalte und Themen gerade auch im Zusammenspiel mit den anderen Schulfächern auf überzeugende Weise darzulegen.

Im folgenden möchte ich versuchen, anhand von konkreten Beispielen eine in den 70er Jahren eigentlich schon selbstverständliche, heute aber oft vergessene und in Mißkredit geratene These plausibel zu machen: *Die präzise und selbstkritische Formulierung von Lernzielen ist ein wichtiges und unerläßliches Hilfsmittel zur Planung (und Analyse) von Unterricht.* Mir geht es dabei also nicht um von abstrakten Global- und Richtzielen hergeleitete Lernzielkataloge, die Hochschulpädagogen oder Kultusbehörden in mehr oder weniger weiser Vorausplanung den Kolleginnen und Kollegen vorgeben, sondern um pragmatische, in der Alltagspraxis der Unterrichtsvorbereitung verankerte Lernzielformulierungen »von unten«, um Hypothesen, von denen Kolleginnen und Kollegen in eigener pädagogischer Verantwortung, bewußt oder unbewußt, immer schon ausgehen. Auf wichtige Detailfragen wie die der Operationalisierung, Dimensionierung und Hierarchisierung von Lernzielen gehe ich in diesem Aufsatz ebensowenig ein wie auf das Verhältnis von Inhalten und Zielen, die Unterscheidung zwischen produkt- und prozeßorientierten Zielen oder die eher wissenschaftstheoretischen Überlegungen einzelner didaktischer Schulen. Unerläßlich erscheint es mir aber immerhin, ein paar grundsätzliche Überlegungen zum Begriff »Lernziel« selbst festzuhalten.

Lernziele – Lehrziele, Schülerziele – Lehrerziele?

Viele Aggressionen, die das Wort »Lernziel« auslöst, hängen damit zusammen, daß dieser Begriff unscharf und äußerst mißverständlich ist. Bekanntlich hat das curriculare Denken seinen Ursprung im angloamerikanischen

Bereich, und dort lauten die entsprechenden Ausdrücke für »Lernziel« »instructional objective«, »instructional aim«, »instructional goal« oder auch »educational objective«. Diese Termini ließen sich ebensogut oder sogar besser mit deutschen Begriffen wie »Unterrichtsziel«, »Lehrziel«, »Unterrichtsabsicht« oder »Unterrichtsintention« übersetzen. Dies wäre der Sache insofern angemessener, als es bei der Formulierung von sogenannten »Lernzielen« zunächst und vor allem um das Bewußtmachen von Zielen und Intentionen geht, die die Lehrerin oder der Lehrer im Hinblick auf ihren Unterricht oder auch außerschulische Lernprozesse verfolgen. Der inzwischen im Lehreralltag fest etablierte und nicht so leicht durch einen anderen Begriff ersetzbare Begriff »Lernziel« legt hingegen immer gleich den Verdacht nahe, es gehe um ein Festlegen von Sollgrößen, die die Schülerinnen und Schüler dann um jeden Preis erreichen müßten.[10]

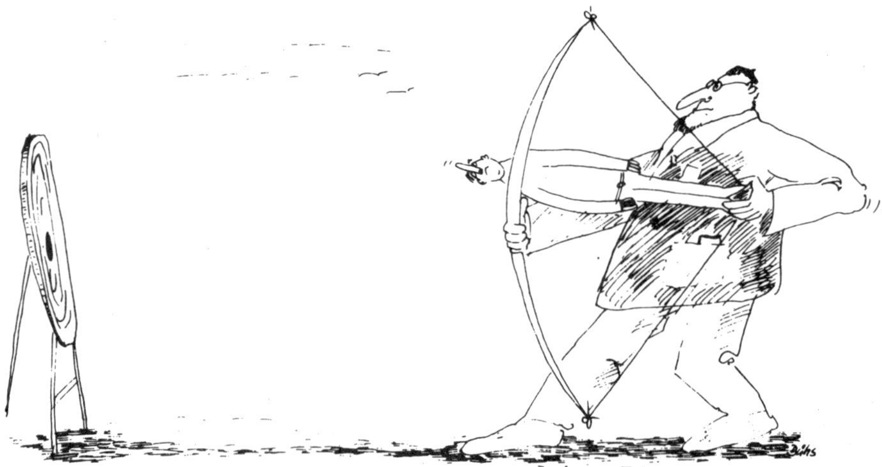

Lehrer beim fachgerechten Abfeuern eines Schülers auf ein klar erkanntes Lernziel

Zeichnung: Roland Bühs, Bremen

Für mich unterscheiden sich Lernziele oder Lehrintentionen nicht von all den anderen Zielen, die auch außerhalb der Schule unser Alltagshandeln bestimmen: Sie sind mehr oder weniger bewußt, mehr oder weniger eindeutig, manchmal in sich widersprüchlich, oft kollidieren sie mit von uns nicht beeinflußbaren Rahmenbedingungen und vor allem auch mit den Zielen anderer Menschen. In keinem Bereich unseres Handelns können wir deshalb alle Ziele, die wir uns gesetzt haben, erreichen. Rückblickend müssen wir uns oft auch eingestehen, daß es sogar gut war, daß wir das, was wir uns vorgenommen hatten, nicht erreicht haben! Und es ist sicherlich auch ethisch nicht vertretbar, wenn Menschen versuchen, die eigenen Ziele um jeden Preis – und sei es auf Kosten der Lebensziele anderer Menschen – durchzusetzen.

Verwendet man auf diesem Hintergrund der Einfachheit und Gewohnheit halber weiter den Begriff »Lernziel«, dann darf kein Zweifel aufkommen, daß natürlich auch die 20, 25 oder 30 Schülerinnen und Schüler einer Schulklasse bewußt und unbewußt Ziele verfolgen, daß sich diese Ziele nicht immer mit den Zielen der Lehrerin, des Lehrers, der Lernmittel oder auch des Lehrplans decken und daß der Sinn von Lernzielformulierungen deshalb nur sein kann, Unterricht in heuristischer Absicht und, wenn irgendmöglich, natürlich unter der Beteiligung der Klasse, so zu planen und zu organisieren, daß auch möglichst viele Handlungsziele von Schülerinnen und Schülern Raum im Unterrichtsgeschehen haben. Sicherlich darf man dabei nicht nur von den momentanen Bedürfnissen von Kindern und Jugendlichen ausgehen, sondern muß auch langfristige, den Schülerinnen und Schülern nicht bewußte Interessen miteinbeziehen. Auf eine allzu weit entfernt liegende Zukunft wird man gerade im Religionsunterricht aber nicht vertrösten dürfen, und wer meint, festlegen zu können, wofür die Schülerinnen und Schüler »später einmal dankbar sein werden«, wird sich stets sehr kritisch prüfen müssen, aufgrund von welchen Voraussetzungen und mit welchen empirischen Beobachtungen er seine Vorgaben begründen kann.

Da die Interaktion von 20 oder 30 Personen in einem Klassenzimmer eine höchst komplexe und in gewisser Weise auch völlig unnatürliche Kommunikationssituation darstellt, wäre es verwegen, wenn derjenige, der dafür bezahlt wird, diese Interaktionen zu strukturieren und zu moderieren, sich keine Gedanken machen würde, welche Ziele wem aus welchen Gründen wichtig sein könnten und welche Ziele mit welchen Methoden, Medien und Sozialformen mit welcher Wahrscheinlichkeit zu erreichen sind. Daß die Lehrerin oder der Lehrer im Unterrichtsprozeß selbst dann seine Ziele modifizieren und möglicherweise auch ganz aufgeben muß, liegt in der Natur von Zielen und Plänen. Je klarer mir allerdings selbst ist, was ich aus welchen Gründen glaube erreichen zu wollen, desto freier bin ich, mich auch auf die Bedürfnisse und Interessen anderer Menschen einzulassen und in unübersichtlichen Situationen zwar einerseits offen und flexibel zu reagieren, andererseits aber die schon gegebene Unübersichtlichkeit nicht durch eigene innere Verwirrung und Unentschlossenheit noch unübersichtlicher und damit in aller Regel auch für Schülerinnen und Schüler unbefriedigend zu machen.

Doch nun zu den versprochenen praktischen Beispielen, bei denen ich mit einer etwas pragmatischen und sicherlich recht angreifbaren *Arbeitsdefinition* davon ausgehe, *daß Lernziele Lehr- und Unterrichtsziele des Lehrers sind, die dieser im Interesse schülerorientierter Lernprozesse so formuliert, daß deutlich wird, was die Schülerinnen und Schüler in einzelnen Phasen des Unterrichts voraussichtlich lernen können.*

»Ja, mach nur einen Plan
Sei nur ein großes Licht!
Und mach dann noch 'nen zweiten Plan
Gehn tun sie beide nicht.«

Bertolt Brecht, Die Dreigroschenoper. Aus dem »Lied von der Unzulänglichkeit menschlichen Strebens«

Der Entscheidungsprozeß für die Lernziele gliedert sich in mehrere Stufen:

□ Ich entscheide mich für ein Ziel, formuliere es präzise und begründe es.
□ Ich beschreibe das Ziel, um nötige Konsequenzen ziehen zu können.
□ Ich überlege Teilziele, mit deren Hilfe ich das Ziel erreichen könnte, und entscheide mich für die Teilziele, die mir in der gegebenen Lernsituation am sinnvollsten erscheinen. Ich analysiere und beschreibe diese Teilziele und prüfe ihre Stimmigkeit.
□ Ich plane den Lernweg, indem ich eine Abfolge der Teilziele festlege.
□ Ich überlege, ob und wie ich prüfen kann, inwieweit die Ziele erreicht wurden.

...

□ Habe ich wirklich Lernziele formuliert und nicht Inhalts- oder Verlaufsangaben?
□ Ist das Ziel der Unterrichtseinheit realistisch? Ist es in der zur Verfügung stehenden Zeit erreichbar?
□ Decken die Teilziele das Ziel ab? Führen sie daran vorbei oder über das gesteckte Ziel hinaus?
□ Ist die Abfolge der Teilziele stimmig? Habe ich bei der Entscheidung für die Abfolge die Qualität des Ziels und der Teilziele angemessen berücksichtigt?

Karl Foitzik / Frieder Harz: Religionsunterricht vorbereiten. Hilfen für Anfänger – Tips für Praktiker. München 1985, S. 63ff

Warum die Formulierung von »Grobzielen« wichtig ist ...

Bekanntlich unterscheidet man in der Didaktik zwischen meist etwas unfreundlich »Grobziel« genannten Hauptzielen, die angeben, was in einer Unterrichtsstunde oder Stundensequenz von den Schülerinnen und Schülern insgesamt gelernt werden soll, und sogenannten »Teil- oder Feinzielen«, die sich auf den beabsichtigten Lerneffekt einzelner Unterrichtsschritte beziehen.

Ich beschreibe zunächst vier Beispiele für die Arbeit mit Grobzielen, mache dann einen Vorschlag zur Formulierung von Stundenthemen, die oft ein Spiegelbild der Grobziele sind, und gehe erst anschließend auf Beispiele zur Arbeit mit Teilzielen ein.

Beispiel 1:
Nach Sichtung von mehreren Schulbüchern und Unterrichtsmodellen habe ich so viel gutes und interessantes Material gefunden, daß meine *Unterrichtseinheit »Gewissen« in Klasse 7* zu einem 20-Stunden-Projekt anzuwachsen droht.

Die *Formulierung von 8–12 Grobzielen,* bei denen ich mich bis zu einem gewissen Grad auch an den Vorgaben des Lehrplans orientieren kann, *hilft* mir *bei der Eingrenzung des Materials* und läßt mich erkennen, daß ich ein und dasselbe Lernziel mit ganz unterschiedlichen Materialien erreichen kann. Ich muß mich z. B. für eines von fünf möglichen Fallbeispielen entscheiden, denn es wäre, didaktisch gesehen, sicher nicht gut, wenn der Unterricht inhaltlich auf der Stelle tritt und ich die Schülerinnen und Schüler langweile.

Beispiel 2:
Bei der Planung einer Unterrichtsstunde zum *Thema »Bibel«* in *Klasse 11* beschäftigt mich eine eindrucksvoll vorgetragene Predigt, die ich vor kurzem zur Perikope von der Speisung der 4000 gehört habe. Mir schwebt vor, anhand der Geschichte von der Speisung der 4000 (bzw. 5000) die formgeschichtliche Methode (Wundergeschichten als kerygmatische Textsorte) und die literarkritische Methode (Erklärung für die unterschiedlichen Zahlenangaben) vorzustellen. Da die Schülerinnen und Schüler mit einiger Sicherheit nach dem naturwissenschaftlichen Wahrheitsgehalt von Wundergeschichten fragen werden, müßte ich auch noch auf den Problemkreis »Glaube und Naturwissenschaft« eingehen. Und außerdem sollte noch irgendwie deutlich werden, was die Speisung der 4000 bzw. 5000 für unser heutiges Leben austrägt ...

Auf dem Hintergrund dieser Überlegungen versuche ich, mir das Grobziel der Unterrichtsstunde bewußtzumachen. Ich formuliere probeweise: »anhand von Mt 14 bzw. 15 die Aufgabenstellung und Vorgehensweise der formgeschichtlichen und literarkritischen Methode erklären können, diskutieren, ob eine Durchbrechung von Naturgesetzen möglich ist und Mt 14 bzw. 15 als Herausforderung zum Engagement für Hungernde heute verstehen«.[11]

Beim Formulieren dieses Lernziels merke ich, daß ich mir viel zu viel für eine einzelne Unterrichtsstunde vorgenommen habe, und ich disponiere um: Ich werde mich in dieser Stunde auf die Erarbeitung der formgeschichtlichen Methode beschränken und werde dies anhand von Gen 22 (Isaaks geplante Opferung als Beispiel für eine ätiologische Sage, die die Ablösung des Menschenopfers durch ein Tieropfer erklärt) tun. Die literarkritische Methode werde ich in einer gesonderten Stunde anhand der Noahgeschichte vorstellen. Und die mich selbst zur Zeit interessierende Wunderproblematik werde ich in Klasse 12 ausführlich im Zusammenhang mit dem Abiturthema »Glaube und Naturwissenschaft« behandeln.

Karl Foitzik/Frieder Harz: Religionsunterricht vorbereiten. Hilfen für Anfänger und Praktiker. München 1985, S. 25.

Beispiel 3:
Bei der Vorbereitung einer Unterrichtsstunde zum *Thema »Reichspogromnacht«* in *Klasse 10* fällt mir auf, daß auch über 10 Jahre Unterrichtserfahrung nicht vor Anfängerfehlern bewahren. Die von mir selbst zum ersten Mal bewußt

wahrgenommenen Augenzeugendokumente haben mich verführt, in einem ersten Stundenentwurf eine Fülle von Einzelaspekten, die nach meinem subjektiven Empfinden »alle ganz wichtig sind«, aneinanderzureihen. Ich will die Schülerinnen und Schüler über viele historische Hintergründe informieren, Möglichkeiten des Widerstandes abwägen, ihnen Analogien und Unterschiede zur heutigen Situation deutlichmachen. Bei der Formulierung meiner Teilziele wird mir bewußt, daß ich dabei bin, meine Unterrichtsstunde mit didaktisch unstrukturierten Details vollzustopfen, und es erscheint mir plötzlich sehr fragwürdig, ob meine konkrete Schülergruppe mein zur Zeit sehr starkes Interesse für den 9. November 1939 in gleichem Maße teilt. *Die Formulierung eines Hauptziels hilft mir, Prioritäten zu setzen* (Soll der Akzent z. B. auf der historischen Fragestellung oder auf dem aktuellen Bezug liegen?), *das Wesentliche vom Unwesentlichen zu unterscheiden* (und z. B. ohne schlechtes Gewissen auf das eine oder andere Dokument zu verzichten und den einen oder anderen Sachverhalt auch einmal verkürzt darzustellen) und *der Stunde insgesamt eine Struktur und Fragestellung zu geben.*

Beispiel 4:
Bei der Planung der *Unterrichtseinheit »Bergpredigt« (Klasse 10)* merke ich, daß ich – selbst mit dem exegetischen Verständnis von Mt 5–7 nicht ganz im reinen – sehr wissenschaftlich an die Gliederung des Themas herangehe. Zu dem, was ich mir überlegt habe, müßten die Groblernziele der einzelnen Stunden ehrlicherweise alle mit Verben wie »wissen« oder »erkennen« formuliert werden, was wohl damit zusammenhängt, daß ich selbst gerne noch das eine oder andere »wissen« oder »erkennen« würde ... *Ich merke an der Formulierung der Grobziele, daß meine Planung zu stark kognitiv ausgerichtet ist.*
Ich muß nach einem anderen Zugang suchen, stärker zwischen fachwissenschaftlicher Erarbeitung und didaktischer Umsetzung unterscheiden und eine Fragestellung finden, die es den Schülerinnen und Schülern ermöglicht, z. B. »eigene Gefühle zu artikulieren«, »sich kritisch auseinanderzusetzen«, Aussagen der Bergpredigt auf Erfahrungen der heutigen Alltagswelt »zu beziehen« oder »mit heutigen Lebenssituationen zu vergleichen« ...

Anregender, persönlicher, positiver – zur Formulierung von Stundenthemen

Auf der Suche nach stärker schüler- als stoffbezogenen Zugängen zu Unterrichtsthemen habe ich bei der Ausbildung von Referendarinnen und Referendaren immer wieder die Erfahrung gemacht, daß es sich lohnt, die mit der Formulierung von Grobzielen sachlich eng verbundene Formulierung von Stundenthemen sehr sorgfältig zu bedenken und sich nicht mit allzu vorläufigen Formulierungen zufriedenzugeben. Hilfreich und nicht selten heftige (Lernziel-)Diskussionen auslösend, ist hierbei z. B. folgende, von einem Zitat Ruth Cohns ausgehende Übung:

Die Formulierung des Hauptthemas der heutigen Unterrichtsstunde – aus theologischer, pädagogischer, religionspädagogischer, gruppendynamischer und tiefenpsychologischer Sicht (unter besonderer Berücksichtigung seiner Fixierung an der Tafel)

»Die Formulierung des Themas ist sehr wichtig. Je anregender, persönlicher und positiver die Formulierung gehalten ist, desto eher kann es zu einer aktiven Beteiligung kommen. *Worte haben suggestive Wirkung.* ›Wie können wir in unserer Institution zu besserer Teamarbeit kommen?‹ Diese suggestive Aufforderung schützt vor stundenlangen Erörterungen von Mißständen. Dieses Thema ist geschickter gewählt als etwa: ›Schlechte Kommunikation in unserem Mitarbeiterstab‹. Das Thema ›Ich selbst sein – auch am Arbeitsplatz‹ suggeriert Änderungsmöglichkeiten besser als ›Die entpersönlichte Arbeitswelt‹. Aktivität durch Verben auszusprechen und die Ich-Form zu benützen sind gute Hilfsmittel bei der Themenformulierung ...«

Ruth Cohn: Es geht ums Anteilnehmen. Perspektiven der Persönlichkeitsentfaltung. Freiburg 1989, S. 36f.

- Suchen Sie sich bitte zwei Gesprächspartner/innen.
- Informieren Sie sich gegenseitig in aller Kürze über die Stunden, die Sie gerade vorbereiten bzw. unterrichtet haben.
- Fixieren Sie die bisher für die Stunden vorgesehenen Themenformulierungen auf einem Blatt Papier.
- Suchen Sie dann gemeinsam Formulierungen, die »anregender, persönlicher und positiver« sind.
- Schreiben Sie auch diese Formulierungen bitte auf.
- Ziehen Sie in Ihren kreativen Prozeß neben den Vorschlägen Ruth Cohns auch Ihre Erfahrungen als Zeitungsleser/in, Buchkäufer/in und Objekt der Werbung mit ein.

Beispiele für die Arbeit mit Teilzielen

Beispiel 1:
Ich will mit meinem *Grundkurs* im Rahmen einer Unterrichtseinheit »Frau und Mann« über das *Thema »Schwangerschaftsabbruch«* diskutieren. Das Thema beschäftigt mich selbst, ein Großteil des Kurses ist ebenfalls an der Fragestellung interessiert. Ich vertraue deshalb auf die Eigendynamik des Themas und begnüge mich mit dem – eher intuitiv anvisierten – Lernziel: »Über die Legitimität von Schwangerschaftsabbrüchen diskutieren«.

Nun kann es durchaus sinnvoll und gerade auch für die Gruppendynamik eines Kurses sehr nützlich sein, einfach mal eine Stunde draufloszudiskutieren. Vielleicht kann der Lehrer sich in dieser Diskussion sogar weitgehend zurückhalten. Vielleicht wird er für einen Augenblick die traditionelle Lehrerrolle verlassen und einfach einmal als Mitmensch und Christ seine ganz persönliche Meinung zu erkennen geben. Doch auch bei einem solchen Unterrichtsverlauf wäre es vermutlich sinnvoll, in den letzten 5–10 Minuten der Unterrichtsstunde mit den Schülerinnen und Schülern eine Zwischenbilanz zu ziehen und gemeinsam zu überlegen, ob und inwieweit es notwendig ist, die andiskutierte Problematik in den nächsten Stunden gezielter aufzuarbeiten. Will ich aber konkrete und aufeinander aufbauende Lernfortschritte erzielen, dann bin ich wieder beim Bewußtmachen von Lernzielen. *Und je konkreter ich diese Lernziele formuliere, desto besser kann ich beurteilen, welche Teilziele tatsächlich schon erreicht sind, welche nur ansatzweise und welche noch gar nicht.*

Da der Begriff »Diskutieren« manchmal z. B. auch für Stammtischgespräche verwendet wird, wäre »Argumente pro und contra Schwangerschaftsabbruch abwägen« vielleicht schon etwas präziser als das ursprünglich ins Auge gefaßte Hauptlernziel. Für eine sorgfältige Unterrichtsplanung müßte ich aber auch im Detail noch viel konkreter werden. Ich müßte für einzelne Unterrichtsschritte Teil- oder Feinziele formulieren, die mir helfen, geeignete Materialien zu suchen und aufzuarbeiten, der Stunde eine Dramaturgie zu geben, nach Möglichkeiten einer knappen, aber einprägsamen Ergebnissicherung zu suchen und vieles andere mehr. Solche Teil- und Feinziele könnten z. B. sein:
- ☐ die gegenwärtige Gesetzeslage kennen und einen Überblick über die Geschichte des § 218 geben können
- ☐ sich in die Situation eines 17jährigen schwangeren Mädchens versetzen

□ über medizinische Grundinformationen über den Ablauf eines Schwangerschaftsabbruchs verfügen
□ abwägen, inwieweit Männer kompetent und berechtigt sind, sich zum Thema »Schwangerschaftsabbruch« zu äußern
□ sich bewußtmachen, daß es im Leben Zwangslagen gibt, in denen es sich, egal wie man handelt, nicht vermeiden läßt, schuldig zu werden
□ sich eine Geschichte aus dem Leben Jesu in Erinnerung rufen, die belegt, daß der christliche Gott auch nach schweren Verfehlungen eine Chance des Neuanfangs eröffnet

Habe ich diese möglichen Teilziele formuliert, kann ich *bewußter entscheiden, was mir an dem Thema tatsächlich wichtig ist, wie intensiv ich auf einzelne Teilaspekte eingehen möchte, wieviel Unterrichtszeit mir das Thema aus welchen Gründen wert ist ...*

Beispiel 2:
Wir behandeln in einer *6. Klasse* das Thema *»Behinderte Menschen«*. Bei der Planung einer Unterrichtsstunde zum Thema *»Könnten blinde Kinder an unserem Unterricht teilnehmen?«* erwäge ich, da mir ein gut geeignetes Medium in die Hände gefallen ist, am Schluß der Stunde, in der es vor allem darum gehen soll, »von eigenen Erfahrungen mit blinden Menschen zu erzählen und sich Möglichkeiten und Schwierigkeiten des Zusammenlebens mit blinden Menschen bewußtzumachen«, auch noch auf unser aller »Blindheit« in ökologischen und sozialen Fragen einzugehen. Was ich in den erwartungsgemäß noch zur Verfügung stehenden 5–10 Minuten allenfalls erreichen könnte, wäre, daß die Schülerinnen und Schüler in dieser Richtung »einen Denkanstoß« bekommen. Vielleicht genügt mir das ja. Vielleicht will ich aber auch mehr, z. B. daß die Schülerinnen und Schüler »sich anhand von Beispielen und Stilleübungen bewußtmachen, daß wir im übertragenen Sinne alle ›blind‹ sind und überlegen, wie wir mit uns, unserer Umwelt und unseren Mitmenschen sensibler umgehen können«. Dieses Ziel wäre aber mit Sicherheit viel zu viel für eine 5–10 minütige Unterrichtsphase. Es spräche alles dafür, das Medium, das mir so gut gefällt, zum Gegenstand einer eigenen Unterrichtsstunde oder vielleicht sogar mehrerer Unterrichtsstunden zu machen. *Die Formulierung von Teilzielen kann mir auf diese Weise helfen, über die Gründlichkeit und Ausführlichkeit, mit der ich einen Unterrichtsgegenstand behandeln möchte, Rechenschaft abzulegen.*

Beispiel 3:
Daß unsere Schulen dazu neigen, das kognitive Lernen überzubewerten und affektive oder handlungsorientierte Unterrichtselemente zu vernachlässigen, ist eine bekannte und weitgehend sicherlich auch berechtigte Klage. *Habe ich für eine Unterrichtsstunde mit vier oder fünf Unterrichtsschritten nun vier oder fünf Teilziele formuliert, wird mir vielleicht auffallen, daß alle Zielformulierungen mit Verben wie »wissen«, »(er)kennen«, »nennen« u. ä. beginnen. Dies spricht für ein*

kognitives Übergewicht meiner Planung, das vielleicht für ein, zwei Unterrichtsstunden, unter ganz bestimmten Unterrichtsbedingungen, auch bewußt so gewollt sein kann, sicherlich aber langfristig keinen besonders guten Weg für einen schülergemäßen Religionsunterricht darstellt. Vielleicht sollte ich also auch in eine Religionsstunde mit einem kognitiven Hauptziel ein kleines eher affektiv ausgerichtetes Unterrichtselement mit aufnehmen (also z. B. eine Bildbetrachtung, eine meditative Übung, ein Lied, eine kreative Schreibphase).

... was könnte bei meinen Schülern mitschwingen ...

Karl Foitzik/Frieder Harz: Religionsunterricht vorbereiten. Hilfen für Anfänger und Praktiker. München 1985, S. 128.

Umgekehrt muß ich mich natürlich bei Religionsstunden, in denen die Schülerinnen und Schüler nach meinem Konzept nur etwas »nachempfinden«, »erleben« und »erfahren« sollen, fragen, an welcher Stelle des Unterrichts auch wieder kognitive Teilziele zu ihrem Recht kommen sollen. Denn gerade bei affektiven Lernzielen läßt sich besonders schwer feststellen, bei wievielen Schülerinnen und Schülern sie tatsächlich in welcher Intensität erreicht wurden, und aufgrund der gegebenen schulischen Rahmenbedingungen werden Kinder und Jugendliche zumindest im gymnasialen Bereich vermutlich auf absehbare Zeit nur solche Lernprozesse als »ordentlichen« Unterricht identifizieren, bei denen sie auch kognitiv gefordert werden.

Beispiel 4:
Ich habe mir von der Evangelischen Medienzentrale in Stuttgart einen 30minütigen Film über *Albert Schweitzer* zuschicken lassen, mit der Absicht, ihn in der *Unterrichtseinheit »Die Frage nach dem Sinn des Lebens« (Klasse 11)* einzusetzen. Die Zustellgebühr kostet 2,50 DM, das Rückporto 8,40 DM. Manche Passagen des Films finde ich persönlich sehr ansprechend, andere nicht. Wenn ich mich ganz ehrlich frage, was die Schülerinnen und Schüler nach dem Anschauen des Films gelernt haben könnten, könnte ich vielleicht sagen »Sie haben einen ersten Eindruck von Albert Schweitzer bekommen und einen groben Überblick über sein Leben gewonnen.« Die Schülerinnen und Schüler können also *nicht* unbedingt »die wichtigsten Stationen der Biographie Albert Schweitzers benennen«, »sie können wahrscheinlich auch *nicht* »die Bedeutung des Ausdrucks ›Ehrfurcht vor dem Leben‹ sachgerecht erklären oder gar problematisieren«, sie können vermutlich diesen Ausdruck auch *nicht* »auf ihr eigenes Verhältnis zur belebten und unbelebten Natur beziehen«. Stelle ich mir vor, daß einer meiner Schüler sich mit einem Ethikschüler in der Pause über meine Religionsstunde unterhält, dann könnte das Gespräch z. B. so verlaufen: »Was habt ihr heute in Reli gemacht?« – »Wir haben einen Film über einen alten Mann aus dem Elsaß gesehen, der gut Orgel spielen konnte und Pfarrer werden wollte und der dann in den Urwald ging ...«

Das heißt, ich muß mich erst fragen, ob es mir angemessen erscheint, für einen ersten Überblick über eine Biographie 30 Minuten zu veranschlagen. *Die genaue Formulierung meines Teilziels hat mir geholfen, mir über die Ökonomie meiner Unterrichtsschritte und insbesondere auch über die Ökonomie eines Medieneinsatzes Gedanken zu machen.* Vielleicht will ich ja mit meinem Film auch nur eine Stunde überbrücken, weil ich keine Zeit zur Unterrichtsvorbereitung hatte. Dann sollte ich das aber wenigstens mir selbst gegenüber zugeben und darauf achten, daß ich für meine 11. Klasse zumindest die übernächste Stunde besonders gründlich vorbereiten kann. Auch für solche, manchmal recht schmerzhaften Erkenntnisprozesse, kann die Formulierung von Lernzielen also eine Hilfe sein ...

Nur noch erwähnt sei schließlich, daß man Lernzielformulierungen, und insbesondere auch die Formulierungen von Teillernzielen, auch dazu verwenden kann und soll, *bereits gehaltenen Unterricht zu analysieren und daraus Konsequenzen für die weitere Unterrichtsgestaltung zu ziehen.* Nach dem Unterricht bzw. spätestens beim Vorbereiten der nächsten Unterrichtsstunde ist es gut und nützlich, wenn ich mich selbstkritisch und ehrlich frage,

- ☐ welche Lernziele meine Schülerinnen und Schüler in meiner Stunde erreicht haben und aus welchen Beobachtungen ich schließe, daß das tatsächlich der Fall ist
- ☐ welche Lernziele meine Schülerinnen und Schüler nicht oder nur zum Teil erreicht haben und was die Gründe dafür sind

□ welche Lernziele vielleicht nur ein Teil meiner Schülerinnen und Schüler erreicht haben und woran das liegen könnte

□ welche Schlußfolgerungen ich für die Lernziele der nun folgenden Unterrichtsstunden ziehen möchte

Eine solche – möglichst selbstkritische – Bilanz ist nicht zuletzt auch im Hinblick auf Kurztests, Klassenarbeiten und Klausuren von Bedeutung – denn wer wollte von den Schülerinnen und Schülern etwas verlangen, was sie aufgrund des tatsächlichen Unterrichtsgeschehens gar nicht lernen konnten? Oft dient es auch der *Transparenz* und damit der *Reduzierung von Prüfungsängsten*, wenn die Lehrerin bzw. der Lehrer vor einer benoteten Lernzielkontrolle mit der Klasse gemeinsam überlegt, was mit einer bestimmten Unterrichtssequenz eigentlich erreicht werden sollte, was tatsächlich erreicht wurde, wo man Unklares nachlesen und nacharbeiten kann, welche Art von Fragen sich für eine Überprüfung anbieten …

In der Oberstufe habe ich dabei gute Erfahrungen mit Fragekatalogen gemacht, die die anvisierten Lernziele noch einmal in Frage- bzw. Aufgabenform rekapitulieren;[12] bei jüngeren Klassen kann es hilfreich sein, die Schülerinnen und Schüler vor einer Klassenarbeit einmal selbst in kleinen Gruppen denkbare Prüfungsfragen formulieren zu lassen oder Lernzielkontrollen auch in Form von – natürlich unbenoteten – Quizspielen durchzuführen.

Wenn man mit Lernzielformulierungen nicht dogmatisch umgeht und nicht nur schematisch Soll und Haben vergleicht, *kann ein Gespräch über Lernziele schließlich auch einem Beratungsgespräch zwischen Referendar/in und Mentor/in oder Referendar/in und Fachleiter/in eine sinnvolle Struktur geben.* Es hilft dem, der beraten wird, wenig, wenn der Berater oder die Beraterin sagt: »Das war gut, und das war schlecht. Das hätte ich ganz anders gemacht …« Produktiver ist sicherlich ein gemeinsames, behutsames Abwägen von Fragen wie den folgenden:

□ Was wollte die Kollegin oder der Kollege erreichen? Waren die Ziele ihr bzw. ihm klar genug? Waren sie angemessen, zu hoch gesteckt, zu allgemein, der Klassenstufe und der konkreten Unterrichtssituation entsprechend? Waren sie eher kognitiver oder affektiver Art? In welchem Verhältnis stehen die Ziele der einen Unterrichtsstunde zu den anderen Stunden der Unterrichtssequenz?

□ Welche Ziele haben die Schülerinnen und Schüler tatsächlich erreicht? Waren die Ziele, die sich im Unterrichtsverlauf durchgesetzt haben, vielleicht sinnvoller als die vorweg geplanten? Welche Alternativen hätte es gegeben, um die anvisierten Unterrichtsziele effektiver zu erreichen? Was bedeutet all dies für die Planung der nächsten Stunden?

Offener Unterricht – das Ende der Lernziele?

Beschwörend und zum wiederholten Male versichert mir Herr Steckel, daß ich gleich ›Offenen Unterricht‹ sehen werde – ganz im Sinne der ›Kommunikativen Didaktik‹ und ›trotz widriger Umstände‹. Dann öffnet er die Tür zu seiner 4b und ... Die ersten 10 Minuten gehen für Organisatorisches drauf; dann folgen viele Ermahnungen und hektische Anweisungen; im Zentrum der Stunde sollen Arbeitsblätter ausgefüllt werden, wobei ich mehrmals den – wiederum im beschwörenden Tonfall geäußerten – Hinweis des Lehrers registriere, daß jeder nur das Blatt bearbeiten soll, das ihm ›auch wirklich Spaß macht‹.

Den Kindern scheinen Bemerkungen über das gestrige Fernsehprogramm, das Werfen von Papierkügelchen oder auch einfaches Herumdösen mehr Spaß zu machen. Ich gehe herum und finde drei Lückentexte, acht Blätter mit Rechenpäckchen, fünf Kinder haben sich für Textaufgaben entschieden, ein Mädchen, die kaum Deutsch sprechende Mirja, sitzt vor einer Bildergeschichte (oder sind es nur die Bilder?), und der Rest der Klasse sucht noch seinen Spaß. Herr Steckel sitzt am Pult und ruft gelegentlich in die Klasse. ›Ich fände es gut, wenn ihr selbstständig arbeitet!‹ Oder auch: ›Natürlich könnt ihr, wenn ihr wollt, auch zusammenarbeiten!‹ Mirja schaut mich traurig und so hilflos an, daß ich meine Beobachterrolle aufgebe, mich neben sie setze und ...

Nach der großen Pause bin ich Gast in der 4a, bei Frau Wagner-Greif, die mir selbstbewußt-lächelnd zu verstehen gibt: ›Bei mir sehen Sie ganz normalen Unterricht!‹ Ich bin gespannt und festen Willens, diesmal nur zu protokollieren und mich von keinem Kinderblick davon abbringen zu lassen: Begrüßung, Liedsingen und ein temperamentvolles Händeklatschen (im Stehkreis) stimmen ein; ein verdecktes Tafelbild stiftet Neugier (Motivation genannt); frontal (aber mitreißend) informiert die Lehrerin über den ›Ausbruch von Vulkanen‹; eine (betreute) Partnerarbeit vertieft Bekanntes, erkundet Neues, bereitet eine morgige Demonstration vor; das Abschreiben von vier Merksätzen sichert das Erarbeitete (auch für Dorota – aus Polen). Keine Störungen, keine hilfeflehenden Blicke, keine Langeweile, kein Leistungsdruck sind zu registrieren. Dorota zeigt mir zum Schluß ihre ›Niederschrift‹ und schaut mich dabei so stolz und glücklich an, daß ich meine Protokollunterlagen zuklappe und ...

›Offener Unterricht‹ dort? ›Normaler Unterricht‹ hier? ›Freiarbeit‹ in der 4b, ›Frontalunterricht‹ in der 4a? Gar ›Guter Unterricht‹ von 8 bis 9? ›Schlechter Unterricht‹ von 10 bis 11? Oder umgekehrt? Wenn das so einfach und so eindeutig wäre, wie es die Begriffe nahelegen! Begriffe, die eine gute Sache so schlecht ausdrücken können, daß ihre Verschlechterung die Folge sein wird ...

Rainer Winkel: Offener oder Beweglicher Unterricht? In: Grundschule 1993, S. 12–14.

Ein Testfall, ob mein Anliegen eines pragmatisch orientierten Umgangs mit Lernzielen verstanden wurde, ist der gegenwärtige Trend zu sogenannten »offenen« Unterrichtsformen. Daß ich das mit dem Stichwort »offen« signalisierte Bedürfnis nach mehr Handlungsorientierung, Ganzheitlichkeit, Kreativität, kommunikativen Lernformen, selbstbestimmtem Lernen u. ä. teile, muß ich an dieser Stelle nicht weiter betonen. Andererseits wird in den neuesten Veröffentlichungen gerade auch von den Vertretern eines »offenen« Unterrichts zurecht darauf hingewiesen, daß der Begriff »offen« alles andere als klar und eindeutig ist und die Gefahr in sich birgt, pädagogische Schwächen zu verschleiern und einen plan- und ziellosen Aktivismus ideologisch zu rechtfertigen.[13] Gerade auch bei Lernverfahren wie z. B. dem Gruppenpuzzle oder Lernzirkeln, bei denen sich die Lehrerin oder der Lehrer im Unterrichtsgeschehen auf eine eher beratende Rolle zurückziehen kann, ist es von zentraler Bedeutung, daß die den Schülerinnen und Schülern zur Verfügung gestellten Materialien und Medien sehr kritisch auf die mit ihnen möglicherweise erreichbaren Lernziele hin befragt werden. Auch das Arrangement der Rahmenbedingungen (Gruppenbildung, Leitfragen, Zielabsprachen, Präsentation und Austausch der Ergebnisse, Eingabe von zusätzlichen Impulsen) beinhaltet Annahmen über Lernziele, die sehr genau bedacht sein wollen. Und selbst eine Exkursion, ein Stadtspiel, die projektartige Vorbereitung einer Ausstellung oder eines Theaterstückes, die Anfertigung und Realisierung eines Filmdrehbuches machen die auch von Schülerinnen und Schülern gern gestellte Frage nicht überflüssig: »Was hat das jetzt eigentlich gebracht?« Daß ein gemeinsames Tun »Spaß gemacht hat«, »daß tierisch etwas los war«, daß man heftig über ein Thema »diskutiert« hat – all dies kann durchaus wünschenswert und erfreulich sein, aber es erspart verantwortlich denkenden Pädagoginnen und Pädagogen nicht die Aufgabe, den tatsächlichen Lernertrag möglichst präzise zu beschreiben und dann auch kritisch zu reflektieren. Denn »Spaß haben«, »etwas erleben« und »aus Erfahrungen lernen« kann man – Gott sei Dank! – auch außerhalb der Institution Schule ...

»Schlußstein«: Jesu Schulgang?

Wenn am Ende dieses Buches anstelle eines Schlußwortes ein »Schlußstein« steht, dann bezieht sich dieser Ausdruck nicht auf die architektonische Statik und handwerkliche Solidität meiner methodisch-didaktischen Bemühungen. Auch eine programmatisch-abrundende »Krönung« meiner Ausführungen ist in keiner Weise beabsichtigt. Die vorliegenden Kapitel haben, wie schon im Vorwort erläutert, Werkstattcharakter, wollen das Zwischenergebnis eines Arbeitsprozesses festhalten, Anregungen und Impulse für die Praxis des Religionsunterrichts geben, vielleicht in Ausbildung und Fortbildung Reflexionsprozesse und Diskussionen in Gang setzen – mehr nicht. An ein durch einen Schlußstein zusammengehaltenes und verziertes Gewölbe habe ich beim Schreiben also nie gedacht, auch nicht bei der Ausarbeitung des sehr ausführlichen Anmerkungsteils. Bei der Zusammenstellung und Kommentierung der zitierten Literatur, ging es mir weniger um akademische Absicherung und Legitimation als um Hinweise zum Weiterlesen und Weiterdenken und vielleicht auch zum Auf- und Ausbau der einen oder anderen religionspädagogischen Bibliothek.[1]

Die Formulierung »Schlußstein« bezieht sich vielmehr auf einen tatsächlichen, im 14. Jahrhundert angefertigten Schlußstein aus dem Chor der Nürnberger Frauenkirche, der mir beim Schreiben dieses Buches nicht aus dem Kopf gehen wollte. Dieser Schlußstein sieht so aus:

Mir zugängliche Fotographien dieses Kunstwerkes geben ihm den Titel »Jesu Schulgang«:[2] Eine kräftige Frauengestalt, offensichtlich die personifizierte Grammatik als Lehrerin, kommt, den kleinen, durch einen Nimbus hervorgehobenen Jesusknaben fest am Handgelenk packend, dem Betrachter entgegen. Mit der rechten Hand hält sie eine geschulterte Rute, lange Zeit Zeichen und Symbol schulmeisterlicher Autorität. Jesus, mit widerstrebender Körperhaltung, trägt in der linken Hand eine Schiefertafel. Über Grammatik und Jesuskind schwebt – einer Wolke gleich – ein Engel ...

Über die historischen Hintergründe dieser Darstellung ist mir kaum etwas bekannt. Es wird deutlich, daß in der freien Reichsstadt Nürnberg auch schon vor der Reformation dem Schulwesen eine große Bedeutung zugemessen wurde. Vielleicht spielt auch die Erinnerung an das 1349 am Nürnberger Hauptmarkt bei einem Pogrom zerstörte Lehrhaus einer jüdischen Synagoge eine Rolle. Synagogen sind bekanntlich nicht nur Orte der Liturgie und der Besinnung, sondern immer auch Lehrhäuser, Orte des gemeinsamen Lernens und Lehrens ...

Wie Religionslehrerinnen und Religionslehrer wissen, kann das Fehlen von fachwissenschaftlichen Informationen unter Umständen auch sehr kreative Gedanken freisetzen, und ich erlaube mir an dieser Stelle deshalb eine eher spekulative Bildbetrachtung, die, dem Duktus dieses Buches entsprechend, vor allem aus nachdenklichen Fragen besteht:[3]

Warum muß Jesus in die Schule gehen? Ging es dem unbekannten Künstler darum, mit einem ironischen Augenzwinkern zum Ausdruck zu bringen, daß auch das Nürnberger Schulwesen unter der Gegenwart und dem Segen Gottes steht, daß auch die Schule kein gottloser Raum ist, daß der christliche Glaube auch im Klassenzimmer eine Rolle spielen soll? Oder liegt die Pointe eher in einer sehr konkret weitergedachten Inkarnationstheologie? Wenn Gott in Jesus wirklich Mensch geworden ist, dann bleibt ihm kein Bereich der unvollkommenen, irdischen Wirklichkeit erspart; Jesus muß auch in die Schule gehen, auch dieses Kreuz ertragen, selbst wenn er dabei ein mißmutiges und unwilliges Gesicht macht. Gegebenenfalls muß er sogar mit einer körperlichen Züchtigung rechnen ...[4]

Wie ist der Gesichtsausdruck und die Körperhaltung von Frau Grammatik zu deuten? Tut sie professionell-gekonnt, durchaus mit ihrer Aufgabe zufrieden, ihre berufliche Pflicht, indem sie mit Jesus nicht anders umgeht als mit allen anderen Schützlingen? Oder ist da ein Anflug von Resignation und Widerwillen in ihrem Gesicht, womöglich gar ein Hauch von berufsbedingter Erschöpfung und spätmittelalterlichem »burnout«? Wäre Frau Grammatik gelöster, fröhlicher, lockerer, wenn sie die Rute weglegen könnte? Wären Lehrerin und Kind in einer Schule, die anders angelegt und organisiert wäre, glücklicher? Oder steht die Rute nur für die unvermeidliche Lehrer- und Lehrerinnenrolle, die man zwar unterschiedlich ausfüllen und gestalten, aber doch nie ganz hinter sich lassen kann?

Und der die Hände zum Gebet gefaltete Engel? Betet er den Gottessohn an und dankt ihm, daß er sich sogar den Niederungen schulischer Mühsal nicht verschließt? Oder spricht er eher ein Fürbittgebet, das Schüler und Lehrerin in gleichem Maße gut gebrauchen könnten? Beifall scheint er jedenfalls nicht zu klatschen – aber schlägt er möglicherweise die Hände zusammen über so viel irdischem Unfug? Könnte das Mienenspiel von Lehrerin und Schüler vielleicht freundlicher und optimistischer sein, wenn die beiden es schafften, ihre Blicke nicht nur auf den einmal eingeschlagenen Weg, sondern auch einmal engelwärts, zum Himmel hin zu richten?

Oder müßte man noch einmal ganz anders ansetzen und überlegen, wem sich unser traurig-kurioses Trio eigentlich zuwendet? Gehen Grammatik und Jesuskind wirklich in die Schule, oder kommen sie vielleicht von dort? Führt man sich die Architektur eines Chorgewölbes vor Augen, dann bewegen sich die beiden auf die sich im Kirchenschiff versammelte Gemeinde, insbesondere auch auf den im Chor versammelten Klerus zu. Will man Schlußsteine sorgfältig und genau betrachten, muß man den Kopf längere Zeit mühsam nach oben richten, eine anstrengende und Kräfte raubende Übung, auf die deshalb viele auch gerne verzichten. Vielleicht wollen Frau Grammatik und der eingeschulte Jesusknabe uns Betrachtern, begleitet von engelhaftem Segen, etwas mitteilen. Vielleicht wollen sie sich über die schulischen und pädagogischen Rahmenbedingungen beschweren, leitende Gremien zu größerer pädagogischer Aufmerksamkeit anhalten, Theologen um eine verständlichere und klare Sprache und Autoren religionspädagogischer Publikationen um mehr Praxisnähe bitten, uns alle zu einem lebendigeren und überzeugenderen Gemeindeleben auffordern, zu mehr Initiative und Beweglichkeit, zu größerer Redlichkeit und glaubwürdigerem Engagement ...

... und das soll ich alles Lesen?

Anmerkungen

Vorwort

1 So der sicherlich auch (selbst-)ironisch gemeinte Titel eines durchaus lesenswerten Aufsatzes von Godwin Lämmermann: Zur Elementarisierung des Elementarisierungsproblems. Vorbereitende Bemerkungen zu einer kritischen Religionsdidaktik. In: Der Evangelische Erzieher 1988, S. 551–567.

2 An unserem Studienseminar bilden wir – und »wir« sind in der Mehrzahl Männer – mehr Referendarinnen als Referendare aus. Auch in den Kollegien der Schulen überwiegt – von den Leitungspositionen abgesehen – oft der Anteil der Frauen. Auf diesem Hintergrund war es für mich bei der Ausformulierung dieses Buches selbstverständlich, nicht nur von »Schülern«, »Lehrern«, »Kollegen« und »Referendaren«, sondern auch von »Schülerinnen«, »Lehrerinnen«, »Kolleginnen« und »Referendarinnen« zu sprechen. An einigen Stellen erschienen mir die umständliche Rede von »Kolleginnen und Kollegen, die Schülerinnen und Schüler« unterrichten, oder der Rückgriff auf orthographische Auswege wie »Schüler/innen« und »Lehrer/innen« allerdings stilistisch allzu unbeholfen, und ich begnügte mich mit der geläufigen, aber grammatikalisch eben maskulinen Form, bei der ich die Leserin bzw. den Leser bitte, sich stets auch Personen weiblichen Geschlechts hinzuzudenken.

Was macht man eigentlich heutzutage in Religion?

1 Erstveröffentlichung dieses hier leicht überarbeiteten Aufsatzes unter dem Titel »Religionsunterricht heute?« in: *Verein der Freunde des Tübinger Uhland-Gymnasiums (Hg.): Mitteilungen 1992. Tübingen 1993, S. 9–13.*

2 Alle wesentlichen Argumente hierzu finden sich bei: Karl Ernst Nipkow: Religionsunterricht in der Leistungsschule. Gutachten – Dokumente. Gütersloh 1979.

3 Seit Erscheinen dieses Aufsatzes im Jahr 1993 ist die Frage der **Konfessionalität des Religionsunterrichts** ein heiß umstrittenes Thema geworden. Vgl. u. a. die neue EKD-Denkschrift: Identität und Verständigung. Standort und Perspektiven des Religionsunterrichts in der Pluralität. Eine Denkschrift der Evangelischen Kirche in Deutschland. Im Auftrag des Rates der Evangelischen Kirche in Deutschland hg. vom Kirchenamt der EKD. Gütersloh 1994. – Einen guten Einblick in die aktuelle katholische Diskussion der Problematik geben z. B.: Georg Hilger / Georg Reilly (Hg.): Religionsunterricht im Abseits? Das Spannungsfeld Jugend – Schule – Religion. München 1993. – Reinhard Göllner / Bernd Trocholepczy (Hg.): Religion in der Schule? Projekte – Programme – Perspektiven. Freiburg Basel Wien 1995. – Argumente für und gegen einen »Religionsunterricht für alle« erschließt auf sehr gründliche und anregende Weise der Aufsatzband von: Jürgen Lott (Hg.): Religion – warum und wozu in der Schule? Weinheim 1992. – In Reaktion auf die EKD-Denkschrift bieten interessante weiterführende Impulse: Klaus Goßmann / Christoph Scheilke (Hg.): Religionsunterricht im Spannungsfeld von Identität und Verständigung. Münster 1995.

4 Die Fotografien sind Werbematerialien des Weka-Verlags / Kissing entnommen und beziehen sich auf folgende Publikationen: Eckhard Lade: Fertig ausgebaute Unterrichtsbausteine für den Religionslehrer. Ein aktueller Ratgeber für alle Pflicht- und Wahlthemen religiöser Erziehung in der Sekundarstufe I. Kissing 1993. – Christoph

Kuntz: Fertig ausgebaute Unterrichtsbausteine für das Fach Ethik – Werte und Normen. Eine Ideenbörse für alle Pflicht- und Wahlthemen in der Schule. Kissing 1990.

5 Einen guten Überblick über **religionspädagogische Konzeptionen nach 1945** bieten z. B.: Godwin Lämmermann: Grundriß der Religionsdidaktik. Stuttgart Berlin Köln 1991. – Ders.: Religionspädagogik im 20. Jahrhundert. Prüfungswissen Theologie. Gütersloh 1994. – Heinz Schmidt: Leitfaden Religionspädagogik. Stuttgart Berlin Köln 1991. – Klaus Wegenast: Religionsdidaktik. Sekundarstufe I. Stuttgart Berlin Köln 1993.

6 Weiterführende Hinweise zur **gegenwärtigen religionspädagogischen Diskussionslage** finden sich z. B. bei: Karl Ernst Nipkow / Friedrich Schweitzer (Hg.): Religionspädagogik. Texte zur evangelischen Erziehungs- und Bildungsverantwortung seit der Reformation. Band 2/2: 20. Jahrhundert. Gütersloh 1994, bes. S. 218ff, oder im Jahrbuch der Religionspädagogik, Band 12/1995 (Religionspädagogik seit 1945. Bilanz und Perspektiven). – Für eine kritisch-integrative Perspektive nach wie vor sehr anregend, aber kaum rezipiert ist auch: Christof Bäumler: Friedenserziehung und Religionsunterricht – Religionsunterricht als Friedenserziehung. In: Christof Bäumler u. a.: Friedenserziehung als Problem von Theologie und Religionspädagogik. München 1981, S. 123–156.

7 Zum Thema **»Symboldidaktik«** vgl. in der notwendigen Differenzierung: Peter Biehl: Symbole geben zu lernen. Einführung in die Symboldidaktik anhand der Symbole Hand, Haus und Weg. Neukirchen-Vluyn 1989. – Ders.: Symbole geben zu lernen II: Zum Beispiel: Brot, Wasser und Kreuz. Beiträge zur Symbol- und Sakramentendidaktik. Neukirchen-Vluyn 1993. – Ders.: Zur Didaktik der kritischen Symbolkunde. In: Arbeitshilfe für den evangelischen Religionsunterricht an Gymnasien 54. Hg. vom Ev.-Luth. Landeskirchenamt Hannover, Hannover 1994, S. 16–46. – Hubertus Halbfas: Das dritte Auge. Religionsdidaktische Ansätze. Düsseldorf, [5]1992. – Ders.: Religionsunterricht in der Grundschule / in Sekundarschulen. Lehrerhandbuch 1–10. Düsseldorf 1983ff.

8 Zum Verhältnis von **Ästhetik und Pädagogik** vgl. z. B.: Lutz Koch u. a. (Hg.): Pädagogik und Ästhetik. Weinheim 1994. – Horst Rumpf: Belebungsversuche. Ausgrabungen gegen die Verödung der Lernkultur. Weinheim München 1987. – Doris Schumacher-Chilla: Ästhetische Sozialisation und Erziehung. Zur Kritik an der Reduktion der Sinnlichkeit. Berlin 1995. – Einen guten Zugang zum Themenkreis **»Theologie und Ästhetik«** eröffnen z. B.: Albrecht Grözinger: Praktische Theologie und Ästhetik. Ein Beitrag zur Grundlegung der Praktischen Theologie. München 1987. – Ders.: Praktische Theologie als Kunst der Wahrnehmung. Gütersloh 1995. – Walter Lesch (Hg.): Theologie und ästhetische Erfahrung. Beiträge zur Bedeutung von Religion und Kunst. Darmstadt 1994.

9 Zum Gedanken fragmentarischer Identität vgl.: Henning Luther: Religion und Alltag. Bausteine zu einer Praktischen Theologie des Subjekts. Stuttgart 1992.

10 Zur christologisch-trinitarischen Begründung der Selbstexplikation an der Stelle des Andersseins vgl. z. B.: Falk Wagner: Systematisch-theologische und sozialethische Erwägungen zu Frieden und Gewalt. In: Christof Bäumler / Godwin Lämmermann / Falk Wagner / Alfred Walter: Friedenserziehung als Problem von Theologie und Religionspädagogik. München 1981, S. 53–121. – Klaus Wegenast / Godwin Lämmermann: Gemeindepädagogik. Kirchliche Bildungsarbeit als Herausforderung. Stuttgart Berlin Köln 1994, bes. S. 24ff.

11 Zum Zusammenhang von **Identitätsfindung und Narrativität** vgl.: Albrecht Grözinger: Erzählen und Handeln. Studien zu einer trinitarischen Grundlegung der Praktischen Theologie. München 1989. – Heinz Streib: Erzählte Zeit als Ermöglichung von Identität. Paul Ricoeurs Begriff der narrativen Identität und seine Implikationen für die religionspädagogische Rede von Identität und Bildung. In: Dieter Georgi u. a. (Hg.): Religion und Gestaltung der Zeit. Kampen / Niederlande 1994, S. 181–198. – Grözinger spricht auch von der »narrativen Struktur eines Bildes oder eines Argumentationszusammenhangs« (S. 106), was bedeutet, daß Bilder, Argumentationszusammenhänge und vermutlich auch andere »Textsorten« wie Lexikonartikel, Reportagen, Filme, historische

und philosophische Quellen dann als »narrativ« zu bezeichnen wären, wenn sie sich »an einer bestimmten Geschichte« orientieren »und sich im Horizont dieser Geschichte« (aus christlicher Perspektive: der trinitarischen Gottesgeschichte) bewegen. Dieses reflektiert-kritische und erweiterte Verständnis von Narrativität unterscheidet sich kategorial von den oft sehr gewollt wirkenden Erzählversuchen sogenannter »Lehrererzählungen« und »Vorlesebücher«. Daß »gute Absichten« die Glaubwürdigkeit und den Realitätsgehalt einer Erzählung leicht in Frage stellen können, zeigt sehr schön: Sten Nadolny: Das Erzählen und die guten Absichten. Münchener Poetik-Vorlesungen. München Zürich 1990.

Schweigend lernen

1 Frühere Fassungen dieses Kapitels erschienen unter der Überschrift *»Schweigend lernen. Eine methodische Anregung«* in: *Egon Gramer / Thomas Kopfermann (Hg.): Praxis mit Vernunft. Kleine Lerngänge für Siegfried Weinmann. Tübingen 1994. – Religion heute 19 / 1994, S. 196–199. – Volker Huwendiek (Hg.): Ganzheitliches, soziales und handlungsorientiertes Lernen in Schule und Seminar. Mitteilungen des Bundesarbeitskreises der Seminar- und Fachleiter 3–4 / 1994 (Merkur-Verlag Rinteln).*
Außerdem vgl. für dieses, aber auch die folgenden Kapitel: Peter Kliemann: Texte, Texte, nichts als Texte? Überlegungen und Anregungen für den Religionsunterricht an der Oberstufe des Gymnasiums. In: entwurf – Religionspädagogische Mitteilungen 3 / 1994, S. 72–80.

2 Zu den **Sozialisationsbedingungen von Kindern und Jugendlichen heute** vgl. z. B., mit weiterführenden Literaturhinweisen: Johannes Beck / Heide Wellershoff: SinnesWandel. Die Sinne und die Dinge im Unterricht. Frankfurt/M. 1989. – Kirchenamt der EKD, im Auftrag des Rates der Evangelischen Kirche in Deutschland (Hg.): Aufwachsen in schwieriger Zeit. Kinder in Gemeinde und Gesellschaft. Gütersloh 1995. – Georg Hilger / George Reilly (Hg.): Religionsunterricht im Abseits? Das Spannungsfeld Jugend – Schule – Religion. München 1993, bes. S. 261ff. – Zur »Entdeckung der Langsamkeit« vgl. den gleichnamigen Roman von Stan Nadolny (München 1983), zur Diskussion um die Notwendigkeit, unsere Lebensvollzüge zu »entschleunigen« vgl. z. B. den Artikel von Sibylle Fritsch: Sehnsucht nach Entschleunigung. Der Kult um die Langsamkeit. In: Psychologie heute 8/1996, S. 52–56, oder: BUND / MISEREOR (Hg.): Zukunftsfähiges Deutschland. Ein Beitrag zu einer global nachhaltigen Entwicklung. Basel Boston Berlin 1996, bes. S. 149ff.

3 Für eine weitergehende Lektüre zum Thema »**Stilleübungen und Meditation**« vgl. aus dem Bereich der Religionspädagogik z. B.:
Horst Klaus Berg: Montessori für Religionspädagogen. Glauben erfahren mit Hand, Kopf und Herz. Stuttgart 1994. – Albert Biesinger (Hg.): Meditation im Religionsunterricht. Düsseldorf 1981. – Elsbeth Bihler: Symbole des Lebens – Symbole des Glaubens. 3 Bände. Limburg 1992 / 1995. – Gabriele Faust-Siehl u. a.: Mit Kindern Stille entdecken. Bausteine zur Veränderung der Schule. Frankfurt/M. ⁴1993. – Gerda und Rüdiger Maschwitz: Stille-Übungen mit Kindern. Ein Praxisbuch. München 1993. – Vreni Merz: Von aussen. Nach innen. Meditieren mit Kindern, Jugendlichen und Erwachsenen in Alltag, Unterricht und Gottesdienst. Zürich 1994. – Fritz Oser: Kräfteschulung. Mit Beiträgen aus der Praxis von Karl Furrer u. a. Luzern ⁴1991. – Rosemarie Portmann / Elisabeth Schneider: Spiele zur Entspannung und Konzentration. München ⁶1993. – ru – Ökumenische Zeitschrift für den Religionsunterricht 2 / 1995: Themenheft »... offen für Spirituelles«
Für Anregungen aus der Perspektive anderer Schulfächer vgl. z. B.: Hans Günther Bastian: Stille-Räume im (Musik)-Unterricht. Chance zu Selbsterfahrung und Konfliktabbau. In: Musik & Bildung 6 / 1994, S. 51–57. – Dietmar Fricke: Suggestopädie – Superlearning – Sanftes Lernen: Alternativen zum Fremdsprachenunterricht? Versuch

einer Bestandsaufnahme als Sammelbesprechung. In: Die Neueren Sprachen 3 / 1993, S. 272–288. – Volker Frederking: Der Fremde. Die Fremde. Das Fremde. Eine identitäts- und erfahrungsorientierte Unterrichtsreihe zu einem nicht nur philosophischen Problem. In: Zeitschrift für Didaktik der Philosophie und Ethik 1 / 1994, S. 18–37. – Siegfried George: Wider die Dromokratie: Lernen durch Intuition, Selbstreflexion, Meditation. In: Siegfried Schiele / Herbert Schneider (Hg.): Rationalität und Emotionalität in der politischen Bildung. Stuttgart 1991, S. 138–154. – Ders.: Erschließendes Denken. Selbstreflexion, Meditation, Intuition, Kreativität als Methoden des politischen Unterrichts. Schwalbach 1993. – Marianne Haun-Just: Ganzheitliche Lehr-Lernkonzepte am Beispiel der Suggestopädie. In: Gislinde Bovet / Volker Huwendiek (Hg.): Leitfaden Schulpraxis. Pädagogik und Psychologie für den Lehrberuf. Berlin 1994, S. 337–360. – Pädagogik 12 / 1988 und 12 / 1994: Themenhefte »In Ruhe unterrichten« – Katja Riedel: Persönlichkeitsentfaltung durch Suggestopädie. Suggestopädie im Kontext von Erziehungswissenschaft, Gehirnforschung und Praxis. Baltmannsweiler 1995.

4 Vgl. hierzu auch den Vorschlag für eine Phantasiereise weiter unten, S. 32f.

5 Für die Überlassung der abgedruckten Schülerzeichnungen und Schülerkommentare bedanke ich mich bei meinem ehemaligen Referendar *Traugott Huppenbauer.*

6 Für weitere Anregungen zur Behandlung der Bergpredigt vgl. z. B.: Reinhold Mokrosch: Die Bergpredigt im Alltag. Anregungen und Materialien für die Sekundarstufe I / II. Gütersloh 1991. – Siegfried Schulz: Stundenblätter Bergpredigt. Stuttgart 1986.

7 Kostenlos beziehbar bei: »Brot für die Welt«, Stuttgart.

8 Zu dieser Methode vgl. unten, S. 38ff.

9 Anregungen zur Gestaltung von **Phantasiereisen** finden sich z. B. bei: Helga Bleckwenn / Rainer Loska: Phantasiereise: Imaginative Verfahren im Deutschunterricht. In: Pädagogik 12 / 1988, S. 25–35. – Sabine Friedrich / Volker Friebel: Entspannung für Kinder. Übungen zur Konzentration und gegen Ängste. Reinbek 1989. – Maureen Murdock: Dann trägt mich meine Wolke ... Wie Große und Kleine spielend leicht lernen ... Freiburg ^{5}1993. – Britta Nößler: Phantasiereisen mit Schülerinnen und Schülern. In: Katechetische Blätter 8–9 / 1993, S. 618–624. – Helga und Hubert Teml: Komm mit zum Regenbogen. Phantasiereisen für Kinder und Jugendliche. Linz ^{3}1993. – Klaus W. Vopel: Phantasiereisen. Hamburg ^{3}1992. – Als erste Einführung in die sogenannte »Gestaltpädagogik« vgl.: Olaf-Axel Burow / Herbert Gudjons: Gestaltpädagogik in der Schule. Hamburg 1994. – Jürgen Heinel: Der König ruht im Klassenzimmer. Gestaltpädagogik zum Kennenlernen. Frankfurt/M. 1993.

10 Vgl. z. B.: Peter Biehl: Symbole geben zu lernen. Einführung in die Symboldidaktik anhand der Symbole Hand, Haus und Weg. Neukirchen-Vluyn 1989, bes. S. 98ff.

11 Für diese und viele andere interessante Anregungen bedanke ich mich bei meiner Kollegin *Ingrid Held* aus Eislingen.

12 Gute Erfahrungen habe ich an dieser Stelle gesammelt mit: Jan Garbarek / The Hilliard Ensemble: Officium. ECM-Records, München 1994.

1 Die folgenden Abschnitte sind unter der Überschrift »*Gruppenpuzzle. Überlegungen und Hinweise zu einer wenig bekannten Form des Gruppenunterrichts« zuerst erschienen in: entwurf – Religionspädagogische Mitteilungen 3/1992, S. 47–50.*

2 Hilbert Meyer: Unterrichtsmethoden. II: Praxisband. Frankfurt/M. 2., durchgesehene Aufl. 1989, S. 242.

3 Klaus Hage u. a.: Das Methoden-Repertoire von Lehrern. Eine Untersuchung zum Schulalltag der Sekundarstufe I. Opladen 1985.

4 Hilbert Meyer, a. a. O., S. 242.

5 Ebenda.

6 Vgl. für hilfreiche **methodische Hinweise zur Durchführung von Gruppenarbeit** z. B.: Herbert Gudjons (Hg.): Handbuch Gruppenunterricht. Weinheim Basel 1993. – Jörg Knoll: Kleingruppenmethoden. Effektive Gruppenarbeit in Kursen, Seminaren, Trainings, Tagungen. Weinheim Basel 1993. – Hilbert Meyer, a. a. O., S. 254ff. – Sigmar Trapp: Sozialformen des Unterrichts. In: Helmut Frommer (Hg.): Handbuch des Vorbereitungsdienstes. Band I. Düsseldorf, 3., überarbeitete Aufl., 1986, S. 301–324.

7 Vgl.: E. Aronson u. a.: The Jigsaw Classroom. Beverly Hills 1978. – R.E. Slavin: Student Team Teaching. An Overview and Practical Guide. Washington 1983.

8 Vgl.: Günter L. Huber u. a. (Hg.): Kooperatives Lernen. Weinheim 1984. – Günter L. Huber (Hg.): Lernen in Schülergruppen. Studienbrief 1 des Fernstudienprojekts »Pädagogisch-psychologische Grundlagen für das Lernen in Gruppen«. Deutsches Institut für Fernstudien an der Universität Tübingen (DIFF) 1985. – Ders.: Lernen in Gruppen: Erfahrungen mit neuen sozialen Organisationsformen. In: Erziehungswissenschaft – Erziehungspraxis 2/1986, S. 43–47. – Sigrid Rotering-Steinberg: Förderung prosozialen Lernens von Schülern durch Kooperation. In: H. Heyse (Hg.): Erziehung in der Schule – eine Herausforderung für die Schulpsychologie. Bonn 1986, S. 193–199. – Dies. / Til von Kügelgen: Ergebnisse einer schriftlichen Befragung zum Gruppenunterricht. In: Erziehungswissenschaft – Erziehungspraxis 2/1986, S. 26–29. – Sigrid Rotering-Steinberg: Neue kooperative Organisationsformen: »learning by doing«. In: N. Grewe (Hg.): Beratungslehrer – eine neue Rolle im System. Neuwied 1990, S. 320–322. – Dies.: Gruppenpuzzle und Gruppenrallye. Beispiele für kooperative Arbeitsformen. In: Pädagogik 1/1992, S. 27–30.

9 Vgl. z. B. die folgenden neueren **methodisch-didaktischen Handbücher der Religionspädagogik:** Gottfried Adam / Rainer Lachmann (Hg.): Methodisches Kompendium für den Religionsunterricht. Göttingen 1993. – Godwin Lämmermann: Grundriß der Religionsdidaktik. Stuttgart 1991, S. 207f. – Hermann Josef Frisch: Fachdidaktik Religion. Stuttgart 1992, S. 167f. – Bernhard Jendorff: Religion unterrichten – aber wie? Vorschläge für die Praxis. München 1992, S. 73ff. – Helmut Kurz: Methoden des Religionsunterrichts. Arbeitsformen und Beispiele. München ^{2}1989, S. 37ff. – Hartmut Lenhard (Hg.): Arbeitsbuch Religionsunterricht. Überblicke – Impulse – Beispiele. Gütersloh, 2., völlig neubearbeitete Aufl., 1992. – Peter Moll / Hans Liebherr: Unterrichten mit offenen Karten. 2 Bände. Zürich 1992.

10 Die in Anm. 8 zitierte Literatur bezeichnet die Diskussionsgruppen als »Stammgruppen« und geht dabei von langfristiger Arbeit nach dem Modell Gruppenpuzzle aus. Will man ganz kritisch sein, könnte man sich auch überlegen, ob Schüler durch die Erarbeitung von Teilaspekten eines Themas schon zu »Experten« werden (Alternative: »Schwerpunktgruppen«?) und ob die Bezeichnung »Puzzle« nicht schon zu stark davon ausgeht, daß das in den Expertengruppen Erarbeitete sich spannungs- und lückenlos zu einem Ganzen zusammenfügen läßt.

11 Gutes **Expertenmaterial zum Thema »Quäker«** fand ich bei: Ulrich Middeke: Leben und Praxis der Quäker. Ausgewählte Fragen in ökumenischer Absicht. Altenberge 1989, bes. S. 73ff. – Ansonsten wende man sich an das Quäkerhaus in Bad Pyrmont.

12 Hartmut Rupp u. a.: Wege zur Wirklichkeit – Glaube und Naturwissenschaft. Oberstufe

Religion 2. Stuttgart 1979, S. 5ff. (Jetzt, auch schon im Hinblick auf eine Erarbeitung im Gruppenpuzzle ausgewähltes Material in der 2., von Veit-Jakobus Dieterich vollständig neu bearbeiteten Auflage 1996; Schülerheft, S. 6ff; Lehrerheft, S. 24ff und S. 142ff.)

13 A. a. O., S. 9 bzw. in der Neuauflage S. 14 (nur der Text von Bohr).

14 Ein hervorragendes Medium für dieses Thema sind sogenannte »Kippbilder« und projektive Testverfahren aus der Wahrnehmungspsychologie. Vgl. hierzu z. B. Monika Hartig: Von dir und den anderen. Eine erste Begegnung mit der Psychologie. Hamburg 1993. – Hans Jürgen Heringer: Einführung in die Praktische Semantik. Heidelberg 1977, S. 296ff. – Wolfgang Metzger: Gesetze des Sehens. Frankfurt/M., 3., völlig neu bearbeitete Aufl., 1975. – Roger N. Shepard, Einsichten und Anblicke. Illusion und Wahrnehmungskonflikte in Zeichnungen. Heidelberg 1991. – Empfehlenswert auch die inzwischen in vielfältiger Form und Thematik aufgelegten 3D-Bücher, deren Illusionsbilder im übrigen auch als Schwarz-Weiß-Kopien funktionieren; der Titel der deutschen Ausgabe des Proto-Bandes lautet: N.E. Thing Enterprises (Hg.): Das magische Auge. München 1994. – Daß Wirklichkeit, und zwar gerade auch zwischenmenschliche Wirklichkeit, entscheidend davon mitbestimmt ist, wie wir an sie herangehen und wie wir sie definieren, zeigen auf unterhaltsam-hintergründige Weise z. B. auch folgende Texte: Clive Staples Lewis: Dienstanweisung für einen Unterteufel. Freiburg 1992, S. 132ff. – Paul Watzlawick: Anleitung zum Unglücklichsein. München Zürich 1988, S. 37f.

15 Zu dieser Formulierung vgl.: Günter Leitzgen: Lernen durch Lehren. Ein Erfahrungsbericht über die Einführung schülergeleiteten Unterrichts im Fach Französisch in einer 11. Gymnasialklasse. In: Arbeitshilfe für den Evangelischen Religionsunterricht an Gymnasien AH II / 91. Hg. von der Gymnasialpädagogischen Materialstelle der Ev.-Luth. Kirche in Bayern. Erlangen 1991, S. 37–50.

16 In Lerngruppen, die bereits einen selbstverantwortlich-kooperativen Arbeitsstil eingeübt haben, besteht andererseits kein Grund, warum der Lehrer am Ende der Stunde nicht auch die Expertenmaterialien der anderen Expertengruppen als vertiefende Hausaufgabe bzw. zur Nacharbeit für Klausuren zur Verfügung stellen sollte.

17 Vgl. E. Aronson: Förderung von Schulleistung, Selbstwert und prosozialem Verhalten: Die Jigsaw-Methode. In: Günter L. Huber u. a. (Hg.): Kooperatives Lernen. Weinheim 1984, S. 48–59.

18 Vgl. ebenda und R.E. Slavin, a. a. O.

19 Für Lernaufgaben des Übens und Einprägens eignet sich eine andere kooperative Lernmethode, die sogenannte »Gruppenrallye«. Weiterführende Hinweise dazu finden sich in der in Anm. 8 genannten Literatur.

20 Zum Thema **»Schulhausarchitektur«** vgl. Gerold Becker: Pädagogik in Beton. 10 Thesen zur »Ökologie des Schulbaus«. In: Senatsverwaltung für Schule, Berufsbildung und Sport Berlin (Hg.): Schule als ökologischer Lernort. Berlin 1990, S. 27–42. – Pädagogik 4/1992, Themenheft »Schul – Räume – Gestalten«. – Christian Rittelmeyer: Schulbauten positiv gestalten. Wie Schüler Farben und Formen erleben. Wiesbaden Berlin 1994. – Bei den gegebenen, vor allem auch finanziell bedingten Rahmenbedingungen, müssen sich diejenigen, die für einen allgemeinverbindlichen Religions- oder Lebenskundeunterricht plädieren, fragen lassen, welche methodisch-didaktischen Konsequenzen es hätte, ein Fach wie Religion / Ethik / Lebenskunde in Klassenverbänden von 30 und mehr Schülerinnen und Schülern unterrichten zu müssen. Sollten aus Gründen der Kostenersparnis in Zukunft allerdings kleinere Religionsgruppen zu gemischten Großgruppen zusammengelegt werden, die sich in dieser Zusammensetzung nur zweimal wöchentlich treffen, würde dieses, zugegebenermaßen eher pragmatische Argument sich allerdings gegen konfessionelle Konzepte wenden …

21 Vgl. dazu die Vorschläge bei: Heinz Klippert: Methodentraining. Übungsbausteine für den Unterricht. Weinheim Basel 1994. – Gerhard Röckel: Umgang mit dem Medium »Text«. Elementare Arbeitstechniken im Religionsunterricht der Sekundarstufe II. In: Religionsunterricht an höheren Schulen 5/1991, S. 306–311.

22 Vgl.: Gerhard Büttner: Dem Wesen der Sache Gestalt verleihen. Tafelbild und Tafelanschrieb im Religionsunterricht der Sekundarstufe I und II. In: Religion heute 1/1986, S. 47–52. – Wolfgang Fleckenstein: Die Funktion des Tafelbildes im (Religions-)Unterricht. In: Katechetische Blätter 3/1995, S. 198–205.

23 So die These des Gehirnforschers und Nobelpreisträgers Roger Sperry, der aufgrund seiner Untersuchungen mit sogenannten »Split-Brain-Patienten« zu dem Ergebnis kam, die linke Gehirnhälfte sei für linearabstraktes, die rechte für bildlich-intuitives Denken zuständig. Vermutlich ist die schlichte links-rechts-Aufteilung – wie auch sonst im Leben – etwas zu einfach und eher von heuristischem Wert. Es bleibt allerdings die Einsicht, daß es unterschiedliche Verarbeitungsweisen des Gehirns gibt und daß Menschen möglichst vielfältige Lernangebote als förderlich empfinden. Für eine differenzierte Auseinandersetzung mit den Forschungen Sperrys vgl. z. B.: Walter Edelmann: Lernpsychologie. Weinheim, 3., neubearbeitete Aufl., 1993, S. 26ff. – Katja Riedel: Persönlichkeitsentfaltung durch Suggestopädie. Suggestopädie im Kontext von Erziehungswissenschaft, Gehirnforschung und Praxis. Baltmannsweiler 1995, bes. S. 229ff.

24 Unter dem Begriff **»Mind-Mapping«** werden gelegentlich, unter schwärmerischer Berufung auf die Gehirnforschungen Sperrys ganze Buch- und Fortbildungsprogramme angeboten. Vgl. z. B.: Mogens Kirckhoff: Mind Mapping. Einführung in eine kreative Arbeitsmethode. Die Synthese von sprachlichem und bildhaftem Denken. Bremen [8]1993. In aufwendiger Art und Weise wird hier dann dargestellt, daß es hilfreich sein kann, einen Schlüsselbegriff in die Mitte eines Blattes zu schreiben, von diesem Schlüsselbegriff fünf oder sechs Hauptäste wegzuführen und diese weiter verzweigen zu lassen. So können Schülerinnen und Schüler zu der Vorgabe »Was mir wichtig ist ... « z. B. die Bereiche »Freizeit«, »Musik«, »Leistung«, »Menschen«, »Mode« und »Selbsterforschung« assoziieren und den Bereich »Freizeit« z. B. in die Bereiche »Disco«, »Shopping«, »Reisen«, »Computerspiele«, »Pizza essen« u.ä. untergliedern. Daß dieses Assoziationsraster sehr nützlich sein kann, um ein Brainstorming in Gang zu setzen und gleichzeitig das, was einem einfällt, zu strukturieren, liegt auf der Hand. Angesichts der von engagierten Vertretern des Mind-Mapping versprochenen »Kreativität« frage ich mich allerdings, ob hier nicht eine einzelne, möglicherweise auch recht mechanisch verwendbare methodische Möglichkeit stark überbewertet wird. – Ansonsten vgl. zum Thema »Visualisierung« Themenheft 10/1994 der Zeitschrift »Pädagogik«: »Mit den Augen lernen. Visualisierungstechniken in Unterricht und Seminar«.

25 Heinz Klippert: Aktives Arbeiten mit gängigen Lehr- und Lernmitteln. In: arbeiten und lernen 49/1987, S. 8–12; ebenda, S. 8.

26 Vgl. z. B. Helmut Kurz: Entdeckungen in der Bibel. Tips – Informationen – Methoden. München 1988, S. 82f. – Kindlers Handbuch Psychologie. Hg. von Reinhart Stalmann. München 1982, S. 80ff.

27 Für den südwestdeutschen Raum sei dabei verwiesen auf die bei der Evangelischen Medienzentrale in Stuttgart ausleihbaren und für den Oberstufen-Unterricht noch kaum genutzten Südfunk-Radiosendungen der »Dienstagsredaktion« bzw. (seit 1991) des »Dienstag-Forums«. Vgl. hier z. B. die Sendungen vom 11.2.1986 (»Tiefenpsychologische Bibellektüre«), 24.11.87 (»Streit um tiefenpsychologische Bibeldeutung«), 8.10.91 (»Lehrverbot für Eugen Drewermann«).

28 Vgl. z. B. Wolfgang Bukowski / Wolfgang Morr: Lernfelder Glaube – Bibel – Kirche. Göttingen 1985, S. 107. – Hans Freudenberg / Klaus Goßmann: Sachwissen Religion. Göttingen 1988, S. 70. – Ulrich Kämmerer u. a. (Hg.): Kursbuch Religion 11+. Stuttgart Frankfurt/M. 1995, S. 173.

29 Ich bedanke mich bei *Dr. Claudia Rehberger*!

30 Vgl. z. B. Rudolf Mack / Dieter Volpert: Alte Bibel – Neue Fragen. Lahr, 3., verbesserte Aufl., 1988, S. 26–28.

31 Vgl. z. B. Rüdiger Kaldewey / Franz W. Niehl: Grundwissen Religion. Begleitbuch für Religionsunterricht und Studium. München [4]1988, S. 91.

32 Jörg Zink: Bildwerk zur Bibel – Geschichte und Umwelt. Freiburg Gelnhausen 1980ff (vgl. die Kataloge der entsprechenden Medienzentralen).

Lernen an Stationen

1 Für eine sehr eindrückliche Schilderung der veränderten Unterrichtssituation vgl. Wilfried Bergau (Hg.): Der Traditionsabbruch bei Jugendlichen – Ursachen und Folgen. In: Ders. (Hg.): Die neuen Schüler – Jugend ohne Gott? Arbeitshilfe für den evangelischen Religionsunterricht an Gymnasien Nr. 47. Hannover 1989, Hg. vom Ev.-Luth. Landeskirchenamt Hannover, S. 17–46. Wiederabgedruckt in: Hartmut Lenhard (Hg.): Arbeitsbuch Religionsunterricht. Überblicke – Impulse – Beispiele. Gütersloh, 2., völlig neubearbeitete Aufl., 1992, S. 41–52.

2 Vgl. z. B.: Heiner Barz: Jugend und Religion. 3 Bände. Opladen 1992/93. – Ulrich Beck: Risikogesellschaft. Auf dem Weg in eine andere Moderne. Frankfurt/M. 1986. – Ulrich Beck / Elisabeth Beck-Gernsheim (Hg.): Riskante Freiheiten. Individualisierung in modernen Gesellschaften. Frankfurt/M. 1994. – Ulrich Beck u. a.: Eigenes Leben – Ausflüge in die unbekannte Gesellschaft, in der wir leben. München 1995. – Karl Gabriel: Christentum zwischen Tradition und Postmoderne. Freiburg ³1992. – Karl Gabriel / Hans Hobelsberger (Hg.): Jugend, Religion und Modernisierung. Suchbewegungen Kirchlicher Jugendarbeit. Opladen 1994. – Gerhard Schulze: Die Erlebnisgesellschaft. Kultursoziologie der Gegenwart. Frankfurt/M. 1993.

3 Für eine positive Interpretation unserer (post-)modernen Lebensbedingungen vgl. z. B.: Peter L. Berger: Sehnsucht nach Sinn. Glauben in einer Zeit der Leichtgläubigkeit. Frankfurt/M. New York 1994. – Henning Luther: Religion und Alltag. Bausteine zu einer Praktischen Theologie des Subjekts. Stuttgart 1992. – Norbert Mette: Religionspädagogik. Düsseldorf 1994. – Falk Wagner: Zur gegenwärtigen Lage des Protestantismus. Gütersloh 1995.

4 Zur Einführung in das Thema »**Freiarbeit**« vgl. z. B.: Horst Klaus Berg: Von der Montessori-Pädagogik lernen: Freie Arbeit im Religionsunterricht. In: ru, Ökumenische Zeitschrift für die Praxis des Religionsunterrichts 1/1994, S. 28–37. – Ders.: Montessori für Religionspädagogen. Glauben erfahren mit Hand, Kopf und Herz. Stuttgart 1994. – Ders. / Ulrike Weber: Freiarbeit Religion. Materialien für Schule und Gemeinde. Stuttgart München 1995ff. – Claus Claussen (Hg.): Handbuch Freie Arbeit. Weinheim 1995. – Engelbert Groß: Freies Arbeiten in weiterführenden Schulen. Donauwörth 1992. – Comenius-Institut (Hg.): Freie Arbeit und Religionsunterricht. Literaturhinweise und Texte zu aktuellen Themen. Münster 1994. – Claus Georg Krieger: Mut zur Freiarbeit. Praxis und Theorie für die Sekundarstufe. Hohengehren 1994. – Werner G. Mayer: Freie Arbeit in der Primarstufe und in der Sekundarstufe bis zum Abitur. Heinsberg 1992. – Birgit Menke: Freiarbeit. Eine Chance für den Religionsunterricht. Essen 1992. – Joachim Nauck (Hg.): Offener Unterricht. Ziele, Praxis, Wirkungen. Braunschweig ²1993. – Pädagogik 6/1991: Freie Arbeit. Erfahrungen in der Sekundarstufe. – ru, Ökumenische Zeitschrift für die Praxis des Religionsunterrichts 3/1995: Themenheft »(In) Freiarbeit lernen – Freiarbeit im Religionsunterricht« – Hermann Schulze: »... und morgen fangen wir an!« Bausteine für Freiarbeit und offenen Unterricht in der Sekundarstufe. Soltau 1993. – Peter Sehrbrock: Freiarbeit in der Sekundarstufe I. Frankfurt/M. 1993. – Dieter Vaupel: Das Wochenplanbuch für die Sekundarstufe. Schritte zum selbständigen Lernen. Weinheim Basel 1995. – Wulf Wallrabenstein: Offene Schule – Offener Unterricht. Ratgeber für Eltern und Lehrer. Reinbek, 4., aktualisierte Aufl., 1994.

5 Dieter Hintz / Karl Gerhard Pöppel / Jürgen Rekus: Neues schulpädagogisches Wörterbuch. Weinheim München 1993, S. 110f.

6 Vgl. Hartmut von Hentig: Die Schule neu denken. Eine Übung in praktischer Vernunft. München Wien 1993.

7 Vgl. dazu in diesem Buch S. 40ff und S. 115ff.

8 Zum folgenden Abschnitt vgl. Heidi Krebs / Gabriele Faust-Siehl: Lernzirkel im Unterricht der Grundschule. Freiburg 1993. – Hans-Jürgen van der Gieth: Lernzirkel. Die neue Form des Unterrichts für alle Fächer. In: Lehrmittel aktuell. Informationen für die Unterrichtspraxis 2/1995, S. 44–47.– Uta Wallaschek: Lernzirkel – eine Arbeitsform, die selbständiges, individuelles Arbeiten ermöglicht. In: Bernd Lehmann: Kinder – Schule: Lehrer – Schule. Langenau-Ulm, [2]1991, S. 85–106. – Eleonore von Dincklage u. a.: Lernstraße – eine Form der Freiarbeit im RU. In: entwurf – Religionspädagogische Mitteilungen 3/1995, S. 17–23.

9 Vgl. dazu Krebs / Faust-Siehl, a. a. O., bes. S. 19ff und S. 48ff.

10 Zu dieser treffenden, allerdings etwas umständlichen Formulierung vgl. ebenda, S. 19f. – Der Begriff »Lernstraße« erscheint mir deshalb weniger sinnvoll, weil er eine dem Gedanken der Freiarbeit eher zuwiderlaufende Linearität nahelegt.

11 Wallaschek, a. a. O., S. 87.

12 Ebenda.

13 Vgl. unten S. 107f.

14 Wilhelm Breuling / Birgit Wiemer: Lernzirkel – Elemente der Freien Arbeit im Religionsunterricht. In: Notizblock 15/1994, S. 17–42 (Materialdienst für Religionslehrerinnen und Religionslehrer in der Diözese Rottenburg-Stuttgart).

15 Für weitere Anregungen zur **Unterstufeneinheit »Die Bibel«** vgl.: entwurf 1/1992 (Themenheft »Bibel«). – Hans Eggenberger u. a.: Die Bibel – überliefert und gelebt. Ein Medienpaket. Zürich 1993. – Marlies und Jörg Schilling: Die Bibel – Begegnungen mit einem ungewöhnlichen Buch. Sekundarstufe. Stuttgart 1994. – Wenig bekannt auch die für den altsprachlichen Unterricht entwickelten Nachbildungen von antiken Schreibmaterialien (römische Schreibtafeln und Schreibfedern, Papyrusbögen, Tintenfaß, Buchrolle u.v.a.): Verlag Elfriede Bozorgmehri & Rudolf Spann. – Nach Abschluß des Manuskripts erschienen: Eleonore von Dincklage (Hg.): Unterwegs durch die Bibel. Lernstraße in 17 Stationen für die Sekundarstufe. Neuhausen 1996.

16 Vgl. zum Thema **»Islam«** neben den einschlägigen Schulbüchern, um nur ein paar neuere Publikationen zu nennen, z. B.: entwurf 3/1983: Themenschwerpunkt »Islam« – Ethik und Unterricht 3/1994 – Johannes Lähnemann: Weltreligionen im Unterricht. Band II: Islam. Göttingen 1986. – Lutherisches Kirchenamt der Vereinigten Evangelisch-Lutherischen Kirche Deutschlands / Kirchenamt der EKD (Hg.): Was jeder vom Islam wissen muß. Gütersloh 1990 – Religionspädagogisches Seminar der Diözese Regensburg (Hg.): Der Islam. Folien – Farbbilder – Erklärungen. Regensburg 1993. (81 DIN A5-Farbfolien; dazu gesondert: »Arbeitsblätter für den Religionsunterricht«; sehr günstig zu beziehen über: Deutscher Katechetenverein, München). – Siegfried Schulz: Stundenblätter »Der Islam«: Christen begegnen Muslimen. Stuttgart Dresden 1993. – Studienkreis für Tourismus und Entwicklung (Hg.): Islam verstehen. Sympathie-Magazin Nr. 26. München 1992/93. – Monika und Udo Tworuschka: Kleines Lexikon Islam. Christen begegnen Muslimen. Konstanz 1992. – Als Anschauungsmaterial wichtig: die bei den Medienzentralen ausleihbaren Medienkoffer »Islam«.

17 Zu diesem Film vgl. jetzt auch: Hans-Jürgen van der Gieth: Lernzirkel Schindlers Liste. 14 Lernstationen für Klasse 5 bis 13. Lichtenau 1995. Für weitere Freiarbeitsmaterialien vgl. auch das sonstige Programm des AOL-Verlags.

18 Vgl. Bernd Hauck: Pädagogische Idylle oder Dauerstreß? Möglichkeiten und Grenzen der Freiarbeit. In: Friedrich Jahresheft XII, 1994: Schule zwischen Routine und Reform, S. 46–48. – Hilbert Meyer, ein engagierter Vertreter von Gruppenunterricht, schreibt, »die beste Voraussetzung für das Gelingen des Gruppenunterrichts (sei) ein gut gemachter Frontalunterricht« (Unterrichtsmethoden, Band II, Frankfurt/M., 2., durchgesehene Aufl., 1989, S. 193). Man könnte diese pointierte und a. a. O. plausibel begrün-

dete These dahingehend variieren, daß man sagt, die beste Voraussetzung für den gelungenen Einsatz von Freiarbeit sei ein gut gemachter Lehrgangsunterricht herkömmlicher Art. Deshalb macht es auch einen Unterschied, ob ein ausgebildeter und erfahrener Kollege, der das methodisch-didaktische Repertoire traditionellen Unterrichts mehr oder weniger professionell beherrscht, sein methodisch-didaktisches Spektrum durch die Einbeziehung von Freiarbeit oder handlungs-, erlebnis- und produktorientierten Unterrichtselementen erweitert, oder ob sich ein Berufsanfänger oder auch ein Gemeindepfarrer ohne entsprechene Lehrerausbildung und ohne Lehrerfahrungen in einem zweiten Schulfach von vorneherein und womöglich ausschließlich für den reformpädagogischen Weg entscheidet.

19 Vgl. hierzu die bereits frühzeitigen Rückfragen des ansonsten für Freiarbeit sehr aufgeschlossenen Hubertus Halbfas: Hubertus Halbfas: Das dritte Auge. Religionsdidaktische Anstöße. Düsseldorf 1982, S. 200ff. – Ders.: Religionsunterricht in der Grundschule. Lehrerhandbuch 3. Düsseldorf [4]1992, S. 34–38. – Außerdem vgl. auch die kritischen Überlegungen von Horst Klaus Berg (s. Anm. 4).

Vom Deutschunterricht lernen

1 Zum Begriff der **Elementarisierung** vgl. z. B.: Godwin Lämmermann: Grundriß der Religionsdidaktik. Stuttgart 1991, S. 184–188. – Karl Ernst Nipkow: Elementarisierung als Kern der Lehrplanung und Unterrichtsvorbereitung am Beispiel der Elia-Erzählung. In: Braunschweiger Beiträge für Theorie und Praxis von RU und KU 3/1986, S. 3–16. – Ders: Grundfragen der Religionspädagogik, Band III, Gütersloh 1982, S. 185ff. – Friedrich Schweitzer: Zwischen Theologie und Praxis. Unterrichtsvorbereitung und das Problem der Lehrbarkeit von Religion. In: Jahrbuch der Religionspädagogik 7 (1990), S. 3–41. – Friedrich Schweitzer / Karl Ernst Nipkow / Gabriele Faust-Siehl / Bernd Krupka: Religionsunterricht und Entwicklungspsychologie. Elementarisierung in der Praxis. Gütersloh 1995.

Mißversteht man »Elementarisierung« nicht im Sinne einer bloßen Reduktion und Vereinfachung von fachwissenschaftlichen Inhalten, dann geht es beim Prozeß der Elementarisierung, kurz gesagt, um das mühsame Aufspüren und didaktische Umsetzen von thematischen Konvergenzpunkten und inhaltlichen Strukturen, die dem Anspruch der »Sache« ebenso gerechtwerden wie den konkreten, u. a. durch soziologische und entwicklungspsychologische Faktoren bedingten Lebensfragen der Schülerinnen und Schüler. Elementarisierungsprozesse, bei denen die Relevanz der von Erwachsenen definierten »Sache« zum Ausgangspunkt genommen werden, laufen Gefahr, die Bedürfnisse und Interessen von Schülerinnen und Schülern zu vernachlässigen oder zu instrumentalisieren. Elementarisierungsprozesse hingegen, bei denen eine tatsächliche oder manchmal auch nur vermeintliche Schülerorientierung im Vordergrund steht, bedürfen, wenn die Lebensfragen von Kindern und Jugendlichen wirklich ernstgenommen und die Schülerinnen und Schüler nicht auf ihre bloße Befindlichkeit zurückgeworfen werden sollen, der wohlüberlegten Konfrontation mit anspruchsvollen, inhaltlich profilierten Fragestellungen.

Ob Elementarisierung gelingt, entscheidet sich letztlich sicherlich in der konkreten Unterrichtssituation und hängt immer auch in hohem Maße von der theologischen, pädagogischen und menschlichen Kompetenz der jeweiligen Kollegen ab. Andererseits wäre es ein Irrweg, alle Elementarisierungsprobleme, und damit im Grunde die epochalen Schwierigkeiten der Vermittlung von biblischem Wahrheitsanspruch und heutiger Lebenswelt, auf Kolleginnen und Kollegen abzuwälzen, die sich unter zunehmend schwieriger werdenen Unterrichtsbedingungen oft in 200 bis 300 verschiedene Schülerinnen und Schüler und etwa 10 verschiedene, im 45 Minuten-Takt wechselnde Unterrichtsthemen (von »Hiob« über »Geschwistergeschichten«, »Okkultismus« und

»Gentechnik« bis hin zu »Juden und wir«) hineinversetzen sollen. Elementarisierungsprozesse entscheiden sich im Klassenzimmer, werden aber durch Lehrpläne, Schulbücher, Lehrerhandbücher und anderen Unterrichtsmaterialien in mehr oder weniger erfolgversprechende Bahnen gelenkt. Die hier angelegten Fußangeln, die sich meist erst bei der Umsetzung in die Praxis als solche erweisen, sind vielfältiger Art: Manches, was auf den ersten Blick wie ein ansprechender und motivierender Zugriff zu einem schwierigen Stoff aussieht, entpuppt sich in der Durchführung als kurzatmiger methodischer Gag. Vieles, was lustig, interessant und kurios erscheint, erweist sich als eindimensional oder oberflächlich-reizorientiert, fördert nicht die intensive, kontroverse Auseinandersetzung. Manches, was Erfahrungs- und Handlungsorientierung verspricht, bekommt in der Praxis einen Trend zum ziellosen Aktionismus. Manches, was unbestreitbar Emotionen und Betroffenheit weckt, erschwert eher den Weg zu einer sachgerechten Erschließung von Inhalten. Vieles, was die Religionspädagogik als »schülerorientiert« betrachtet, erleben Kinder und Jugendliche als veraltet und belanglos, als moralisierend, aufdringlich und anbiedernd, als Neuauflage von etwas in weniger legitimationsbedürftigen Fächern auch schon und manchmal sogar intensiver und konsequenter Besprochenen ...

2 Zum **kreativen Umgang mit der Literatur** im Deutschunterricht vgl. z. B. Gerd Brenner: Kreatives Schreiben. Ein Leitfaden für die Praxis. Mit Texten Jugendlicher. Frankfurt/M. 1990. – Joachim Fritzsche: Schreibwerkstatt. Geschichten und Gedichte: Schreibaufgaben, -übungen, -spiele. Stuttgart 1989. – Thomas Kopfermann: Produktives Verstehen von Literatur. Ein Kurs auf der Oberstufe. Schüler- und Lehrerband. Stuttgart u. a. 1994/95. – Ulrich Liebenau: EigenSinn. Kreatives Schreiben – Anregungen und Methoden. Frankfurt/M. 1995. – Kaspar H. Spinner: Vorschläge für einen kreativen Literaturunterricht. Frankfurt/M. 1990.

3 Vgl. dazu auch: Robert Schuster (Hg.): Was sie glauben. Texte von Jugendlichen. Stuttgart 1984. – Bärbel Hornberger-Fehrlen: Nicht schon wieder! Schreibversuche in der Berufsschule. In: entwurf – Religionspädagogische Mitteilungen 1/1995, S. 19–22.

4 Vgl. hierzu: Christel Dormagen: Geld – Macht – Liebe. Reinbek 1992, S. 91ff.

5 Bertolt Brecht: Gesammelte Werke in 20 Bänden. Band 12. Frankfurt/M. 1967, S. 375.

6 Vgl. z.B: Hans-Eckehard Bahr: Mit dem Wolf leben. Der Mann aus Assisi. Stuttgart 1992. – Gewalt. Von Kain bis zu den Hooligans. Materialdienst des Verbandes Katholischer Religionslehrer Niedersachsen 2/1991 (Verlag Beate Christmann). – Karl Hurschler / Albert Odermatt: Schritte ins Leben. Zug ²1993 (Kapitel »Konfliktfähig werden«). – Martin Luther King: Kraft zum Lieben. Konstanz 1971. – Thomas Klie u. a.: Gewalt. Texte – Materialien – Kopiervorlagen für den Evangelischen Religionsunterricht an Berufsbildenden Schulen. Loccum 1993 (RPI Loccum). – Dorothee Sölle: Gewalt. Ich soll mich nicht gewöhnen. Zur Erinnerung an Erich Fried. Düsseldorf 1994. – Jörg Zink: Wie übt man Frieden? Über den Umgang mit dem Bösen und die Liebe zum Feind. Stuttgart 1982.

7 Die Idee, in Gruppen Gemeinsamkeiten und Unterschiede herausfinden und schriftlich fixieren zu lassen, fand ich unter der Überschrift »Die drei Musketiere« als Übung zur »Förderung des Selbstwertgefühls« in: Jamie Walker: Gewaltfreier Umgang mit Konflikten in der Sekundarstufe I. Spiele und Übungen. Frankfurt/M. 1995, S. 60f.

8 Die Möglichkeit, auch eine fiktive Situation zu wählen, garantiert den für Unterrichtssituationen sehr wichtigen Schutz der Intimsphäre. Bei allem Bemühen um ganzheitliche Methoden dürfen Lehrer/innen niemals die gravierenden Unterschiede zwischen einer Unterrichtssituation und den Rahmenbedingungen einer auf Freiwilligkeit beruhenden Therapie- oder Selbsterfahrungsgruppe aus dem Blick verlieren!

9 Ich bedanke mich für diese und andere gute Ideen bei *Bernhard Dennig*. – Ein weiterer, die Schreibmotivation möglicherweise erhöhender Vorschlag Bernhard Dennigs besteht darin, als Einstiegsmedium zum Thema »Wer bin ich?« einen oder mehrere Spiegel mitzubringen und die Schüler/innen für einen kurzen, aber bewußt gestalteten Augen-

blick mit ihrem eigenen Spiegelbild zu konfrontieren. – Empfehlenswert in diesem Kontext auch eine kleine Sammlung literarischer Texte: Wolfgang Erk (Hg.): Wer bin ich? Woher kommen wir – wohin gehen wir? 100 Texte. Stuttgart 1995.

10 Gute methodische Hinweise zum Einsatz von **Rollenspielen** finden sich z. B. bei: Peter Moll / Hans Lieberherr: Unterrichten mit offenen Karten. Band 2: Fortschreiten. Zürich 1992, S. 114ff. – Morry van Ments: Rollenspiel: effektiv. Ein Leitfaden für Lehrer, Erzieher, Ausbilder und Gruppenleiter. München [2]1991. – Lothar Schmalfuss / Reinhard Pertsch: MIRIAM. Methoden im Religionsunterricht – Ideen – Anregungen – Modelle. München 1987, S. 155ff.

11 Für eine didaktische Aufbereitung der Johannesapokalypse vgl.: Karsten Petersen. Die Apokalypse im Hinterkopf. Denken, Glauben und Handeln in katastrophalen Zeiten. Göttingen 1990. – ru. Ökumenische Zeitschrift für die Praxis des Religionsunterrichts 3/1992. – Reliprax: Religionspädagogisches von der Praxis für die Praxis 7/1993: Apokalypse now?

12 Karl Schäffer: Wir werden wieder glücklich sein, und alles war ein schlimmer Traum. Kinder im Krieg – Bilder und Texte. Freiburg Basel Wien 1994.

13 Vgl. z. B.: Bruno Dörig: Mandalas zum Ausmalen. Ein Malblock. Eschbach / Oberegg 1993.

14 Albert Mangelsdorff u. a.: Spontaneous. Enja-Stereo-LP 2064. Aufnahme vom 8.11.1971 in Berlin. Besonders geeignet der erste Titel: »Voices, noises, lungs ›n‹ tongues, strings and things« (12:24)

15 Für Hinweise zur Gestaltung von »Sprechmotetten« vgl. Thomas Kopfermann, a. a. O. (s. o. Anm. 2), Lehrerband.

16 Warmes Wasser beschleunigt den Vorgang des Sich-Öffnens. Als gedankliche Brücke könnte man sich vielleicht vorstellen, daß in der Wüste bei plötzlich einsetzendem heftigen Regen, der Erdboden gelegentlich auch zu dampfen beginnt ...

Spielerisch lernen

1 Einzelne Abschnitte dieses Kapitels sind entnommen: *Peter Kliemann: Texte, Texte, nichts als Texte? Überlegungen und Anregungen für den Religionsunterricht an der Oberstufe des Gymnasiums. In: entwurf – Religionspädagogische Mitteilungen 3/1994, S. 72–80.*

2 Vgl. z. B.: Kurt Witzenbacher: Praxis der Unterrichtsplanung. Unterrichtsvorbereitung und Unterrichtsgestaltung. München 1994, S. 131ff.

3 Vgl dazu z. B. Hilbert Meyer: Unterrichtsmethoden. Band II: Praxisband. Frankfurt/M., 2., durchgesehene Aufl., 1989, S. 341ff. – Otto-Walter Müller: Kreativität und Spiel. In: Gislinde Bovet / Volker Huwendiek (Hg.): Leitfaden Schulpraxis. Pädagogik und Psychologie für den Lehrberuf. Berlin 1994, S. 251–266.

4 Aus der Fülle der erschienenen **Spielebücher** kann ich zur Anschaffung für die (Religions-)Lehrerbibliothek (insbesondere auch für den Oberstufenunterricht) z. B. empfehlen: Ulrich Baer (Hg.): 666 Spiele – für jede Gruppe, für alle Situationen. Seelze-Velber 1994. – Herbert Brühweiler: Methoden der ganzheitlichen Jugend- und Erwachsenenbildung. Opladen, 2., durchgesehene Aufl., 1994. – Evangelisches Jugendwerk in Württemberg (Hg.): Praxisentwürfe Junge Erwachsene. Stuttgart 1992ff. – Hans Frör: Spielend bei der Sache. Spiele für Gruppen. München [10]1989. – Bernhard Grom: Methoden für Religionsunterricht, Jugendarbeit und Erwachsenenbildung. Düsseldorf Göttingen [9]1992. – Herbert Gudjons: Spielbuch Interaktionserziehung. Bad Heilbrunn [5]1992. – Reinhold Rabenstein: Lernen kann auch Spaß machen! Münster [4]1992. – Helena Rimmele / Christa Straub: Zwischen 18 und 30. Werkstattbuch für die Arbeit mit jungen Erwachsenen. Freiburg 1993. – Klaus W. Vopel: Interaktionsspiele für Jugendliche. 4 Bände. Hamburg [4]1992. – Ders.: Nicht vom Brot allein. Werteklärung für Jugendliche. Salzhausen 1994. – Jamie Walker: Gewaltfreier Umgang mit Konflikten in der Sekun-

darstufe I. Spiele und Übungen. Frankfurt/M. 1995. – Gudrun Wallenstein: Spiele – der Punkt auf dem i. Kreative Übungen zum Lernen mit Spaß. Weinheim Basel 1995. – Wolf-Dieter Zimmermann u. a.: Aus Erfahrung lernen – Mit Erfahrungen spielen. Mühlheim / Ruhr, 2., überarbeitete Aufl., 1992.
Zahlreiche Hinweise auf weitere Titel, Spielekarteien, spielpädagogische Fortbildungen und ein breites Spektrum von theoretischen und praktischen Anregungen zur Spielpädagogik finden sich in: Spielzeit. Spielräume in der Schulwirklichkeit. Friedrich Jahresheft VIII / 1995.

5 Zu den enormen Schwierigkeiten, den Begriff »Schöpfung« heutigen Zeitgenossen plausibel zu machen vgl.: Falk Wagner: Zur gegenwärtigen Lage des Protestantismus. Gütersloh 1995, bes. S. 89ff.

6 Die Piktogramme von Juli Gudehus sind auch, fortlaufend auf Din A 4-Seiten abgedruckt, zugänglich in: notizblock – Materialdienst für Religionslehrerinnen und Religionslehrer in der Diözese Rottenburg-Stuttgart 13/1993, S. 48–56. – Außerdem vgl. die Buchveröffentlichung: Juli Gudehus: Die Schöpfung. Innsbruck 1993.

7 Gelegentlich finden derartige »Publikumsbeschimpfungen« leider auch, ganz unspielerisch, im Rahmen der alltäglichen Lehrer-Schüler-Interaktion statt. In der von der Gewerkschaft Erziehung und Wissenschaft Baden-Württemberg herausgegebenen Zeitschrift »Bildung & Wissenschaft« fand ich in Heft 2/1995, S. 26ff eine Zusammenstellung u. a. folgender, von 10–16jährigen Realschüler/innen gesammelter Lehrer/innen-Äußerungen: *Warum kommst du so spät zur Schule? Komm rein. Komm sofort her. Geh an deinen Platz. Setz dich. Dreh dich um. Schaukle nicht. Das geht aber nicht, daß du ... Laß das sein. Hör auf. Hör auf zu lachen. Sei nicht so vorlaut. Schrei nicht so. Rede mal ein bißchen lauter. Iß keine Kaugummis. Benimm dich ordentlich. Du sollst dich am Riemen reißen. Nimm dir an den anderen ein Beispiel. Du gehst jetzt nicht aufs Klo! Jetzt ist Schluß ...*
Ruhe! Halte den Mund. Halt' die Klappe / Gosche. Halt' doch dein verdammtes Maul. Ein Triebel hat den Mund zu halten. An euch kann man hinreden, was man will, aber ihr redet trotzdem weiter während des Unterrichts ...
Du Arsch, gib endlich Ruhe! Paß auf. Paß besser auf. Paß endlich auf ...
Du bist faul. Faulenzen kannst du auch daheim. Es sind immer dieselben, die nichts tun. Du kannst nichts. Ihr seid aber eine dumme und faule Klasse. Die nächste Arbeit kommt bestimmt. Du wirst dich bei der nächsten Arbeit wundern. Die Rechnung kommt spätestens bei der nächsten Arbeit. Du wirst dich noch umschauen. Dir wird das Lachen noch vergehen ...
Du hast dich bestimmt in der Schule geirrt. Du gehörst in die Hauptschule / Sonderschule ...
Ich mach dir einen Knoten in den Hals. Ich verreiß dich gleich. Ich würde dir am liebsten eine Wendeltreppe ins Kreuz treten. Stecke die Knaller weg oder ich schlage dir eine an die Backen ...
Ihr seid naiv. Ihr seid unmöglich. Ihr seid die schlimmste Klasse, die es gibt. So wie du aussiehst ... Du bist unsozial. Du bist asozial. Du Asozialer. Asoziales Volk. Ihr seid vulgär. Du störst nur. Du taugst nichts. Du spinnst (wohl). Du bist doof. Du bist blöd. Du bist dumm. Du bist strohdumm. Du Lausbub, frecher Kerl, Plappermaschine, Laberer, Träumer, Traumschiff, Schlafwandler, Flaschen, Schlappsäcke, Hampelmänner, Nußknacker, Scherenschleifer, Wunderkind, Professorlein (zu Brillenträger), eingebildete Person, Faulpelz, Faulenzer, faules Stück, Sechserschreiber. Du sitzt da, wie der Affe auf dem Schleifstein. Schlägertyp, Lümmel, Göre, Lackaffen, Trampel, Blödmann, Dummkopf, Depp, (Ober-)Triebel (Trübling?). Ihr vorzeitlichen Neandertaler. Affe, Irrer, Ihr Hirnverrückten, (Voll-)Idiot, Hammel, Rindvieh, Hornochse, dumme Kuh, Schwein, Saubande, Sauhaufen, (Wild-)Sau, faule Sau, Arschloch.

8 Wobei eine derartige Motivation natürlich nicht unbedingt über einen längeren Zeitraum hinweg trägt. Vgl. dazu auch meinen Vorschlag zur Behandlung der Geschichte Israels oben, S. 54f.

9 Zu diesem Spiel und anderen Einstiegsspielen vgl. Ulrich Baer: Ins Thema spielen. Motivierende Spiele zum Unterrichtseinstieg. In: Pädagogik 4/1994, S. 17–21.

10 Englischer Text, deutsche Übersetzung und didaktische Hinweise zum Iron Maiden-Titel »The Number of the Beast« finden sich bei: Helmut Kurz: Markt der Heilsan-

gebote – Herausforderung für Christen. Eine Unterrichtseinheit in Klasse 9 des Gymnasiums. In: notizblock – Materialdienst für Religionslehrerinnen und Religionslehrer in der Diözese Rottenburg-Stuttgart 17/1994, S. 30–54. Ebenda, S. 44f auch ein einfacherer (für die Mittelstufe geeigneter) Rätselvorschlag für die Entschlüsselung der Zahl »666«. – Mein eigenes Rätselblatt stützt sich vor allem auf: Charles Brütsch: Die Offenbarung Jesu Christi. Johannes-Apokalypse. Band 2: Kapitel 11–20. Zürich 1970. – Für die didaktische Aufbereitung der Johannesapokalypse vgl. oben, S. 184, Anm. 11.

11 Materialmappe 2/90: Liebe, Partnerschaft und Ehe. Zu beziehen über den Verlag Beate Christmann, Ilsede.

12 Vgl. z. B.: Siegfried Keil: Sexualität. Erkenntnisse und Maßstäbe. Stuttgart Berlin 1966, S. 200ff. – Martin Luther King: Kraft zum Lieben. Konstanz 1964, S. 61ff.

13 Vgl. hierzu z. B.: Silvia Bathe / Gabriele Glässing (Hg.): Frauen, das ewig zweitrangige Geschlecht. AMBOS – Unterrichtsmaterial des Oberstufenkollegs des Landes Nordrhein-Westfalen an der Universität Bielefeld. Bielefeld 1994. – Georg Baudler: Erlösung vom Stiergott. Christliche Gotteserfahrung mit Mythen und Religionen. München Stuttgart 1989. – Ders.: Gott und Frau. Die Geschichte von Gewalt, Sexualität und Religion. München 1991. – Erhard Gerstenberger: Jahwe – ein patriarchaler Gott? Stuttgart Berlin Köln Mainz 1988. – Othmar Keel / Christoph Uehlinger: Göttinnen, Götter und Göttersymbole. Neue Erkenntnisse zur Religionsgeschichte Kanaans und Israels aufgrund bislang unerschlossener ikonographischer Quellen. Freiburg Basel Wien ^{2}1993. – Siegfried Vierzig: Sehnsucht nach den Müttern. Von der Renaissance des Weiblichen in der Religion. Stuttgart Berlin Köln 1991. – Gerda Weiler: Das Matriarchat im Alten Israel. Stuttgart Berlin Köln 1989.

14 Für »fortgeschrittene« Lerngruppen ist beim Deutschen Katechetenverein ein ähnliches Spiel mit Kopiervorlagen zu verschiedenen Themenbereichen erhältlich, bei dem neben Entscheidungsfragen auch offene Fragen vorgeschlagen werden: Arthur Thömme: Fußspuren. Ein Selbsterfahrungsspiel für Jugendliche. München Trier 1994.

15 Vgl. oben, Anm. 9.

16 Soll der mit einem gewissen Aufwand zu erstellende Puzzle-Elefant öfter verwendet werden, legt es sich nahe, ein Puzzle aus Karton zu erstellen, die Puzzleteile eventuell farbig anzumalen und sie vor allem mit einer Folie zu überziehen, auf der man mit wasserlöslichen Filzstiften schreiben kann.

17 Vgl. hierzu z. B. Jürgen Werbick: Bilder sind Wege. Eine Gotteslehre. München 1992.

18 Das Gleichnis **»Die Blinden und der Elefant«** (das in einer kürzeren, einfacheren Form z. B. abgedruckt ist bei: Hubertus Halbfas: Religionsbuch für das 5./6. Schuljahr. Düsseldorf 1989, S. 126) stammt wohl ursprünglich aus dem im 2. Jahrhundert v.Chr. in Pali zusammengestellten buddhistischen Legendenkranz Udana und erreichte von Indien aus vor allem auch im islamischen Kulturbereich eine große Verbreitung. Vgl. dazu: Fritz Meier: Das Problem der Natur im esoterischen Monismus des Islams. In: Eranos-Jahrbuch XIV/1946, S. 149–227. – Die von mir auf S. 97f gewählte, weniger bekannte Fassung des Gleichnisses stammt von einem persischen Mystiker des 13. nachchristlichen Jahrhunderts: *Aziz ibn-i Muhammad-i Nasafi* (nach Fritz Meier, a. a. O., S. 170ff). In dieser Fassung (die gegenüber anderen Fassungen betont, daß die einzelnen Blinden in ihren »Quartieren« sozusagen Gemeinden gründen) gibt es zum eigentlichen Gleichnis eine spannende Fortsetzung, die noch einmal neue Interpretationsdimensionen (Problematik von Gottesbeweisen; Verhältnis von Erfahrung, mündlicher und schriftlicher Überlieferung; Umgang mit heiligen Schriften; Verketzung prophetischer Gestalten) erschließt. Diese Fortsetzung lautet:
Diese Beweise nannten sie Verstandes- und Schriftbeweise. Der eine sagt: »Es steht geschrieben, daß man den Elefanten im Krieg dem Heere vorangehen läßt. Folglich muß der Elefant eine Art Schild sein.« Der andere sagte: »Es steht geschrieben, daß sich der Elefant im Krieg auf das feindliche Heer wirft und das feindliche Heer dadurch zerbrochen wird. Folglich muß der Elefant eine Art Keule sein.« Der dritte sagte. »Es steht geschrieben, daß der Elefant ein

Gewicht von tausend Mann und mehr trägt, ohne daß es ihm Mühe verursacht. Folglich muß der Elefant eine Art Säule sein.« Der vierte sagte: »Es steht geschrieben, daß soundso viele Leute bequem und mühelos auf dem Elefanten Platz finden. Folglich muß der Elefant eine Art Sitz sein.«

»Nun bedenke du selbst«, fährt Nasafí fort, »ob sie mit solchen Beweisen je zum Gegenstand des Beweisens, dem Elefanten, vordringen und mit solcherart Prämissen je die richtige Conclusio finden können! Jeder Vernünftige weiß, daß sie, je mehr sie solche Beweise vorbringen, um so weiter von der Erkenntnis des Elefanten abrücken und niemals zum Beweisgegenstand, dem Elefanten, gelangen können, so daß sich (auf diese Weise) auch die unter ihnen herrschende Meinungsverschiedenheit nie wird beheben lassen, sondern mit jedem Male nur noch schärfer ausgeprägt wird.

Wisse aber: wenn durch die Gnade Gottes einer unter ihnen sehend wird und den Elefanten so, wie er wirklich ist, wahrnimmt und kennt und ihnen sagt: ›Mit dem, was ihr vom Elefanten erzählt, habt ihr zwar etwas vom Elefanten erfaßt, den Rest aber kennt ihr nicht. Mich hat Gott sehend gemacht, und ich habe den Elefanten so, wie er ist, gesehen und kennen gelernt‹, so glauben sie den Worten des Sehenden nicht einmal, sondern sagen: ›Was du da behauptest, daß Gott dich sehend gemacht habe, ist deine Einbildung. Dein Gehirn ist defekt, und der Irrsinn setzt dir zu. Sehend sind vielmehr wir‹. Nur einige wenige nehmen das Wort des Sehenden an, entsprechend dem Koranwort: ›Und gering sind von meinen Verehrern die Dankbaren‹ (Sure 34,13). Die andern beharren in ihrer mit Dünkel gepaarten Dummheit, lassen sich nicht belehren und nennen diejenigen unter ihnen, die auf das Wort des Sehenden hören und es annehmen und dem Sehenden beistimmen, Ungläubige und Ketzer. Aber ›Hörensagen ist eben nicht gleich Selbstsehen‹.«

19 Hermann Nicklas / Stuttgart, unveröffentlichtes, bei verschiedenen Lehrerfortbildungen ausgegebenes Manuskript.

20 Hilbert Meyer, a. a. O. (vgl. Anm. 3), S. 366.

21 So Horst Herion: Methodische Aspekte des Religionsunterrichts. Donauwörth 1990, S. 104. Herions Ansicht trifft zu für die von Gregor von Fürstenberg (Planspiele für Jugendgruppen, Schule und politische Basisgruppen. Mainz 1993.) vorgestellten Planspiele. Sie eignen sich ebenso wie viele von »Brot für die Welt« vertriebene Spiele im schulischen Kontext nur für Projekttage und schullandheimähnliche Situationen. Eventuell wäre auch zu überlegen, ob gemeinsam mit anderen Fächern Unterrichtsblöcke gebildet werden können.

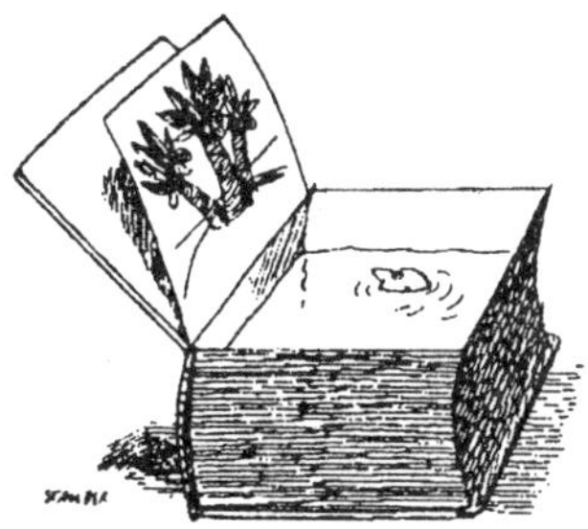

22 Vgl.: Heinz Klippert: Planspiele. Spielvorlagen zum sozialen, politischen und methodischen Lernen in Gruppen. Weinheim Basel 1996. – Ders.: Planspiele in der politischen Bildung. Anregungen für die schulische und außerschulische Bildungsarbeit. In: Bundeszentrale für politische Bildung (Hg.): Erfahrungsorientierte Methoden der politischen Bildung. Bonn 1988, S. 132–168. (In diesem Sammelband, S. 229–233, auch ein ausführliches Literaturverzeichnis zum Thema »Planspiel« insgesamt). – Rolf Manthey: Streit in Alpina. Ein Planspiel im Unterricht. In: Praxis Geographie 2/1993, S. 30–33.

23 An dieser Stelle sei auch daran erinnert, daß von den **Landeszentralen** und der **Bundeszentrale für politische Bildung**, weitgehend kostenlos, hervorragende didaktisch-methodische Arbeitshilfen angeboten werden. Vgl. z. B.: Bundeszentrale für politische Bildung (Hg.): Erfahrungsorientierte Methoden der politischen Bildung. – Dies. (Hg.): Methoden in der politischen Bildung – Handlungsorientierung. Bonn 1991. – Dies. (Hg.): Politikdidaktik kurzgefaßt. Planungsfragen für den Politikunterricht. Bonn 1994. – Gerrit Hoberg / Bernd Wanner: Politisches Lernen mit PZ (Politische Zeitung). Bonn ²1992. (Bundeszentrale für politische Bildung). – Wolfgang W. Mickel/

Dietrich Zitzlaff (Hg.): Methodenvielfalt im politischen Unterricht. Stuttgart 1993 (Landeszentrale für politische Bildung Baden-Württemberg). – Siegfried Schiele/ Herbert Schneider (Hg.): Rationalität und Emotionalität in der politischen Bildung. Stuttgart 1991 (Landeszentrale für politische Bildung Baden-Württemberg).

24 Vgl. Hans Spada / Klaus Opwis: Ökologisches Handeln im Konflikt: Die Allmende-Klemme. In: Peter Day u. a. (Hg.): Umwelt und Handeln. Tübingen 1985, S. 63–85. – Andreas Ernst / Hans Spada: Wissen, Ziele und Verhalten in einem ökologisch-sozialen Dilemma. Freiburg 1990 (Forschungsberichte des Psychologischen Instituts der Albert-Ludwigs-Universität Freiburg Nr. 63). – Andreas Ernst / Hans Spada: Bis zum bitteren Ende? In: Psychologie heute 11/1991, S. 62–70 (Gut lesbare Zusammenfassung der Forschungsergebnisse!)

25 Politik und Unterricht – Zeitschrift zur Gestaltung des politischen Unterrichts 1/1995. Hg. von der Landeszentrale für politische Bildung Baden-Württemberg. (In diesem Heft finden sich außerdem auch die Unterlagen zu einem weiteren Planspiel zur »Klimapolitik der EU«).

26 Andreas Ernst / Hans Spada 1991, a. a. O., S. 64.

27 Vgl. dazu die in Anm. 24 genannte Literatur. – Zur zunehmenden Bedeutung computergestützter Planspiele im universitären Bereich vgl. Dietrich Dörner: Die Logik des Mißlingens. Strategisches Denken in komplexen Situationen. Reinbek 1992. – Inzwischen werden auch für den schulischen Bereich eine ganze Reihe von **Simulationsspielen für den Computer** angeboten. Interessenten wenden sich an die nächstgelegene Landesbildstelle und erkundigen sich nach der Datenbank SODIS (Software Dokumentations- und Informationssystem – Näheres dazu in: Praxis Geographie 3/1995, Themenheft »Computer-Software für den Geographieunterricht«). Für Lehrerinnen und Lehrer kostenlos beziehbar bei der Bundeszentrale für politische Bildung, Referat Medienpädagogik und Neue Medien: Search & Play. Interaktive Datenbank für Computerspiele. Bonn 1994. – Informationsblätter »Computerspiele auf dem Prüfstand«, Bonn 1992ff. – Sehr anregend auch der vom Oberstufenkolleg der Bielefelder Laborschule herausgegebene Band: Konrad Gerull: Strategiespiele und strategisches Verhalten. Vorschläge für einen fächerübergreifenden Unterricht in der Sekundarstufe II. Bielefeld 1994.

28 Andreas Ernst / Hans Spada 1991, a.a.O, S. 65.

29 Vgl. hierzu das spannende und gut lesbare, in den USA als Sachbuchbestseller verkaufte Buch von Robert Axelrod: Die Evolution der Kooperation. München ^{2}1991. – Axelrod, Politikwissenschaftler an der Universität von Michigan in Ann Arbor, spielte in Computerturnieren das sogenannte Gefangenendilemma, eine dem Fischerspiel vergleichbare Problemkonstellation, in aufwendigen Untersuchungen mathematisch durch und konnte dabei zeigen, daß reflektiert-kooperative Verhaltensstrategien in den verschiedensten Lebensbereichen das für alle Beteiligten effektivste Verhalten sind. – Interessant in diesem Zusammenhang auch die Ergebnisse der neueren Altruismus-Forschung: Vgl. Hans Werner Bierhoff: Psychologie hilfreichen Verhaltens. Stuttgart Berlin Köln 1990. – Morton Hunt: Das Rätsel der Nächstenliebe. Der Mensch zwischen Egoismus und Altruismus. Frankfurt/M. New York 1992.

30 Andreas Ernst / Hans Spada 1991, a. a. O.

31 Hans Spada / Klaus Opwis 1985, S. 82.

32 Vgl. hierzu: Wolfgang Ziefle: Vom Nutzen der Spieltheorie für den Politikunterricht. In: sowi – Sozialwissenschaftliche Informationen 1/1994, S. 58–67.

33 Zu Stufen des moralischen und religiösen Urteils vgl. z. B.: Friedrich Schweitzer: Lebensgeschichte und Religion. Religiöse Entwicklung und Erziehung im Kindes- und Jugendalter. München, 2., durchgesehene Aufl., 1991. – Karl Ernst Nipkow / Friedrich Schweitzer / James Fowler (Hg.): Glaubensentwicklung und Erziehung. Gütersloh ^{3}1992. – Fritz Oser: Wieviel Religion braucht der Mensch? Erziehung und Entwicklung zur religiösen Autonomie. Gütersloh ^{3}1993.

34 Weil beim Fischereispiel eine sorgfältige und differenzierte Analyse des Spielverlaufs notwendig ist, sollte man das Spiel meiner Meinung nach auch nicht in der Mittelstufe einsetzen. Mittelstufenschüler können oft nicht in ausreichendem Maße zwischen Spielsituation und Realität unterscheiden, auch sind viele der von Wolfgang Ziefle vorgeschlagenen Auswertungsaspekte für die meisten Mittelstufenschüler noch nicht nachvollziehbar. Einmal in einer Klasse gespielt, ist das Fischerspiel für Religionslehrer und die Kollegen der anderen Fächer in derselben Klasse nicht mehr einsetzbar. Es stellt sich deshalb hier, wie bei vielen anderen Themen und Medien des Religionsunterrichts (und übrigens auch des Konfirmandenunterrichts!) die Frage nach der pädagogischen Pünktlichkeit und Verantwortung gegenüber Schülern und Kollegen.

35 Zu den Chancen und Schwierigkeiten fächerverbindenden Unterrichts vgl. ansonsten unten, S. 111ff.

36 Ähnliche Erfahrungen machte ich mit einem von einer poltikwissenschaftlichen Forschungsgruppe der Universität Erlangen entwickelten und von der Bundeswehr für Schulklassen und Klassenstufen veranstalteten, zweitägigen Planspiel namens PO&LIS (= Politik und Sicherheit). Es simuliert die wirtschaftliche und politische Weltsituation, wobei – wie bei allen Planspielen – in der Auswertungsphase natürlich auch das vorgegebene Spielszenario kritisch auf seinen Realitätsgehalt hin überprüft werden muß – ein Schritt, den bundeswehrkritsche Gymnasiasten heute in der Regel von sich aus vollziehen. Auskünfte bei den Jugendoffizieren der Bundeswehr.

Exkurs: Auf Fortbildungen lernen

1 Vgl. Gerd-Bodo Reinert / Jürgen Zinnecker (Hg.): Schüler im Schulbetrieb. Berichte und Bilder vom Lernalltag, von Lernpausen und vom Lernen in den Pausen. Reinbek 1978.

2 Will man den Schwerpunkt von Fortbildungen auf Referate und Vorträge legen, so wäre zumindest zu überlegen, ob wir nicht von der Organisationsstruktur naturwissenschaftlicher Kongresse lernen können. Vgl. dazu: Ulrich Koch: »Sie haben 15 Minuten Zeit ...«. Erster Katechetischer Kongress in der Diözese Hildesheim – ein Experiment mit neuer Kommunikationsstruktur. In: Katechetische Blätter 6/1995, S. 421–423.

3 **Ideen für eine teilnehmer- und praxisorientierte Gestaltung von Fortbildungsveranstaltungen** finden sich z. B. bei:
Willi Braun u. a.: Hinweise zur Gestaltung von Lehrgängen in der Lehrerfortbildung. Leitfaden für Lehrgangsleiter. In: Lehren und Lernen 2/1984, S. 1–80. – Reinhold Miller: Schilf-Wanderung. Wegweiser für die praktische Arbeit in der schulinternen Lehrerfortbildung. Weinheim Basel 1990. – Reinhold Rabenstein u. a.: Das Methoden-Set. 5 Bücher für Referenten und Seminarleiterinnen. Linz [6]1993.

4 Vorbildlich erscheint mir in diesem Zusammenhang die in Baden-Württemberg am Pädagogisch-Theologischen Zentrum in Stuttgart-Birkach praktizierten dreitägigen Tagungen für Projektgruppen, die an konkreten Unterrichtshilfen für die Sekundarstufe I arbeiten. Jeweils drei oder vier Kolleginnen und Kollegen erstellen schon an ihrem Schulort Materialien für neue Unterrichtseinheiten, erproben diese Unterrichtseinheiten, geben sie Projektgruppen an anderen Schulorten zum Gegenlesen und Ausprobieren. Auf den Tagungen wird das Erarbeitete im Rahmen einer größeren Öffentlichkeit ausgetauscht, diskutiert, revidiert, unter Benutzung der Institutsbibliothek im Hinblick auf Publikationsmöglichkeiten überarbeitet (vgl. Unterrichtsideen Religion. Arbeitshilfen für den Evangelischen Religionsunterricht in Hauptschule, Realschule und Gymnasium. Hg. im Auftrag der Religionspädagogischen Projektentwicklung in Baden und Württemberg (RPE) von Eckhart Marggraf und Martin Polster. Stuttgart 1996ff).
Derartige Werkstattseminare sind sicherlich auch die beste Grundlage für eine ständige, in der Praxis verankerte Lehrplanrevision, wobei es mir in einer sich zunehmend

ausdifferenzierenden Gesellschaft allerdings immer problematischer erscheint, Lehrpläne, Unterrichtsmodelle und Schulbücher erstellen zu wollen, die in Hauptschule, Realschule und Gymnasium gleichermaßen echte Schülerorientierung gewährleisten sollen. Der zweifellos sinnvolle Gedanke eines Gesamtkatechumenats darf nicht zur Verschleierung und Nivellierung tatsächlich vorhandener Unterschiede mißbraucht werden.
Andererseits wird bei allem Verständnis für föderale Eigenständigkeit und Vielfalt langfristig zu überlegen sein, ob eine an den Grenzen von Bundesländern, Landeskirchen und Diözesen orientierte Organisation von Lehrplanarbeit und Schulbuchentwicklung den wachsenden religionspädagogischen und verlegerischen Herausforderungen in Zukunft wirklich noch gerecht werden kann.

5 Eine gute Einführung in die Methode des Bibliodramas bieten: Gerhard Marcel Martin: Sachbuch Bibliodrama. Praxis und Theorie. Stuttgart 1995. – Else Natalie Warns / Heinrich Fallner (Hg.): Bibliodrama als Prozeß. Bielefeld 1994.

6 Vgl. z. B.: Sigrid Berg. Kreative Bibelarbeit in Gruppen. 16 Vorschläge. München Stuttgart 1991. – Margarete Luise Goecke-Seischab: Von Klee bis Chagall. Kreativ arbeiten mit zeitgenössischen Graphiken zur Bibel. München Stuttgart 1994.

7 Vgl. dazu oben, S. 56ff.

8 Auch die oben, S. 40ff, und weiter unten, S. 115ff, vorgestellte Methode des Gruppenpuzzles eignet sich natürlich gut zur Organisation von größeren Fortbildungsveranstaltungen. An meiner Schule hat die Schülermitverantwortung für die gesamte Schule zwei Projekttage zum Thema »Peru« organisiert. Am ersten Projekttag wurden in den einzelnen Klassen verschiedene Aspekte des Themas erarbeitet. Am zweiten Projekttag wurden dann, zusammen mit den Parallelklassen, Integrationsgruppen gebildet, in denen dann z. B. Schüler der Klassen 8a, 8b, 8c und 8d sich gegenseitig Verlauf und Ergebnisse ihrer Expertenphase vorstellten. Am Schluß der Projekttage stand ein Präsentationsnachmittag, bei dem u. a. auch eine Patenschaft mit einer peruanischen Schule ins Leben gerufen wurde.

9 Ich verwende den Begriff hier im geläufig-selbstverständlichen, dabei allerdings recht unreflektierten Sinn. In einem weiter gesteckten Rahmen wäre zu überlegen, wer bei »Disziplinproblemen« eigentlich mit wem in welcher Hinsicht Probleme hat. Hilfreich wäre z. B. auch eine Unterscheidung zwischen »Fremddisziplin« und »Selbstdisziplin«, zwischen »Disziplinproblemen« und »Unterrichtsstörungen«, zwischen »eiserner Disziplin« und jener »disciplina«, die – nach einer Formulierung von Comenius – dem Schüler wirklich erst zum »discipulus« macht (vgl. Johann Amos Comenius: Große Didaktik. Die vollständige Kunst, alle Menschen alles zu lehren. Hg. von Andreas Flitner. Stuttgart [7]1992, S. 186.)

10 Weiterführende Überlegungen und **praktische Tips zum Thema »Disziplinprobleme«** finden sich z. B. bei: Helmut Anselm: Schülerbedingte Störungen im Religionsunterricht. In: Arbeitshilfe für den evangelischen Religionsunterricht an Gymnasien II/1992. Hg. von der Gymnasialpädagogischen Materialstelle der Ev.-Luth. Kirche in Bayern. Erlangen 1992. – Otto Ludwig u. a. (Hg.): Unterrichtsstörungen. Dokumentation, Entzifferung, Produktives Gestalten. Berlin 1987 (Friedrich Jahresheft V). – Pädagogik 12/1991: Themenheft »Unterrichtsstörungen«. – Dietmar Peter: Störungen als Chance. Religionsunterricht mit »schwierigen« Schülerinnen und Schülern. Loccum 1994. – Karl Schneider (Hg.): Das verdrängte Disziplinproblem. Hilfen zum Verstehen, Bewältigen, Vorbeugen. Ulm 1985.

11 Gerade auch für Lehrerinnen und Lehrer hilfreich und sehr gut mit dem biblischen Menschenbild vereinbar sind sicherlich die Angebote aus dem Bereich der **Themenzentrierten Interaktion (TZI)** nach Ruth Cohn. Vgl. hierzu z. B.: Ruth C. Cohn: Es geht ums Anteilnehmen … Perspektiven der Persönlichkeitsentfaltung. Freiburg Basel Wien 1989. – Ruth C. Cohn / Christa Terfurth: Lebendiges Lehren und Lernen. TZI macht Schule. Stuttgart 1993. – Matthias Scharer: Begegnungen Raum geben. Kommunikatives

Lernen als Dienst in Gemeinde, Schule und Erwachsenenbildung. Mainz 1995. – Dietrich Stollberg: Lernen, weil es Freude macht. Eine Einführung in die Themenzentrierte Interaktion. München 1982.

Zum Thema **»Lehrer/innen-Supervision«** vgl. z. B.: Wolfgang Ehinger / Claudius Hennig: Praxis der Lehrersupervision. Leitfaden für Lehrergruppen mit und ohne Supervisor. Weinheim Basel 1994. – Reinhold Miller: Schilf-Wanderung. Wegweiser für die praktische Arbeit in der schulinternen Lehrerfortbildung. Weinheim Basel 1990. – Ders.: Schul-Labyrinth. Gedanken-Gänge, Anstöße, Aus-Wege. Hilfen im Umgang mit Veränderungen. Weinheim Basel 1993.

12 Die hier abgedruckte Kurzbeschreibung ist entnommen: Reinhold Miller: Pädagogische Fallbesprechungsgruppen. In: Schulintern 8–9/1992, S. 8. Ausführlich ist das Modell dargestellt bei: Herbert Gudjons: Spielbuch Interaktionserziehung. Bad Heilbrunn [5]1992, S. 38ff, bzw. bei: Ders.: Berufsbezogene Selbsterfahrung durch Fallbesprechungen in Lehrergruppen – mit einem Leitfaden. In: Wolfgang Mutzeck / Waldemar Pallasch (Hg.): Handbuch zum Lehrertraining. Konzepte und Erfahrungen. Weinheim Basel 1983, S. 258–266.

Fächerverbindend lernen

1 Andreas Flitner: Reform der Erziehung. Impulse des 20. Jahrhunderts. Jenaer Vorlesungen. München Zürich [2]1993, S. 223f.

2 Zum Begriff **»Schlüsselqualifikationen«** vgl. z. B. Herbert Beck: Schlüsselqualifikationen. Bildung im Wandel. Darmstadt [2]1995. – Comenius-Institut Münster / Evangelische Akademie Bad Boll (Hg.): Bildung durch Schlüsselqualifikationen. Zum Verhältnis von Bildung und Beruf. Münster 1991. – Dieter Mertens: Das Konzept der Schlüsselqualifikationen als Flexibilitätsinstrument. Ursprung und Entwicklung einer Idee sowie neuerliche Reflexion. In: Uwe Göbel / Wolfgang Kramer (Hg.): Aufgaben der Zukunft – Bildungsauftrag des Gymnasiums. Dokumentation des Abschlußkongresses der »Initiative Gymnasium / Wirtschaft« am 18. Mai 1988 in Köln. Köln 1989, S. 79–96. – Christoph Richter: Schlüsselqualifikationen. München 1995. – Eckart Woischnik / Gottfried Kleinschmidt: Schlüsselqualifikationen und Bildung in Baden-Württemberg. In: Lehren und Lernen 11/1989, S. 1–13.

3 Vgl. hierzu z. B. Jürgen Kocka (Hg.): Interdisziplinarität. Praxis – Herausforderung – Ideologie. Frankfurt/M. 1987.

4 Diese Zielsetzung wäre natürlich ihrerseits wieder ideologiekritisch zu befragen. Vgl. dazu: Jörg Ruhloff: Über Sinn oder Unsinn fächerverbindenden Unterrichts und fächerübergreifender Themen. Teil II. In: Wolfgang Fischer / Jörg Ruhloff: Skepsis und Widerstreit. Neue Beiträge zur skeptisch-transzendentalkritischen Pädagogik. Sankt Augustin 1993, S. 143–159.

5 Zum Verhältnis von fächerübergreifendem Unterricht und Projektunterricht vgl.: Angelika Wolters: Projekt- und Fächerübergreifender Unterricht. In: Gislinde Bovet/ Volker Huwendieck (Hg.): Leitfaden Schulpraxis. Pädagogik und Psychologie für den Lehrberuf. Berlin 1994, S. 157–196.

6 Begriffe lassen sich zwar nicht beliebig, aber doch auf vielerlei Weise definieren. Hilfreich könnte z. B. *Reinhard Thurows* Unterscheidung der Begriffe »fachbezogen«, »fachüberschreitend«, »fächerverbindend« und »fächerübergreifend« sein:

»Fachbezogene Unterrichtsphasen sind gekennzeichnet durch die Beschränkung auf fachimmanente Sicht- und Arbeitsweisen … Fachüberschreitende Unterrichtsphasen stellen die Fachperspektive in einen größeren Zusammenhang und lassen so die Sicht- und Arbeitsweisen des Faches in ihrer Besonderheit erkennen; zugleich wird versucht, durch eine ›Personalisierung‹ des Wissens den Erfordernissen von Bildung und Erziehung Rechnung zu tragen … Fächerverbindende Unterrichtsphasen zeichnen sich durch inhaltliche und organisatorische

Abstimmung des Unterrichts je bestimmter Fächer aus ... Fächerübergreifender Unterricht meint dann in einem allgemeinen Sinn alle Bemühungen um ein Durchbrechen von Perspektiven und Grenzen des Faches überhaupt; in einem präziseren, engeren Sinn sollte dieser Begriff solche Unterrichtsphasen bezeichnen, in denen sich Lehrer und Schüler mit einer bedeutsamen Problematik auseinandersetzen, die durch die fachwissenschaftlich geprägten Zugangsweisen nicht angemessen erarbeitet werden kann; Gegenstand sind Themen im Schnittpunkt von Fachwissenschaften, Interessen, Wertvorstellungen usw.« (Reinhard Thurow: Menschlichkeit und Wissenschaft. Fächerübergreifendes Lernen als Aufgabe und Chance des Gymnasiums. In: Schola Anatolica. Freundesgabe für Hermann Steinthal. Hg. vom Kollegium und Verein der Freunde des Uhland-Gymnasiums Tübingen. Tübingen 1989, S. 26–53.)

7 Für eine differenzierte Auseinandersetzung mit dem Thema **»Fächerübergreifender Unterricht«** vgl. neben den in Anm. 4, 5 und 6 genannten Titeln z. B.: Wolfgang Fischer: Über den Sinn oder Unsinn fächerverbindenden Unterrichts und fächerübergreifender Themen. Teil I. In: Ders. / Jörg Ruhloff: Skepsis und Widerstreit. Neue Beiträge zur skeptisch-transzendentalkritischen Pädagogik. Sankt Augustin 1993, S. 121–141. – Ursula Krause-Isermann u. a. (Hg.): Perspektivenwechsel. Beiträge zum fächerübergreifenden Unterricht für junge Erwachsene. Bielefeld 1994. – Angela Wolters: Fächerübergreifender Unterricht. Erziehungswissenschaftliche und bildungspolitische Aspekte – Versuch einer didaktischen Standortbestimmung. In: Lehren und Lernen 12/1989, S. 48–80.

8 Einen guten Einstieg in das Thema **»Reformpädagogik«** bietet das in Anm. 1 zitierte Bändchen von Andreas Flitner (mit ausführlichem Literaturverzeichnis). – Für Religionspädagogen jetzt sehr aufschlußreich der Band von Ralf Koerrenz / Norbert Collmar (Hg.): Die Religion der Reformpädagogen. Ein Arbeitsbuch. Weinheim 1994.

9 Hierbei würde es sich lohnen, die Geschichte der nicht wegzuleugnenden Irrwege und Fehlentwicklungen des gymnasialen Schulwesens noch einmal gründlich mit der neuhumanistischen Bildungsutopie *Wilhelm von Humboldts* zu vergleichen. Bei Humboldt finden sich z. B. Überlegungen wie die folgenden:
»Es wäre ein großes und treffliches Werk zu liefern, wenn jemand die eigentümlichen Fähigkeiten zu schildern unternähme, welche die verschiedenen Fächer der menschlichen Erkenntnis zu ihrer glücklichen Erweiterung voraussetzen; den echten Geist, in dem sie einzeln bearbeitet, und die Verbindung, in die sie alle miteinander gesetzt werden müssen, um die Ausbildung der Menschheit als ein Ganzes zu vollenden. Der Mathematiker, der Naturforscher, der Künstler, ja oft selbst der Philosoph beginnen nicht nur jetzt gewöhnlich ihr Geschäft, ohne seine eigentliche Natur zu kennen und es in seiner Vollständigkeit zu übersehen, sondern auch nur wenige erheben sich späterhin zu diesem höheren Standpunkt und dieser allgemeinen Übersicht.«
(Wilhelm von Humboldt: Theorie die Bildung des Menschen. In: Ders.: Schriften zur Anthropologie und Bildungslehre. Hg. von Andreas Flitner. Düsseldorf München, 2., durchgesehene Aufl., 1964, S. 27f). – Für eine genauere Beschäftigung mit Wilhelm von Humboldt vgl. z. B.: Dietrich Benner: Wilhelm von Humboldts Bildungstheorie. Eine problemgeschichtliche Studie zum Begründungszusammenhang neuzeitlicher Bildungsreform. Weinheim München 1990.

10 Wird die Wissenschaftsorientierung gymnasialen Unterrichts nicht dahingehend mißverstanden, daß die Schulfächer Abbilder der Universitätswissenschaften sind, bleibt Wissenschaftsorientierung nicht nur eine wichtige Voraussetzung zur Erlangung der Studierfähigkeit, sondern kann auch ein wichtiges Korrektiv zu einer sich nur an den momentanen Bedürfnissen und der bloßen Befindlichkeit von Jugendlichen ausgerichteten, damit aber nur vermeintlichen »Schülerorientierung« werden. Wissenschaftsorientiertes Lernen kann vom Schüler durchaus als »produktiv, verstehend, interesseweckend, weiterwirkend« erlebt werden, und zwar dann, »wenn es von ihm als sinnvoll, als bedeutsam für die Entwicklung seines Selbst- und Wirklichkeitsverständnisses, seiner Urteils- und Handlungsfähigkeit erfahren werden kann« (Wolfgang Klafki: Neue Studien zur Bildungstheorie und Didaktik. Zeitgemäße Allgemeinbildung

und kritisch-konstruktive Didaktik. Weinheim Basel, 2., erweiterte Aufl., 1991, S. 166). Didaktische reflektierte Wissenschaftsorientierung »zielt ... darauf, die lebensgeschichtlich, und damit immer auch gesellschaftlich bedingten, subjektiven Horizontbegrenzungen aufzuklären, aufzulockern und Anregungen zur Horizont*erweiterung* zu geben.« (A. a. O., S. 167; Hervorhebung ebenda). – Zum Verhältnis von Erfahrung und schulischem Lernen vgl. jetzt auch die sehr lesenswerte Veröffentlichung von: Aloysius Regenbrecht / Karl Georg Pöppel (Hg.): Erfahrung und schulisches Lernen. Zum Problem der Öffnung von Schule und Unterricht. Münster 1995.

11 Eine von allen beteiligten Kolleginnen und Kollegen zu bejahende Grundbedingung fächerverbindender Projekte ist es, daß die inhaltliche und methodische Dignität jedes einzelnen Faches gewahrt bleiben muß. Oder zugespitzt formuliert: Es ist beim fächerverbindenden Unterricht also nicht nur wichtig, die Grenzen des eigenen Faches zu überschreiten, sondern auch, sie erst einmal wahrzunehmen und zu respektieren. Die aus organisatorischen Gründen manchmal unvermeidliche Einrichtung von »Leitfächern« steht in Gefahr, diesem diskursiven Anspruch entgegenzuwirken.

12 Weitere Anregungen für fächerverbindende Projekte, speziell im gymnasialen Bereich finden sich z. B. bei: Helmut Frommer / Siegfried Körsgen: Über das Fach hinaus. Fachübergreifender Unterricht. Praktisches Lernen. Pädagogische Tradition. Düsseldorf 1989. – Wolfgang Emer u. a. (Hg.): Wie im richtigen Leben. Projektunterricht für die Sekundarstufe II. Bielefeld 1991 (AMBOS-Materialien des Oberstufenkollegs des Landes Nordrhein-Westfalen).

13 Vgl. Landeszentrale für politische Bildung Baden-Württemberg (Hg.): Herbst 1989 – Innere Auflösung und Zusammenbruch der DDR. Ein fächerverbindendes Projekt der Fächer Gemeinschaftskunde, Geschichte, Deutsch, Religion, Musik und Bildende Kunst. Reihe »Deutschland und Europa«, Heft 25. Stuttgart 1993.

14 So fehlt bei unserem Modell z. B. eine fundierte wirtschaftswissenschaftliche Perspektive. Noch gravierender ist aber sicherlich, daß wir in unserer Projektgruppe aus zeitlichen und organisatorischen Gründen auf die Einbeziehung von ostdeutschen Mitarbeiterinnen und Mitarbeitern verzichten mußten. Wir haben versucht, dieses Manko wenigstens durch die Verwendung zahlreicher von ostdeutschen Autorinnen und Autoren verfaßter Texte zu begegnen. Die inhaltliche Seite unseres Projekts muß also sicherlich relativiert werden, was die Frage nach der Praktikabilität unseres Organisationsmodells allerdings nicht berühren sollte.

15 Vgl. dazu das in Anm. 13 zitierte Heft, in dem auch die wichtigsten Schülermaterialien abgedruckt sind. – Von grundsätzlichem Interesse ist, daß die Suche nach »Konvergenzpunkten« sehr langwierig, von den Interessen und Vorlieben der einzelnen Kollegen und sicherlich auch von mancherlei Zufällen abhängig sein kann. Auch müssen Lehrern einleuchtende Kategorien nicht unbedingt Schülerkategorien sein. Das didaktische Problem einer sachgerechten und schülerorientierten Elementarisierung verschärft sich beim fächerübergreifenden Unterricht also noch.

16 Vgl. dazu oben, S. 40ff.

17 Dietrich Steinbach / Thomas Kopfermann / Helmuth Kern: Herbst 1989 – Ein historischer Wendepunkt für Europa: Innere Auflösung und Zusammenbruch der DDR. In: Lothar Schaechterle (Hg.): Deutschland und Europa. Ernst Jung zum 70. Geburtstag. Hannover 1992, S. 5–39; ebenda, S. 22–24. – Das von unserer Projektgruppe gemeinsam ausgearbeitete Organisationsmodell wurde von den Kollegen Steinbach, Kopfermann und Kern in diesem Aufsatz erstmals der Öffentlichkeit vorgestellt. Thomas Kopfermann hatte dabei die Formulierung des Teils B »Organisation und Methode des fächerverbindenden Projekts« (a. a. O., S. 11ff) übernommen. Der gesamte Aufsatz ist textidentisch mit der »Einführung« unseres in Anm. 13 zitierten Hefts.

18 Vgl. das in Anm. 13 zitierte Heft, S. 12.

19 Dies war der Fall bei einem weiteren Projekt der Studienseminare Esslingen und Tübingen. Vgl.: Ministerium für Kultus und Sport Baden-Württemberg / Landesinstitut

für Erziehung und Unterricht Stuttgart (Hg.): 8. Mai 1945 – Stunde Null? Materialien für fächerverbindenden Unterricht (Beteiligte Fächer: Deutsch, Geschichte, Gemeinschaftskunde, Französisch, Physik, Evangelische Religion, Katholische Religion, Musik, Bildende Kunst). Stuttgart 1995.

20 Eine Kollegin, die in einer überwiegend evangelischen Gegend Evangelische Religion an einem vierzügigen Gymnasium unterrichtet, gibt in einem Privatbrief ein weiteres, sehr eindrückliches Beispiel für die im Zusammenhang mit dem Fach Religion auftretenden Schwierigkeiten:

»An einem Beispiel will ich deutlichmachen, welche praktischen Schwierigkeiten es gerade auch für das Fach Religion geben kann, mit Kollegen der anderen Fächer zu kooperieren. Wünschenswert wäre es z. B., in Klasse 10 die Pflichteinheit »Nach Auschwitz: Juden und Christen« in Absprache mit den Geschichtslehrern der betreffenden Klasse fächerverbindend zu unterrichten. Da ich in diesem Schuljahr nun aber die evangelischen Schüler der Klassen 10a und 10b zusammen unterrichte, muß ich meinen Unterricht bereits mit zwei Geschichtskollegen absprechen. Nehmen die Fächer Katholische Religion und Ethik – was aus pädagogischen Gründen sehr sinnvoll wäre – ebenfalls teil, müßten sich, da sowohl in Katholischer Religion als auch in Ethik Mischgruppen aus den Klassen 10a, 10b, 10c und 10d unterrichtet werden, neben dem katholischen Kollegen und der Ethikkollegin eigentlich auch noch die beiden anderen evangelischen Religionslehrer, die die evangelischen Schüler der Klassen 10c und 10d unterrichten, anschließen. Dies würde bedeuten, daß sich – allein aus organisatorischen Gründen – bereits drei evangelische und ein katholischer Religionslehrer mit einer Ethikkollegin und vier Geschichtskollegen zusammensetzen müßten, von einer sachlich notwendigen Einbeziehung weiterer Fächer (z. B. Deutsch) einmal ganz zu schweigen. All dies wäre – wenn sicherlich auch nur unter großem Aufwand – möglich, hätte eine 10. Klasse das Thema nicht bereits im 9. Schuljahr bei einem Pfarrvikar als Wahlthema im Fach Evangelische Religion behandelt. Da außerdem zu Beginn dieses Schuljahres die 10er Klassen im Fach Evangelische Religion neu zusammengesetzt wurden, befinden sich nun Schüler aus dieser 9. Klasse in verschiedenen 10er Klassen. Ist das ein extremer Ausnahmefall?«

Ein weiteres, für das Fach Religion spezifisches Problem ergibt sich, wenn Religionsunterricht von Gemeindepfarrerinnen und Gemeindepfarrern im Nebenamt erteilt wird. Diese schon in ihrem Gemeindepfarramt häufig stark beanspruchten und für den Schuldienst nur punktuell ausgebildeten kirchlichen Lehrkräfte sind gerade auch am Gymnasium oft wenig in die Kollegien integriert, manchmal sind sie auch nach vielen Jahren immer noch nicht allen Kolleginnen und Kollegen namentlich bekannt. Die Schwelle, mit an der Schule tätigen Gemeindepfarrerinnen und Gemeindepfarrer gemeinsame fächerverbindende Projekte zu planen, ist deshalb für alle Beteiligten sehr hoch, zumindest müßten die Pfarramtskollegen aber bereit und in der Lage sein, auch außerhalb der eigentlichen Unterrichtsstunden wesentlich mehr Zeit für die Schule zu investieren.

21 Vgl. Identität und Verständigung. Standort und Perspektiven des Religionsunterrichts in der Pluralität. Eine Denkschrift der Evangelischen Kirche in Deutschland. Hg. vom Kirchenamt der EKD im Auftrag des Rates der EKD. Gütersloh 1994, S. 73ff.

22 Ministerium für Kultus und Sport Baden-Württemberg (Hg.): Bildungsplan für das Gymnasium. Villingen-Schwenningen 1994.

23 Walter Dietz plädiert in einem interessanten Aufsatz (»Für einen Religionsunterricht, der sich einmischt«; in: entwurf – Religionspädagogische Mitteilungen 2/1994, S. 14–16, bzw. unter dem Titel »Das Ghetto verlassen – um die Wirklichkeit streiten. Plädoyer für einen dialogischen Religionsunterricht« in: Lehren und Lernen 2/1993. S. 20–34) dafür, Religionsunterricht müsse im Zusammenhang mit fächerübergreifendem Unterricht in einen »Streit um die Auslegung der Wirklichkeit« eintreten. »*Gegen* ein vorrangig naturwissenschaftlich geprägtes (segmentierendes, analysierendes und systematisierendes) Verstehen der Welt« sei »eine ganzheitliche Sicht der Welt als Gottes guter Schöpfung« zu setzen, »*gegen* eine Philosophie des New Age, des ›Nimm dir, was du

heute brauchst‹«, »die Sinnperspektive, die darin liegt, im andern den Nächsten zu sehen«, »*gegen* die reine Gegenwartsorientierung ... das Erinnern an gute Traditionen« und vieles andere mehr. Ich persönlich könnte diese Perspektive weitgehend teilen, ich fürchte jedoch, daß der Versuch, den Beitrag des eigenen Faches aus einem »*Gegen*« heraus zu definieren, von den Kolleginnen und Kollegen der anderen Fächer als sehr arrogant und belehrend empfunden werden kann. Eine Kollegin, die ihre Vokatio zurückgegeben hat, spricht in einem Interview (entwurf – Religionspädagogische Mitteilungen 1/1995, S. 41f) von einer »maßlosen Überschätzung des RU«, von »Unbescheidenheit« und »Anmaßung«, die sie beim Lesen bestimmter religionspädagogischer Veröffentlichungen empfindet; sie plädiert – sicherlich im Namen vieler anderer – für »mehr Augenmaß und Bescheidenheit«.
Abgesehen davon, daß ein militantes »Gegen« unnötige Fronten aufbaut und Gefahr läuft, die Positionen Andersdenkender karikierend zu verzeichnen, ließen sich die meisten der von Dietz vertretenen Perspektiven natürlich auch rational und ohne Rückgriff auf den christlichen Glauben begründen. Eine Stabilisierung des konfessionellen Religionsunterrichts an öffentlichen Schulen wird mittelfristig nur zu erreichen sein, wenn wir deutlichmachen können, daß Lehrpläne, Schulbücher, Ausbildung und Selbstverständnis der Religionslehrerinnen und Religionslehrer (insbesondere auch der in der Schule tätigen Gemeindepfarrerinnen und Gemeindepfarrer) dem Standard der allgemeinen Schulpädagogik entsprechen und daß unser Fach Inhalte vertritt, die auch von Agnostikern und Atheisten als eigenständige und kompetente Beiträge zur Allgemeinbildung identifiziert werden können. Im zweiten Teil seines Aufsatzes werden von Dietz solche Inhalte dann auch angesprochen (z. B. sachgerecht-schülergemäßes Verstehen von geschichtlichen Zusammenhängen, von abendländischer Literatur, Kunst und Musik, von wissenschaftstheoretischen Fragestellungen usw.).

24 Lesen – Darstellen – Begreifen. Lese- und Arbeitsbuch für den Literatur- und Sprachunterricht. Neue Ausgabe A für Gymnasien in Baden-Württemberg, 5. Schuljahr. Hg. von Franz Hebel u. a.. Berlin 1994, S. 169–210.

25 Deutschstunden. Sprachbuch für Gymnasien in Baden-Württemberg. Hg. von Harald Frommer u. a. Berlin 1994, S. 98–104.

26 Texte zum Thema Mensch und Tier. Lesehefte für den Literaturunterricht. Hg. von Günther Busse. Stuttgart 1992.

27 Das Verhältnis von **Theorie und Praxis** stellt sich in der Religionspädagogik bis heute immer noch so dar, daß die Praxis allenfalls Beispiele für theoretische Überlegungen liefert. Praktiker bezeichnen Forschungen der Hochschulen hingegen oft nur abfällig als »bloße Theorie«. Denkbar und wünschenswert wäre aber eine kritisch-konstruktive Theoriebildung, die von konkreten Problemen der Praxis ausgeht und diese auch (!) aus der Perspektive der Betroffenen formulieren läßt. In einem nächsten Schritt wäre es dann Aufgabe der Theorie, aufgrund von Analyse und Hypothesenbildung Impulse für die Neugestaltung und Veränderung der Praxis zu geben. »Gut« wäre dann eine Theorie, die den von der Praxis betroffenen Menschen tatsächlich weiterhilft. Zu einem solchen Theorie-Praxis-Verständnis vgl. z. B. Norbert Greinacher: Das Theorie-Praxis-Problem in der praktischen Theologie. In: Fer-

Zeichnung: Buchegger

dinand Klostermann / Rolf Zerfaß (Hg.): Praktische Theologie heute. München Mainz 1974, S. 103–118. – Godwin Lämmermann: Praktische Theologie als kritische oder empirisch-funktionale Handlungstheorie. Zur theologiegeschichtlichen Ortung und Weiterführung einer aktuellen Kontroverse. München 1981. – Helmut Peukert: Wissenschaftstheorie – Handlungstheorie – Fundamentale Theologie. Analyse zu Ansatz und Status theologischer Theoriebildung. Frankfurt/M. 1978.
Einen vielversprechenden Ansatz für eine Neubestimmung des Verhältnisses von Theorie und Praxis eröffnet sich durch die Transkription der Tonbandprotokolle von 24 Religionsstunden im Rahmen eines Tübinger Forschungsprojekts: Gabriele Faust-Siehl / Bernd Krupka / Friedrich Schweitzer / Karl Ernst Nipkow (Hg.): 24 Stunden Religionsunterricht. Eine Tübinger Dokumentation für Forschung und Praxis. Münster (Comenius-Institut) 1995. Es handelt sich sowohl um evangelischen als auch um katholischen Religionsunterricht der Klassenstufen 5/6 und 10, je zur Hälfte stammen die Unterrichtsstunden aus den Schularten Hauptschule / Realschule und Gymnasium; inhaltlich geht es um die Themenkreise »Gleichnisse«, »Gerechtigkeit« und »Gottesfrage«. Eine erste Auswertung fanden diese 24 Unterrichtsstunden in folgender Publikation: Friedrich Schweitzer / Karl Ernst Nipkow / Gabriele Faust-Siehl / Bernd Krupka: Religionsunterricht und Entwicklungspsychologie. Elementarisierung in der Praxis. Gütersloh 1995. Die Autorin und die Autoren zeigen auf überzeugende Art und Weise, wie entwicklungspsychologische Theorien für die Planung und Analyse von Religionsunterricht nutzbar gemacht werden können, die oft sehr abstrakt abgehandelte Frage der Elementarisierung findet in einem »Modell der Planung von Unterricht« (a. a. O., S. 165ff) eine zur Erprobung einladende Konkretion. Insgesamt bemerkt die Autorengruppe zu Recht, daß sich in den dokumentierten Stunden oft »zwischen Lehrern und Schülern kein inhaltlicher Austausch ereignet« (a. a. O. S. 209). Auffällig sind »diffuse, inhaltlich überfrachtete oder für die Klassenstufe allzu komplexe Lehrerbeiträge, Abbrechen, Übergehen oder Zu-Ende-Führen von Schüleräußerungen, In-den-Mund-Legen von Antworten, fehlende Nachfragen, das Ausweichen auf Sach- und Wissensfragen oder Organisation, generell eine enge Gesprächsführung, bei der vorhersehbare Antworten Überraschungen ausschließen, und ein Lehreranteil am Gespräch, der den der Schülerinnen und Schüler weit überwiegt« (a. a. O., S. 210).
Interessant wäre es nun, mit den beteiligten Lehrerinnen und Lehrern gemeinsam zu untersuchen, worin diese kaum zu übersehenden Kommunikationsstörungen begründet sind. Sind die Unterrichtsstunden schon von ihrer Planung her so angelegt, daß sie eine echte Kommunikation eher verhindern als fördern? Warum meinen die Kolleginnen und Kollegen, so und nicht anders planen zu müssen, welche Hilfestellungen bekommen sie durch die auf dem Markt befindlichen Schulbücher und Unterrichtsmaterialien? Oder haben die kommunikativen Störungen ihren Grund weniger in der Stundenstruktur, sondern eher in einer mangelnden Gesprächsführungskompetenz? Wenn dem so wäre, welche Konsequenzen müßten dann für Aus- und Fortbildung gezogen werden? Oder stellen uns die Lehrpläne vielleicht manchmal auch Aufgaben, die auch die beste Lehrerin und der beste Lehrer gar nicht lösen können?
Die Autorengruppe empfiehlt den Kolleginnen und Kollegen u. a., den Unterricht insgesamt offener und schülerorientierter zu gestalten, Elementarisierung nicht nur als Aufbereitung von Inhalten zu verstehen, bei der Vorbereitung und Gestaltung von Religionsunterricht insgesamt mehr von den Schülerinnen und Schülern aus zu denken, sich mit entwicklungspsychologischer Literatur zu beschäftigen (vgl. Kapitel 6), auch unvorhergesehene Reaktionen und Gesprächslinien zuzulassen, weniger »lineare« als »spiralförmige« Planungsmuster zu verwenden (S. 172), das Schwergewicht der Unterrichtsvorbereitung »auf die Suche nach den Lernwegen und den geeigneten Medien (zu) verlagern« (S. 182), bei fehlender Vorbereitungszeit auf die »Dynamik des Unterrichtsprozesses selbst« (S. 183) zu vertrauen. So einleuchtend diese Empfehlungen sich lesen, so interessant wäre es, mit Lehrerinnen und Lehrern gemeinsam zu über-

legen, ob ihnen diese Vorschläge praktikabel erscheinen, ob sie ihnen konkret und differenziert genug sind, aber auch, ob sich die Elementarisierungsproblematik für Gymnasiallehrerinnen und Gymnasiallehrer nicht vielleicht doch noch einmal ganz anders darstellt als für die Kolleginnen und Kollegen der anderen Schultypen.

28 Der folgende Unterrichtsvorschlag ist eine überarbeitete und leicht gekürzte Fassung folgenden Aufsatzes: *Peter Kliemann: Arnold Schönberg: Ein Überlebender aus Warschau. In: entwurf – Religionspädagogische Mitteilungen 2–3/1993, S. 82–96.*

29 Für wichtige Hinweise bedanke ich mich herzlich bei meinem Kollegen *Bernd Sunten*, Fachleiter für Musik am Studienseminar Tübingen, und bei meinem ehemaligen Referendar *Wolfgang Nägele*, Studienrat für Evangelische Religion und Musik.

30 Zu **Biographie und Musik Arnold Schönbergs** vgl.: Eberhard Freitag: Arnold Schönberg in Selbstzeugnissen und Bilddokumenten. Reinbek 1973. – Oliver Neighbour/ Paul Griffiths / George Perle: Schönberg – Webern – Berg. Die Zweite Wiener Schule. Stuttgart Weimar 1992 (mit ausführlichem Literaturverzeichnis!). – Willi Reich: Arnold Schönberg oder der konservative Revolutionär. Wien Frankfurt Zürich 1968. – Hans Heinz Stuckenschmidt: Schönberg. Leben – Umwelt – Werk. Zürich 1974.

31 Zu »Moses und Aron« liegt die Untersuchung eines alttestamentlichen Exegeten vor: Odil Hannes Steck: Moses und Aron. Die Oper Arnold Schönbergs und ihr biblischer Stoff. München 1981.

32 **Zur Situation im Warschauer Ghetto und zum Warschauer Aufstand** vgl. Wladyslaw Bartoszewski: Das Warschauer Ghetto – wie es wirklich war. Frankfurt/M. 1983. – Janina Baumann: Als Mädchen im Warschauer Ghetto. Ein Überlebensbericht. München 1986. – Tatiana Berenstein u. a.: Faschismus – Ghetto – Massenmord. Frankfurt/M. 1962. – Helge Grabitz / Wolfgang Scheffler: Letzte Spuren. Fotos und Dokumente über Opfer des Endlösungswahns im Spiegel der historischen Ereignisse. Berlin 1988. – Joe J. Heydecker: Das Warschauer Getto. Foto-Dokumente eines deutschen Soldaten aus dem Jahr 1941. München 1983. – Raul Hilberg: Die Vernichtung der europäischen Juden. Die Gesamtgeschichte des Holocaust. Berlin 1982. – Dan Kurzman: Der Aufstand. Die letzten Tage des Warschauer Ghettos. München 1979. – Wolfgang Scheffler: Der Ghetto-Aufstand Warschau 1943. München 1993. – Gerhard Schoenberner: Der gelbe Stern. Die Judenverfolgung in Europa 1933–1945. Frankfurt/M., durchgesehene, erweiterte Neuausgabe, 1991. – Günther Schwarberg: Das Getto. Spaziergang in der Hölle. Frankfurt/M. 1991. – Eugenia Szaju-Lewin: Aufzeichnungen aus dem Warschauer Ghetto – Juli 1942 bis April 1943. Leipzig 1994.

33 Stroop-Bericht. Es gibt keinen jüdischen Wohnbezirk in Warschau mehr. Hg. von Andrzej Wirth. Neuwied Berlin Darmstadt 1960 (Faksimile der datierten Tagesmeldungen Stroops, ohne Seitenzählungen).

34 Vgl. jetzt auch den aufwendig gestalteten dreisprachigen (Deutsch, Hebräisch, Englisch) »Kunstband mit CD«: Andreas Felger u. a.: Fremdling du. Ein Überlebender aus Warschau. Bilder, Gedichte, Musik. Tel Aviv Hünfelden 1993.

35 Reich, a. a. O., S. 283.

36 Stuckenschmidt, a. a. O., S. 441.

37 Zitiert nach Reich, a. a. O., S. 282.

38 Zum **Sch'ma Jisrael** vgl.: E.L. Dietrich: Artikel »Schma«. In: RGG, 3. Aufl., Band V, S. 1454. – Pnina Navè: Höre Israel. Talmudische und liturgische Traditionen. In: Jakob J. Petuchowski / Walter Strolz: Das Vaterunser. Gemeinsames Beten von Juden und Christen. Freiburg Basel Wien 1974, S. 56–76. – Jakob J. Petuchowski: Artikel »Sch'ma Jisrael«. In: Jakob J. Petuchowski / Clemens Thoma: Lexikon der jüdisch-christlichen Begegnung. Freiburg Basel Wien 1989, Sp. 356–359. – Yehuda T. Radday: Auf den Spuren der Parascha. Ein Stück Tora. Zum Lernen des Wochenabschnitts. Arbeitsmappe 2. Aarau Frankfurt/M. Salzburg 1991, S. 70–83. – Leo Trepp: Der jüdische Gottesdienst. Gestalt und Entwicklung. Stuttgart Berlin Köln 1992.

39 Das ganze Sch'ma Jisrael setzt sich aus drei Teilen zusammen, nämlich: Dtn 6,4–9; Dtn

11,13–21; Num 15,37–41. Streng genommen handelt es sich bei Dtn 6,4–9 also nur um den, in seiner Aussage allerdings pointierten Anfang dieses Gebets. – Der von Schönberg vertonte Text umfaßt nur Dtn 6,4–7.

40 Zur Bedeutung von Tefillin und Mesusa vgl. ausführlicher z. B. S. Ph. de Vries, Jüdische Riten und Symbole. Reinbek 1990, S. 54ff.

41 In seinem Buch »Der jüdische Gottesdienst« (vgl. Anm. 38), S. 14f präzisiert Leo Trepp diese Aussage: Die Rabbinen lesen Ex 13,16 das hebräische Wort »jadekah« nicht als »deine Hand«, sondern als »schwächere Hand«; dies ist bei Rechtshändern die linke, bei Linkshändern – zu denen offensichtlich auch der auf Seite 138 abgebildete Jude gehört! – jedoch die rechte Hand.

42 Zu Hirsch Glik vgl. das Jugendbuch von Lutz van Dick: Der Partisan. Das kurze Leben des Hirsch Glik. Reinbek 1993.

43 Vgl. z. B. Betty Jean Lifton: Der König der Kinder. Das Leben des Janusz Korczak. Stuttgart 1993. – Monika Pelz: »Nicht mich will ich retten!« Die Lebensgeschichte des Janusz Korczak. Weinheim Basel ^{4}1991. – Wolfgang Pelzer: Janusz Korczak in Selbstzeugnissen und Bilddokumenten. Reinbek 1987.
Bei Schwarberg, a. a. O., S. 86, findet sich ein Holzschnitt von unbekannter Hand, der Korczak mit seinen Waisenkindern zeigt. – Zur »Tragödie der Kinder des Raums Zamosc« vgl. Roman Hrabar u. a.: Kinder im Krieg – Krieg gegen Kinder. Geschichten der polnischen Kinder 1939–1945. Reinbek 1981.

44 Ein ganz kurzer Auszug dieses Textes findet sich in: »Das neue Kursbuch Religion 9/10« (1988), S. 184. Der gesamte Text ist u. a. in folgenden Büchern abgedruckt: Albrecht Lohrbächer (Hg.): Was Christen vom Judentum lernen können. Modelle und Materialien für den Unterricht. Freiburg Basel Wien 1993, S. 162–165. – Dieter Petri/Jörg Thierfelder (Hg.): Vorlesebuch Drittes Reich. Lahr 1993, S. 179–185. – Jörg Zink: Zwölf Nächte – Was Weihnachten bedeutet. Eschbach Leipzig 1991, S. 147–159.

45 Vgl. Zvi Kolitz: Jossel Rakovers Wendung zu Gott. Aus dem Jiddischen übertragen und herausgegeben von Paul Badde. Möhlin Villingen 1994. – Eine andere literarische Verarbeitung des Warschauer Ghetto-Aufstandes ist jetzt in einer Übertragung Wolf Biermanns wieder leichter zugänglich: Jizchak Katzenelson: Dos lied vunem ojsgehargetn jidischn volk (Großer Gesang vom ausgerotteten jüdischen Volk). Köln 1994.

Zielorientiert lernen

1 Ludwig Duncker: Erfahrung und Methode. Studien zur dialektischen Begründung einer Pädagogik der Schule. Langenau 1987.

2 Martin Luther: An die Ratsherren aller Städte deutschen Landes, daß sie christliche Schulen aufrichten und halten sollen (1524). Zitiert nach Duncker, a. a. O., S. 47f.

3 Duncker, a. a. O., S. 64. – Für eine präzise und kritische Bestimmung der »didaktischen Differenz« und des Aufeinander-verwiesen-Seins von Wissenschaft und Bildung, Erfahrung und Bildung sowie Unterricht und Erfahrung vgl.: Aloysius Regenbrecht/Karl Gerhard Pöppel: Erfahrung und schulisches Lernen. Zum Problem der Öffnung von Schule und Unterricht. Münster 1995.

4 Die folgenden drei Zitate übernehme ich aus Duncker, a. a. O., S. 65. Sie entstammen folgenden Schriften: Theodor Litt: Führen oder Wachsenlassen. Stuttgart 1927, S. 59. – Wolfgang Klafki: Dialektisches Denken in der Pädagogik. In: Siegfried Oppolzer (Hg.): Denkformen und Forschungsmethoden in der Erziehungswissenschaft. Band 1. München 1966, S. 19. – Hartmut von Hentig: Schule als Erfahrungsraum. Stuttgart 1973, S. 19.

5 Dietrich Zilleßen: Bildung und Didaktik im Religionsunterricht. Perspektiven. In: Katechetische Blätter 5/1995, S. 330–336. – Für kritische Reaktionen auf Zilleßens Vorstoß vgl. z. B.: Wolfgang Langer: Religiöses Lernen im Widerspruch? Anmerkungen zu einem Aufsatz von Dietrich Zilleßen. In: Katechetische Blätter 5/1995, S. 337–341. –

Wilhelm Albrecht: Vorort fröhlicher Unerfahrenheit. Anmerkungen zu einem Aufsatz von Dietrich Zilleßen. In: Katechetische Blätter 5/1995, S. 342–345.

6 Zur Einarbeitung in das Thema **»Lernziele«** empfiehlt sich z. B. die Lektüre von: Robert F. Mager: Lernziele und Programmierter Unterricht. Weinheim Berlin Basel 1965. – Meyer, Hilbert: Trainingsprogramm zur Lernzielanalyse. Frankfurt/M., 2., überarbeitete Aufl., 1975. – Karl Ernst Nipkow: Schule und Religionsunterricht im Wandel. Ausgewählte Studien zur Pädagogik und Religionspädagogik. Düsseldorf 1971, bes. S. 187ff. – Ders.: Lernzielorientierter Religionsunterricht? In: Theologia Practica 1979, S. 366–380. – Günther R. Schmidt: Die Lernziele. In: Erich Feifel u. a. (Hg.): Handbuch der Religionspädagogik. Band 2. Gütersloh Zürich 1974, S. 73–89. – Wilhelm H. Peterßen: Handbuch Unterrichtsplanung. Grundfragen – Modelle – Stufen – Dimensionen. München, 5., überarbeitete und aktualisierte Aufl., 1992.

7 Vgl. z. B. den Lehrplan für die Evangelische Unterweisung an den Höheren Schulen Westfalens von 1952, abgedruckt in: Theodor Ahrens u. a. (Hg): Arbeitsbuch Religionsunterricht. Überblicke – Impulse – Beispiele. Gütersloh 1986, S. 26.

8 Vgl. dazu: Hans Jürgen Heringer (Hg.): Der Regelbegriff in der Praktischen Semantik. Frankfurt/M. 1974.

9 Robert F. Mager: Lernziele und Programmierter Unterricht. Weinheim Berlin Basel 1965, Titelblatt.

10 Vgl. dazu: Karl Josef Klauer: Revision des Erziehungsbegriffs. Düsseldorf 1973, S. 53ff. – Dietrich Lemke: Lernzielorientierter Unterricht – revidiert. Frankfurt/M. 1981, S. 19ff.

11 Da die Worte »Die Schülerinnen und Schüler sollen ...« bei der Formulierung von Lernzielen selbstverständlich und redundant sind, schlage ich vor, sich bei der Formulierung von Lernzielen auf bloße Infinitivkonstruktionen zu beschränken.

12 Daß Fragekataloge sich dabei durchaus nicht auf die Anforderungsebenen der Reproduktion und Reorganisation beschränken müssen, kann man am konkreten Beispiel lernen bei: Max Frisch: Tagebuch 1966–1971. Frankfurt/M. 1979.

13 Vgl. neben der oben, Anm. 3 zitierten Publikation von Regenbrecht / Pöppel: Eiko Jürgens: Die ›neue‹ Reformpädagogik und die Bewegung Offener Unterricht. Theorie, Praxis und Forschungslage. Sankt Augustin, 2., durchgesehene Aufl., 1995. – Baldur Kozdon: Was bleibt offen beim »offenen Unterricht?« Anmerkungen zu einer mißverständlichen Wortschöpfung. In: Pädagogische Welt 7/1992, S. 314–318. – Rainer Winkel: Offener oder Beweglicher Unterricht? Zur Klärung einer Mißlichkeit. In: Grundschule 1993, S. 12–14. – Eine Auflösung der falschen Alternative »geplanter (verplanter?) Unterricht« – »offener (schülerorientierter?) Unterricht« zeichnet sich ab bei: Ulf Mehlhausen: Überraschungen im Unterricht. Situative Unterrichtsplanung. Weinheim Basel 1994. Mehlhausen unterscheidet zwischen einer »vorausschauenden Planung (entweder stellvertretend vom Lehrer für seine Schüler oder dialogisch mit ihnen)« und einer »situativen Planung«, die sich erst aus der konkreten, von »Umdeutungen, Fehlinterpretationen oder phantasievollen Auslegungen ... Sympathie, Verweigerung, Engagiertheit, Wutausbrüche(n) oder andere(n) emotionale(n) Reaktione(n)« geprägten »Interaktion der Unterrichtsteilnehmer« (a. a. O., S. 85) entwickelt. Lehrerinnen und Lehrer müssen sich bemühen, beide Arten der »Planung« zu beherrschen. Erfolgreiches Lehrerhandeln zeichnet sich durch eine »Verzahnung« von »vorausschauender« und »situativer« Planungskompetenz aus. Eine Art der »Planung« gegen die andere auszuspielen, ist gerade auch im Hinblick auf die Situation von Berufsanfängerinnen und Berufsanfängern wenig hilfreich.

»Schlußstein«: Jesu Schulgang?

1 Das Angebot an Unterrichtshilfen, an pädagogischer, religionspädagogischer und didaktischer Literatur ist inzwischen so groß und vielfältig, daß viele Kolleginnen und

Kollegen es aufgegeben haben, »up to date« bleiben zu wollen. Die nächste Fachbibliothek ist oft weit, die Zeit knapp, Buchhandlungen, in denen man pädagogische und religionspädagogische Neuerscheinungen einfach nur anlesen und durchblättern kann, sind eher selten geworden. Hinzu kommt seit vielen Jahren das Problem, daß nur sehr wenige junge Kolleginnen und Kollegen von den Universitäten und Studienseminaren in den Schuldienst übernommen werden, so daß eine ständige methodisch-didaktische Erneuerung und ein Wechselspiel von Theorie und Praxis sehr erschwert wird. Ich würde mich freuen, wenn meine hoffentlich nicht als allzu ausufernd empfundenen Lektürehinweise dazu beitragen könnten, die Schul- oder Privatbibliotheken auf einen aktuelleren Stand zu bringen und somit vielleicht die Grundlage für eine stärker an der Basis verankerte Diskussion von Konzeptions- und Methodenfragen zu schaffen.

2 Aufmerksam wurde ich auf den Nürnberger Schlußstein durch eine Abbildung in Heft 6/1994 der Zeitschrift »rhs – Religionsunterricht an höheren Schulen«. Pfarrer Veit Höfer von der Nürnberger Frauenkirche versorgte mich mit einer farbigen Postkarte des mir bis dahin unbekannten Motivs und teilte mir mit, daß ihm eine wissenschaftliche Untersuchung des Kunstwerks nicht bekannt sei. Vielleicht bekommt der eine oder andere Kollege Lust, sich auf kunstgeschichtliche Spurensuche zu machen ...

3 Nach Abschluß des Manuskripts habe ich an entlegenen Stellen eine Reihe von kunsthistorischen Abhandlungen zum Motiv des Schulgangs Jesu entdeckt. Die im Nürnberger Schlußstein festgehaltene Szene findet sich, mit interessanten Variationen, in verschiedenen Kirchen (z. B. in der Esslinger Frauenkirche, im Erfurter Dom, in der Remigiuskirche in Nagold oder in der Rostocker Marienkirche) und spätmittelalterlichen Handschriften. Hintergrund sind apokryphe Traditionen zur Kindheit Jesu (vgl. insbesondere das Evangelium des Pseudo-Matthäus) und eine bestimmte, sich im 13. Jahrhundert ausprägende Art der Marienfrömmigkeit. – Vgl. Hans Wentzel: Maria mit dem Jesusknaben in der Hand. Ein seltenes deutsches Bildmotiv. In: Zeitschrift des Deutschen Vereins für Kunstwissenschft 1942, S. 203–250. – Elisabeth Landolt-Wegener: Zum Motiv der »Infantia Christi«. In: Zeitschrift für Schweizerische Archäologie und Kunstgeschichte 1961, S. 164–170. – Hildegard Urner-Astholz: Mosaiksteine. Studien zur Kunst- und Kulturgeschichte. Bern München 1978, S. 243ff.

4 Der Schlußstein wäre dann unter Umständen eine Art früher Vorläufer des bekannten und umstrittenen Gemäldes von Max Ernst »Die Jungfrau züchtigt das Jesuskind vor Zeugen: André Breton, Paul Eluard und dem Maler« (gemalt 1926; anzusehen im Museum Ludwig in Köln).

Neuere Methodenbücher

Markus Bruderer: Methoden, Konzeptionen, Materialien für einen erfolgreichen Religionsunterricht. München 1997.

Günther Gugel: Methodenmanual I und II. »Neues Lernen« – Tausend neue Praxisvorschläge für die Schule und Lehrerfortbildung. Weinheim Basel 1997/1998.

Udo Kliebisch / Peter Schmitz: Methodentrainer. Arbeitsbuch für die Sekundarstufe I. Düsseldorf 2001.

Heinz Klippert: Eigenverantwortliches Arbeiten und Lernen. Bausteine für den Fachunterricht. Weinheim Basel ^{2}2001.

Bernd Kolossa: Methodentrainer. Arbeitsbuch für die Sekundarstufe II. Düsseldorf 2000.

Landesinstitut für Schule und Weiterbildung Nordrhein-Westfalen (Hrsg.): Methodensammlung. Anregungen und Beispiele für die Moderation. Soest ^{4}1999.

Franz W. Niehl / Arthur Thömmes: 212 Methoden für den Religionsunterricht. München ^{4}2000.

Ludwig Rendle u. a.: Ganzheitliche Methoden im Religionsunterricht. München ^{4}2000.

Wilhelm P. Peterßen: Kleines Methoden-Lexikon. München, 2., aktualisierte Aufl., 2001.

Hans Schmid: Die Kunst des Unterrichtens. Ein praktischer Leitfaden für den Religionsunterricht. München ^{2}2001.

Adressen

AOL-Verlag, Waldstraße 18, 77839 Lichtenau, www.aol-verlag.de

Bischöfliches Schulamt der Diözese Rottenburg-Stuttgart, Abt. I, 72101 Rottenburg/N., Redaktion notizblock

Brot für die Welt. Zentraler Vertrieb. Postfach 10 11 42, 70010 Stuttgart, www.brot-fuer-die-welt.de

Bundeszentrale für politische Bildung, Postfach 2325, 53013 Bonn, www.bpb.de

Comeniusinstitut, Schreiberstraße 12, 48149 Münster, www.comenius.de

Deutscher Katechetenverein, Preysingstraße 83c, 81667 München, www.katecheten-verein.de

Evangelisch-Lutherisches Landeskirchenamt Hannover, Rote Reihe 6, 30169 Hannover, www.evlka.de

Gymnasialpädagogische Materialstelle der Evangelisch-Lutherischen Kirche in Bayern, Marquardsenstraße 2, 91054 Erlangen, www.materialstelle.de

Landesinstitut für Erziehung und Unterricht, Rotebühlstraße 133, 70173 Stuttgart, www.leu.bw.schule.de

Landeszentrale für politische Bildung Baden-Württemberg, Stafflenbergstraße 38, 70184 Stuttgart, www.lpb.bwue.de

Oberstufenkolleg des Landes Nordrhein-Westfalen an der Universität Bielefeld, Postfach 10 01 31, 33501 Bielefeld, www.uni-bielefeld.de/LS

Quäkerhaus, Bombergallee 9, 31812 Bad Pyrmont, www.quaeker.org

Religionspädagogisches Institut Loccum, Postfach 2164, 31545 Rehburg-Loccum, www.rpi-loccum.de

Studienkreis für Tourismus und Entwicklung e.V., Kapellenweg 3, 82541 Ammerland, www.studienkreis.org

Verlag Beate Christmann, Postfach 263, 31236 Ilsede

Verlag Elfriede Bozorgmehri & Rudolf Spann, Panoramastraße 23, 82211 Hersching

Für den eiligen Leser

Autorinnen und Autoren freuen sich, wenn ihre Bücher vom Anfang bis zum Ende gelesen werden. Realistisch gesehen, haben Lehrerinnen und Lehrer hierfür jedoch allzu oft keine Zeit. Das folgende Schlagwortregister mag weiterhelfen ... In diesem Buch ging es unter anderem um:

Unterrichtsbeispiele

Methoden

Konzeptionelle Fragen

Thema: Mensch

Thema Mensch
Material für den Unterricht in der Oberstufe
Peter Kliemann in Zusammenarbeit mit Andreas Reinert
21 x 28 cm, 48 Seiten, durchgehend farbig gestaltet
ISBN 3-7668-3575-0

1. Was kann ich wissen?
2. Was soll ich tun?
3. Was darf ich hoffen?
4. Was ist der Mensch?

Die erste Frage beantwortet die Metaphysik, die zweite die Moral, die dritte die Religion und die vierte die Anthropologie. Im Grunde könnte man aber dies alles zur Anthropologie rechnen, weil sich die drei ersten Fragen auf die letzte beziehen.

Der Philosoph muss also bestimmen können 1. die Quellen des menschlichen Wissens 2. den Umfang des möglichen und nützlichen Gebrauchs alles Wissens und endlich 3. die Grenzen der Vernunft.

Das Letztere ist das Nötigste, aber auch das Schwerste...
Ohne Kenntnisse wird man nie ein Philosoph werden, aber nie werden auch Kenntnisse allein den Philosophen ausmachen, sofern nicht eine zweckmäßige Verbindung aller Erkenntnisse und Geschicklichkeiten zur Einheit hinzukommt, und eine Einsicht in die Übereinstimmung derselben mit den höchsten Zwecken der menschlichen Vernunft.

Es kann sich überhaupt keiner einen Philosophen nennen, der nicht philosophieren kann. Philosophieren lässt sich aber nur durch Übung und selbsteigenen Gebrauch der Vernunft lernen.

Thema Mensch
Lehrerkommentar
Peter Kliemann in Zusammenarbeit mit Andreas Reinert
DIN A4, 96 Seiten
ISBN 3-7668-3576-9

Thema Mensch
Texte – Hintergründe – Informationen
Herausgegeben von Peter Kliemann und Andreas Reinert
DIN A4, 188 Seiten
zahlr. sw Abb. und Materialien
ISBN 3-7668-3631-5

Schülerheft · Lehrerkommentar · Texte – Hintergründe – Informationen